KB040666

행복 공부

김희삼 지음

행복 공부

나의 파랑새를 찾아서

김희삼

생각의힘

차례

프롤로그

책을 쓰기에 앞서 아내가 던진 세 가지 문제에 먼저 답해야 했다.

첫째, 행복에 관해서라면 이미 포화상태인데, 왜 또 행복에 관한 책을 쓰는가?

둘째, 세상에 공부해야 할 게 산더미인데 행복마저 공부해야 하는가?

셋째, 행복을 의식할수록 행복에서 멀어지는 건 아닌가?

(음⋯ 아군인가, 적군인가? 순한 인상과 달리 역시 예리함을 잃지 않은 아내다.)

모리스 마테를링크의 희곡 『파랑새』에서 파랑새를 찾아 집을 떠난 틸틸과 미틸의 여정은 신비롭지만 험난했다. 그들이 파랑새를 곁에 두고 찾지 못했던 건 애초부터 파랑새에 대해 잘 몰랐기 때문이다. 나는 행복이라는 파랑새에 대해 꼭 알면 좋은 것들을 이 책에 모두 담아보려 했다. 일종의 파랑새 백

과사전이다. 이 책은 자기가 지킬 수 있는 파랑새를 찾기 위해 구체적으로 무엇을 명심하고 어떻게 해야 하는지 정리해 보는 비망록이 되어줄 것이다. 단순히 '행복해야 한다, 행복하자!'와 같이 생각하면 오히려 강박이 되어 행복에서 멀어질 수 있다. 하지만 인간을, 특히 나를 행복하게 해주는 것이 '실제로' 무엇인지를 알게 되면, 행복에서 멀어질 리가 없다.

'인생'이라는 단어로 수식되는 경험에는 행복한 순간이 깃들어 있다. 인생 영화, 인생 여행지, 인생 맛집, 인생 사진…. 만약 행복에 관한 '인생 책'이 있다면 어떨까? 책을 읽으며 얻은 행복감을 넘어 남은 인생을 더 행복하게 사는 데 도움이 될 것이다. 이 책이 독자에게 인생 책이 되었으면 좋겠다. 앞으로의 인생과 매일의 일상에 차근차근 적용해 보면서 행복감의 변화를 체험할 수 있다면 더할 나위 없겠다.

물론 나의 이런 자신감에는 근거가 있다.

첫째, 나에게는 불행의 조건이 많이 있었다. 그렇지만 나중을 기약하며 잠재적인 가능성으로만 존재했던 행복을 현실로 바꾸는 경험을 하면서 행복한 인생을 위해 무엇이 얼마나 중요한지를 깨닫게 됐다.

둘째, 분야를 가리지 않은 공부도 바탕이 됐다. 행복과 관련된 지식이라면 경제학, 심리학, 인지과학, 유전학, 사회학, 경영학 등을 가리지 않고 정리했고, 동서양 고전뿐 아니라 대중매체에서 소개되는 행복에 관한 지혜도 차곡차곡 수집했다. 물론 스스로도 행복에 관심이 큰 경제학자로서 조사와 분석을 통한 행복의 실증 연구를 계속해 왔다.

셋째, 행복 공부를 계기로 개인이 변화하는 모습을 여러 번 관찰했다. 이 책에는 내가 지스트GIST(광주과학기술원)에서 10학기 동안 〈행복의 조건〉이라는 강의를 해오면서 수강생들에게 전한 지식, 토론, 개인 및 집단 상담의 결과물이 상당 부분 녹아 있다. 학기 말에 어두웠던, 길을 잃었던, 불안했던, 스트레스가 많았던, 그래서 행복하지 않았던 학생들의 달라진 모습을 볼 때, 그리고 그 변화의 비결이 행복 공부를 통한 생각의 전환과 실천이었다는 고백을 들을 때 나는 전율했다.

이 책은 6부로 구성돼 있다.

1부는 행복 공부를 위해 준비하는 과정이다. 도대체 행복이 무엇인지, 행복은 측정될 수 있는 것인지, 어떻게 측정하는 것인지부터 알아본다. 그리고 지금 나의 행복도와 지금까지 살아온 삶을 평가해 보는 것으로 본격적인 행복 공부를 준비한다.

2부에서는 행복에 관해 밝혀진 과학적 사실들을 공부한다. 행복의 3대 결정요인과 그 상대적 비중을 살펴본다. 유전자가 행복에 미치는 영향력을 성격 유형으로 알아보고, 자기 성격의 강점을 찾아본다. 돈이 많으면 얼마나 더 행복한지, 어떻게 써야 더 행복한지도 알아본다.

3부에서는 일과 관련된 행복을 공부한다. 일의 의미는 무엇인지, 어떤 기준으로 직업을 선택해야 하는지도 생각해 본다.

4부에서는 행복에 큰 영향을 주는 인간관계를 공부한다. 사랑의 3요소를 분석해 보며 연인, 배우자, 파트너와의 관계에서 느끼는 감정의 변화에 대해 생각해 본다. 친구의 의미, 사회생활과 대인관계가 힘든 이유, 혼자 지내는 것의 장단점 등을 알아본다. 또한 행복한 가정의 비결, 완벽한 부모가 돼야 한다는 강박의 이면에 대해서도 살펴본다.

5부에서는 더 행복한 일상을 만들기 위한 실천에 대해 알아본다. 지금 자신이 과거에 눌려 있는지, 현재에 빠져 있는지, 미래만 보고 있는지 짚어본다. 행복을 저해하는 대표적인 습관들을 살펴보고 나의 습관을 돌아본다. 타인과의 비교가 팽배한 사회에서 열등감과 심리적 압박을 덜어내는 방법도 공부한다. 지금 상태에서 벗어나려는 사람, 습관을 고쳐보려는 사람, 미래를 위해 애쓰는 사람에게 필요한 실천력은 어떻게 기를 수 있는지도 알아본다.

마지막으로 6부는 행복하게 나이 들기 위한 공부다. 노화를 쇠퇴만이 아니라 성장의 과정으로 만들어 진짜 어른다운 어른이 되는 길을 찾는다. 또한 가까운 사람의 죽음을 어떻게 받아들이고, 자기의 죽음은 어떻게 맞이할 것인지, 그래서 결국 인생은 무엇인지도 성찰한다.

자, 이제 행복 공부를 시작하자.

행복
공부
준비하기

1장. 행복이란 무엇인가

뭔지도 모르는 것을 제대로 원하기는 어렵다.

세 나라 사람의 행복

어렸을 적 『리더스 다이제스트』에서 짧은 우스갯소리 코너부터 찾아 읽다가 얻어걸린 이야기 한 편이 아직도 기억난다. 영국, 프랑스, 붕괴 이전 소련 출신의 세 사람이 생각하는 행복에 관한 이야기였다. 영국 사람은 퇴근 후 맥주를 마시며 TV로 축구를 보는 것이 행복이라고 했다. 프랑스 사람은 영국인은 낭만이 없다며, 해변의 휴양지에서 처음 만난 사람과 두근거리는 사랑에 빠지는 것이 행복이라고 했다.

잠자코 듣고 있던 소련 사람은 자기 경험담을 얘기했다. 어느 새벽, 현관문을 쾅쾅 두드리는 소리에 나가보니 비밀경찰이 "이반 이바노비치, 당신을 반역죄로 체포하겠소."라며 그를 연행하려 했다. 그때 "미안하지만, 이반 이바노비치는 옆집에 사는 사람이오."라고 알려주고, 가슴을 쓸어내리며 침대로 돌아왔다는 이야기였다. 그는 그런 순간을 경험해 보지 않으면 진정한 행복이 뭔지 모른다며 고개를 절레절레 흔들었다.

이 세 사람의 얘기 속에는 서로 다른 의미의 행복이 등장한다. 영국인이 말한 행복은 '일상성'의 행복이다. 한국에서도 '치맥'으로 표상되는 '소확행(소설가 무라카미 하루키가 말한, 소소하지만 확실한 행복)'에 해당한다.

프랑스인이 말한 행복은 '비일상성'의 행복이다. 반복적인 일상에서 벗어나 두근거리고 설레는 예외적인 체험을 할 때, 즉 흥분 상태에서 느끼는 기분을 행복이라고 표현한 것이다

소련인이 말한 행복은 평온한 일상으로의 회복이다. 큰 불행을 가져오는 사건이나 사고를 모면하거나 빠져나왔을 때의 안도감과 감사함을 행복으로 느낀 것이다.

사람들은 저마다 행복을 다양하게 인식하고 있다. 물론 앞의 세 가지 행복 외에도 우리가 행복이라고 여기는 것은 더 다양하다.

행복의 연상 단어

지스트 〈행복의 조건〉 수업 첫 시간이면 학생들에게 '행복' 하면 떠오르는 단어를 써보라고 한다. 겹치는 단어를 큰 글자로 표시해 주는 워드 클라우드로 나타내 보면, 사랑, 일상, 편안함, 따뜻함, 웃음, 돈 등이 많이 연상된 것을 알 수 있다.

이러한 인식은 '행복한 삶'에 관한 일반적인 생각들과 다

'행복'의 연상 단어

주: Mentimeter를 이용한 설문조사 결과의 워드 클라우드.
자료: 2020년 2학기 지스트 〈행복의 조건〉 수강생 30명을 대상으로 조사함.

르지 않다. 사랑받고 사랑하는 삶, 근심과 고민이 없는 삶, 부유하고 안정된 삶, 몸과 마음이 건강한 삶, 만족하며 사는 삶 등 삶의 여러 모습 중에 자신이 생각하는 행복에 가까운 삶이 있을 것이다.

그런데 행복은 이처럼 삶의 만족도와 관련이 큰 단어이기도 하지만 일상의 가변적인 감정(행복감)을 나타내는 단어이기도 하다. 학생들의 연상 단어에서도 볼 수 있듯이 먹태랑 맥주, 바다, 부산, 목욕 직후의 개운함, 배부름, 겨울밤, 침대, 햇살 냄새 등 일상적인 또는 비일상적인 경험에서 느끼는 순간의 감정도 행복을 떠올리게 한다. '소확행'도 삶의 만족도보다는 일시적인 경험에서 얻는 긍정적인 감정에 가까울 것이다.

삶의 만족도로서의 행복은 전반적인 것을 모두 고려했을

때 자기 삶에 대한 긍정의 정도로서, 시시각각으로 변하기보다는 상당 기간 안정적인 값을 나타낸다. 반면 일시적 감정으로서의 행복은 긍정적이거나 부정적인 외부 자극과 심리적 변화에 따라 하루에도 몇 번씩 바뀔 수 있다. 영화 〈기생충〉에서 결핍이 일상화된 반지하 집에서 생활하는 기택(송강호 분)네 가족의 삶의 만족도는 낮았을지 모른다. 그러나 좋은 아르바이트 자리가 생긴 기념으로 기사식당에서 가족 외식을 했을 때 순간적인 행복감은 높았을 것이다.

삶의 만족도가 행복감이라는 단기적이고 보다 가변적인 심리 상태에서 진폭의 중심을 이룬다고 볼 수도 있겠지만, 그렇게만 이해되기에는 어려운 점도 있다. 진폭의 중심에서 크게 벗어나 한동안 이탈해 있는 행복감도 있을 수 있기 때문이다. 그래서 행복과 관련된 주관적인 웰빙 상태를 측정할 때는 다양한 질문을 통해 삶의 만족도부터 삶에 대한 평가, 전반적인 행복도, 최근의 행복감, 현재의 심리 상태, 긍정적인 감정들과 부정적인 감정들까지 종합적으로 조사하는 경우가 많다. 이에 관해서는 다음 장에서 좀 더 설명하기로 한다.

좋은 삶인가? 일상의 즐거움인가?
행복론의 두 가지 지적 원류

어떤 사람이 되고 싶냐고 물었을 때 앞으로 '훌륭한 사람'이 되고 싶다고 말하는 어른스러운 아이들이 있다. 장난감을 사달라고 조를 나이에 훌륭한 사람이 꿈이라니! 그런데 훌륭한 사람으로 칭송받는 사람들 중에는 개인적인 안락이나 영달을 버리고 자신을 희생한 사람들도 있다. 그들은 '행복한 삶'을 살았을까?

이 지점에서 우리는 행복론의 두 갈래 원류에 관해 간단하게라도 공부할 필요가 있다. 행복론의 지적 흐름을 알고 핵심 맥락을 지금 나의 삶과 일상에 관통시켜 성찰해 보는 일은 값지고 쓸모 있는 일이다.

행복론의 두 가지 지적 원류 중 하나는 '덕을 실천하는 좋은 삶'이 행복한 삶이라고 보는 관점(유데모니즘)으로, '유데모니아'(의미 있는 삶)라는 행복 개념을 제시한다. 다른 하나는 '일상의 즐거움을 누리는 삶'이 행복한 삶이라고 보는 관점(헤도니즘)으로, '헤도니아'(쾌락)라는 행복 개념을 제시한다.

유데모니즘의 행복 개념

고대 그리스 철학자 소크라테스는 자신에게 유죄 판결을 한 아테네 민주정의 결정을 받아들여 독배를 마시고 사망했다. 그에게는 목숨을 건질 기회가 있었지만, 소크라테스는 공동체 안에서 의무를 다하는 것을 덕으로 여겼다. 독약을 마시기 전에는 자신을 찾아온 벗들과 영혼의 불멸성에 대해 토론한 것으로 알려져 있다. 저서를 남기지 않은 소크라테스의 가르침과 행적은 그의 제자 플라톤의 기록인 『플라톤의 대화편』[1]에 전해지고 있다. 공자와 소크라테스는 질문을 통해 생각하게 만드는 교수법을 일찍이 실천한 최고의 동서양 '일타 강사'라고 할 수 있다. 청년들을 현혹한 죄도 적용됐다는 점을 보더라도 소크라테스에게는 그를 따르는 추종자들이 꽤 있었다. 하지만 인생은 말년이 중요하다고들 하는데, 독배를 원샷하고 죽은 소크라테스가 행복한 삶을 살았다고 할 수 있을까? 유데모니즘의 행복 개념에 따르면 그렇다고 볼 수 있다.

플라톤의 수제자 아리스토텔레스가 『니코마코스 윤리학』[2]에서 제시한 '유데모니아eudaimonia' 또는 '에우다이모니아'의 어원은 '좋은eu 영혼daimon'이라는 뜻을 품고 있다. 아리스토텔레스는 육체적 쾌락이나 세속적인 명예가 아니라 의미 있는 삶을 살 때 얻게 되는 영혼의 충만함이 행복이라고 생각했다. 그는 행복을 지혜, 용기, 절제, 정의와 같은 덕 또는 탁월성에 따른 영혼의 활동으로 간주했다. 이처럼 덕을 실천하는 삶이 진정한 기쁨을 주는 좋은 삶이고, 바로 행복한 삶이라는 것이다.

이와 같은 유데모니아 행복 개념은 영국의 공리주의 철학자이자 경제학자인 존 스튜어트 밀에게 계승되었다. 왜 밀이 "만족한 돼지가 되는 것보다 불만족한 인간이 되는 것이 나으며, 만족한 바보가 되는 것보다 불만족한 소크라테스가 되는 것이 낫다."[3]라고 했는지 조금 이해될 것이다. 이런 관점에서라면 소크라테스는 좋은 삶을 살았던 행복한 사람이다.

이처럼 인격을 완성해 가는 삶을 행복으로 여기는 관점

은 현대에 와서도 돈벌이와 소비의 극대화보다 삶의 질과 균형, 인간 역량의 발전과 평등 및 생태적 지속 가능성을 중시하는 일부 경제학자들에 의해 계승되고 있다. 노벨 경제학상을 수상한 조지프 스티글리츠와 아마르티아 센이 참여한 사르코지 위원회('경제 성과와 사회진보의 계측을 위한 위원회') 보고서인 『GDP는 틀렸다』,[4] 경제사학자 로버트 스키델스키의 『더 나은 삶을 위한 경제학』[5] 등에서 그런 흔적을 엿볼 수 있다. 또한 미국의 철학자 마사 누스바움, 긍정심리학자 마틴 셀리그먼 등에서도 아리스토텔레스의 전통을 잇는 좋은 삶에 대한 성찰과 실천의 강조가 발견된다.

그런데 덕을 실천하는 좋은 삶을 사는 것이 쉽지는 않다. 사람에 따라서는, 그리고 기간에 따라서는 행복이 아니라 고행일 수 있다. 예컨대 템플 스테이도 짧은 기간이니 견뎌내고 잠깐이나마 영혼이 정화된 것처럼 뿌듯하게 느끼지, 평생 그렇게 살라고 하면 내가 출가한 승려도 아닌데 하며 꽁무니를 뺄 것이다. 또한 노동자 및 소외된 이들과 공존하며 타인과 미래세대를 배려하는 좋은 삶을 살기 위해서는 절제, 양보, 관용, 희생 등의 덕이 필요한데, 이런 삶을 위해서도 "우리는 조금 불편해져야 한다."[6]라고 설득하는 편이 솔직하다.

미국 독립선언문(천부인권으로서 생명, 자유, 행복 추구의 권리)을 비롯해 대한민국 헌법(제10조 1항 "모든 국민은 인간으로서의 존엄과 가치를 가지며, 행복을 추구할 권리를 가진다.")에 이르기까지 개인의 행복추구권을 만인의 기본권으로 바라보게 된 세상이다. 이런 세상에서 아무나 실천하기 쉽지만은 않은 덕을 행하며 선하게 사는 것보다는 즐겁고 기분 좋게 사는 게 행복한 삶의 대중적인 버전으로는 더 쉽게 받아들여질 법하다.

헤도니즘의 행복 개념

행복 개념의 두 번째 원류는 헤도니즘hedonism, 즉 쾌락주의다. 고대 그리스의 철학자 에피쿠로스는 거창한 명분보다는 일상에서 행복한 삶의 태도를 찾으려 했다. 그는 쾌락을 얻고 고통을 줄이는 것이 좋은 삶이라고 생각했다. 그런데 에피쿠로스를 무절제한 쾌락의 화신으로 오해해서는 안 된다. 오히려 그 반대다. 에피쿠로스는 욕망을 필수적인 것, 필수적이지 않은 것, 공허한 것으로 구분하고, 필수적이지 않거나 공허한 욕망을 좇으면 그것들을 얻기 위해 요구되는 노력과 얻고 난 후의 허탈감으로 인해 쾌락보다 고통에 이른다고 보았다.* 필수적 욕망은 기본적인 의식주에 대한 것이고, 필수적이지 않은 욕망은 그를 넘어서는 사치스러운 의식주에 대한 것이고, 공허

● 　김용옥에 의하면, '좋음'이나 '탁월함'을 의미하는 고대 그리스어 '아레테'는 치우치지 않은 바름을 뜻하는 '중용中庸'이나 알맞은 정도를 뜻하는 '적도適度'라는 개념과 맞물려 있다. 그런데 중용과 적도를 넘어선 자극을 좇는 모든 쾌락의 궁극은 고통과 파멸이다. 그래서 역사적으로 모든 쾌락주의는 금욕주의로 귀결되며, 진정한 쾌락은 금욕에서 찾을 수밖에 없다는 역설에 이른다는 것이다(김용옥, 「개벽지언」, 박진도 외 지음, 『GDP 너머 국민총행복』, 한겨레출판, 2021).

한 욕망은 명성이나 인기 등 덧없는 것에 대한 갈망이라고 했다. 그는 필수적 욕망에 철학과 우정도 포함시켰는데, 확고한 철학을 바탕으로 불필요한 욕망을 없애고 사람들과 우정을 나누며 소박하게 살면 행복하다고 믿었기 때문이다. 그렇게 살면 부질없는 욕망에 동요되지 않고 고통도 없는 상태인 아타락시아ataraxia에 이를 수 있다고 보았다. 실제로 그는 아테네 교외에 마련한 정원에서 다양한 계층의 사람들과 작은 공동체를 이루어 지내면서 적은 노력으로 필수적인 것만을 얻어 소비하고 친교를 나누며 살았다. 에피쿠로스 학파의 별칭이 '정원학파'인 이유다.[7]

이런 점에서 헤도니즘의 원조인 에피쿠로스의 쾌락주의는 금욕적 쾌락주의, 절제된 쾌락주의, 공동선을 추구하는 쾌락주의라고 볼 수 있다. 어떻게 보면 현대 사회의 소비 중심 쾌락주의보다는, 일상에서 환경을 생각하는 절제와 인간애가 담긴 덕을 실천하는 좋은 삶에 더 가까운 태도라고 할 수 있다. '자연인'의 소박한 일상에 생태주의와 공동체주의가 결합한 삶이라고도 할 수 있겠다. 고대 중국의 사상가이자 도가의 시조인 노자의 행복론과도 상통하는 지점이 있다. 노자는 『도덕경』[8]에서 '마음은 비워주고, 배는 채워줌虛其心, 實其腹', 즉 인위적인 공명심을 버리고 몸을 건강하게 유지하며 장수를 누리는 것을 행복으로 여겼다.

여하간 쾌락의 가치를 중시하는 헤도니즘은 영국 철학자 제러미 벤담의 공리주의 사상으로 이어졌다. 벤담은 쾌락과 고통을 사람의 행동과 판단을 지배하는 두 군주라고 보고, 쾌락을 늘리고 고통을 줄이는 것이 행복이라고 생각했으며, 행복을 공리(효용), 이익, 이득, 편익 등과 같은 개념으로 간주했다. 그는 개인의 총합으로 구성된 사회에서 "옳고 그름의 척도는 최대 다수의 최대 행복"[9]이라고 주장했다.

또한 벤담은 쾌락이 양적으로 계산되는 것이지 질적 차이로 구별되지 않아야 한다고 생각했다. 양적 공리주의자인 벤담식 사고에 의하면, 가령 학생이 공부하며 모르는 것을 깨쳐 얻은 쾌락과 컴퓨터 게임을 하며 얻은 쾌락의 양이 같다면 공부와 게임은 동등하게 선한 행위라고 볼 수 있다. 참고로 밀은 벤담의 영향을 받았지만 쾌락의 질을 구별하려고 했는데, 그는 인간이 경험을 통해 고상한 행복과 저열한 만족을 구별할 줄 안다면서('불만족한 소크라테스'의 비유) 인간의 존엄성과 정신적 쾌락의 중요성을 강조했다. 밀이 벤담과 차별화되는 질적 공리주의자로서 헤도니즘보다는 유데모니즘의 전통을 잇는 학자로 분류되는 이유다. 현대 폴란드 철학자 브와디스와프 타타르키비츠도 행복을 '정당화될 수 있는 삶의 만족'이라고 정의하며, 만족의 수단과 이유도 중요하게 여겼다.[10] 그에 따르면 마약을 통한 쾌락이나 체념에 의한 만족은 정당화되기 어려운 행복이다.

그런데 이와 같은 벤담의 공리주의 사상은 근현대 경제학자들에게 금과옥조처럼 받아들여져, 주어진 제약조건 아래 효용을 극대화하는 것이 경제학의 목표가 됐다. 그리고 근대경제학의 발전 과정에서 도덕철학이나 심리학의 성격이 제거되고 수리적이고 실증주의적인 경향이 강해지면서 객관적으로 관찰할 수 있는 대상, 즉 소득이나 소비의 분석에 초점이 맞춰졌다. 경제학의 아버지로 불리는 애덤 스미스의 『국부론』(1776)[11]이 그 전작인 『도덕감정론』(1759)[12]보다 주류경제학계에서 숭상된 배경이다(정작 스미스는 경제학자이기 이전에 도덕철학자로서 자신의 묘비명에도 '『도덕감정론』의 저자'로 쓰이길 원했다).

　　경제학의 목표가 효용, 즉 행복의 극대화임에도 행복이라는 표현은 주류경제학에서 오랫동안 배제되었다. 행복의 크기를 측정할 수 있는 것으로 간주한 벤담의 전통을 이어받았지만, 객관성과 실증성을 중시한 나머지 주관적인 만족감으로서의 행복을 목표로 삼는 것은 꺼렸다. 이에 어떤 재화의 소비를 통해 얻는 효용을 숫자가 붙은 크기로 잴 수 있다고 보는(효용의 기수성) 대신, 다른 재화의 소비를 통해 얻는 효용과 견주어 어느 쪽의 효용이 더 크다는 판단만 내릴 수 있다고 보는(효용의 서수성) 가정을 끌어들이기도 하는 등 애를 썼다. 하지만 경제학 이론 곳곳(예컨대 경제학 교과서의 한계효용이나 기대효용 등)에는 효용의 기수성 가정이 여전히 능청스럽게 사용되고 있다. 아버지를 아버지라 부르지 못하는 홍길동의 처지와 닮았다.

　　경제학 내에서 행복을 행복이라고 부르며 그 크기와 영향 요인을 탐구하게 된 것은 미국 경제학자 리처드 이스털린의 역할이 컸다(1974년에 소득과 행복의 실증적 관계를 탐구해 발표한 '이스털린 역설' 등에 관해서는 6장 '돈과 행복'에서 소개한다). 영국 경제학자 리처드 레이어드, 스위스 경제학자 브루노 프라이, 캐나다 경제학자 존 헬리웰 등도 주류경제학의 궁궐 밖에 있던 강화도령 같은 존재였던 행복을 궁 안으로 데려오는 데 일조했다. 이들은 쾌락을 높이고 고통을 줄이는 것을 경제학의 목표로 본다는 점에서 헤도니즘 전통의 행복 개념을 경제학에 초대한 것으로 볼 수 있다. 그 결과, 1891년부터 옥스퍼드대 출판사가 발간해 온 유서 깊은 경제학술지 「이코노믹저널The Economic Journal」의 게재 논문 가운데 가장 많이 인용된 20편 중 4편이 'Happiness(행복)'라는 단어를 제목에 포함하고 있을 정도다.

이처럼 행복에 관한 학술 연구가 활발하게 전개될 수 있었던 것은 행복의 조작적 정의와 측정에 관한 심리학의 기여 덕분이기도 하다. 행복에 영향을 주는 심리적·사회적 요인을 탐구한 미국 심리학자 에드 디너, 행복심리학과 행동경제학을 연구해 노벨 경제학상을 받은 이스라엘 출신의 미국 학자 대니얼 카너먼 등의 공헌이 행복에 관한 실증 연구를 진전시켰다.

특히 헤도니즘 전통의 행복 관념은 심리학의 '주관적 웰빙 subjective well-being˙˙ 개념을 정립하는 데 영향을 미쳤다. 주관적

● '웰빙'은 '안녕'으로 번역되기도 하며, 'subjective well-being'도 '주관적 안녕'으로 옮겨지기도 한다. 한국 사회에서 '웰빙'이라는 표현이 폭넓게 쓰이고 '몸과 마음의 편안함과 행복을 추구하는 태도나 행동'이라는 뜻으로 통용되므로 이 책에서도 '웰빙'으로 표기하였다. '안녕'은 '아무 탈 없이 편안함'이라는 뜻의 명사로, 우리에게는 인사말로 더 익숙하다. 그래도 "안녕하세요?"라는 흔한 인사에 웰빙(행복)을 묻는 의미가 담겼다는 점은 새삼 의미심장하다.

웰빙은 삶에 대한 만족감이 존재하는 상태, 또는 긍정적 감정이 있고 부정적 감정은 없는 상태를 말한다. 삶에 대한 만족감은 주관적 웰빙에 대한 인지적 측면의 평가로서, 앞서 말했듯이 상대적으로 안정적인 성격을 갖는다. 한편 긍정적 감정(기쁨, 즐거움, 만족감, 행복감, 자존감 등)과 부정적 감정(슬픔, 우울감, 수치심, 죄책감, 분노 등)은 주관적 웰빙에 대한 정서적 측면의 평가로서 기분에 따라 더 가변적이다. 이러한 주관적 웰빙 개념은 행복이라는 단어보다 덜 모호하다는 점에서 행복을 과학적으로 연구하는 데 도움을 줬다.

행복의 사전적 정의는 종합선물

사전에서는 '행복'을 어떻게 정의하고 있을까? 인터넷 포털 사이트들에서 '행복'을 검색하면 이런 정의들이 나온다.

- 생활에서 충분한 만족과 기쁨을 느끼어 흐뭇함. 또는 그러한 상태.
- 생활의 만족과 삶의 보람을 느끼는 흐뭇한 상태.
- 복된 좋은 운수.

'생활의 만족과 기쁨'은 헤도니즘의 행복 개념을 떠올리게 하고, '삶의 보람'은 유데모니즘의 행복 개념도 소환해 낸다. 『How to be happy』를 쓴 미국 심리학자 소냐 류보머스키는 행복을 '기쁨, 만족 또는 웰빙을 누리면서 자신의 삶이 좋고 의미 있으며 가치 있다고 생각하는 상태'라고 정의했다.[13] 사전이나 연구자가 행복을 정의할 때는 헤도니즘의 행복 개념을 중심으로 하면서도 두 가지 원류의 행복 개념을 모두 염두에 두고 있는 것으로 보인다.

주관적인 만족감으로서의 행복은 사람마다, 그리고 때에 따라 기준이나 중심이 다를 수 있다. 즐거운 순간순간이 반복되는 것, 즉 쾌락을 행복의 중심에 둘 수도 있다. 아니면 자신이 정한 목표를 달성했을 때의 성취감을 행복의 중심에 둘 수도 있다. 그도 아니면 좋은 일이나 나쁜 일이 있더라도 평정심을 잃지 않고 번뇌로 흔들리지 않는 내적 평화를 중심에 둘 수도 있다(진정한 행복을 찾아 속세를 떠나 수도하는 경우가 이에 해당한다). 앞에서처럼 학생들이 행복에 관해 연상한 단어들에서도 쾌락, 성취감, 내적 평화와 관련된 것들이 골고루 등장하며, 긍정적 변화나 삶의 균형과 같은 유데모니즘 전통의 행복 개념도 발견된다. 미래가 창창한 청년들이기에 자기의 잠재력을 실현하는 자기실현을 중심에 둔 행복관도 보인다.

그런데 여기서 행복이 '복된 좋은 운수', 즉 '행운'과 비슷한 개념으로 풀이된 사전적 정의가 있다는 점에도 주목할 필요가 있다. '행복하다'라는 뜻의 영어 단어 'happy'는 고대 스칸디나비아어 'happ(행운, 기회)'에서 유래했다고 한다. '행복幸福'이라는 단어에도 '우연幸'과 '복福', 즉 운 좋게 찾아오는 사건이나 조건이라는 뜻이 담겨 있다. 다시 말해 만족스럽고 좋은 감정 상태뿐 아니라 그런 감정을 가져오는 상황과 조건도 행복이라고 부르는 것이다.

각 개인이 기본적으로 느끼는 행복감의 수준, 즉 좋은 일이나 나쁜 일을 겪은 후 돌아오는 기준점set point으로서의 행복도는 상당 부분 유전적으로 결정된다는 것이 밝혀졌다(자세히는 5장 '행복의 유전자 복권'에서 다룬다). 사실 어떤 유전자를 타고 나는지는 순전히 운이다. 태어나 성장한 환경도 스스로 선택할 수 없는 경우가 대부분이라는 점에서 운이다. 그러나 행복이 모두 운에 의해 결정된다면 행복 공부는 내 운명을 확인해 줄 뿐 행복을 높이지는 못할 것이다. 절대 그렇지는 않다. 다만 운이 좋아 행복한 사람은 유전자 때문이든 환경 덕분이든 감사하고 또 감사하자. 그래야 행복을 나눌 수 있고, 그래야 더 행복해진다.

쾌족과 흡족, 자기실현

심리학자 최인철 교수는 행복은 외따로 존재하는 개별 감정이 아니라 우리를 기분 좋게 하는 다양한 감정을 지칭한다며, 이러한 행복의 본질을 이해시킬 수 있는 개념으로 '쾌족快足(기분이 상쾌하고 삶에 만족하는 심리 상태)'이라는 표현이 더 적합할 수 있다고 했다.[14] 나아가 그는 행복에는 '우연히 일어나는 좋은 일'이라는 의미가 있어서, 행복을 유발하는 상황과 조건(예를 들면 가족의 화목과 건강, 좋아하는 일을 하는 것 등)이 행복이라는 감정 경험 자체를 밀어내고 행복으로 인식되기도 한다는 점을 지적한다. 그런 이유로 그는 행복의 새로운 이름으로 '흡족洽足(조금도 모자람이 없을 정도로 넉넉하며 만족함)'을 제안하기도 했다. '흡족'은 '만족'처럼 체념의 느낌이 없고 상투적이지 않으며, '쾌족'보다 일상적인 용어로서 친숙하다는 장점이 있다는 것이다.[15]

한편 경제학자 박정원 교수는 많은 사람이 소소한 즐거움을 행복이라고 착각하고 있다며, '진정한 행복'은 인생에서 힘을 다해 추구해야 할 최고의 가치여야 한다고 주장한다. 그의 견해는 유데모니즘의 행복 개념, 즉 의미 있는 삶으로서의 행복관에 바탕을 둔 것이다. 그가 생각하는 진정한 행복은 '자기실현'으로, 자신의 타고난 잠재력을 최대한 실현하는 것이다.[16]

앞에서 우리는 헤도니즘과 유데모니즘의 행복 개념을 모두 수용하여 행복한 삶으로서 즐거운 삶과 의미 있는 삶 모두를 살펴보았다. 사람들은 행복 개념 자체보다는 각자 행복이라고 느끼는 감정 상태를 가져오는 수단인 환경이나 조건에 관심이 많다. 사실 그런 수단들이 행복에 각각 어떤 영향을 주는지 제대로 아는 것이 중요하다.

최고의 가치, 궁극적 목적으로서의 행복

행복의 정의에 관한 공부는 이쯤 해두고, 근본적인 질문을 해보자. 행복이 왜 최고의 가치이며 삶의 궁극적인 목적인

가? 행복 이외에도 소중하고 매력적인 가치와 목적이 있지 않은가? 예컨대 자유, 평등, 박애, 사랑, 우정, 재력, 권력, 건강, 미모, 안전, 신뢰, 정의, 명예…. 이들도 사람들이 중요하게 생각하고 갖거나 지키기 위해 애쓰는 가치들이다.

　그럼 이제 행복과 행복 이외의 가치들을 놓고 '이상형 월드컵' 비슷하게 '가치 월드컵'을 벌여보자. 일대일로 붙여서 내게 둘 중 더 중요한 가치를 다음 라운드로 올리면, 결국 최종 승자는 무엇인가?

　다음으로는 행복 이외의 가치와 행복을 각각 왼쪽과 오른쪽에 놓고 둘 중 무엇이 다른 것의 목적이 될 수 있는지 생각해보자. 가령 재력을 갖기 위해 행복해지고자 하는가, 아니면 행복해지기 위해 재력을 갖고자 하는가? 둘 중 무엇이 목적에 가깝고 무엇이 그를 위한 수단에 가까운가? 무엇이 결국 다른 상위 목표로 환원되지 않는 삶의 궁극적인 목적인가?●

　아마 가치 월드컵의 최종 승자와 삶의 궁극적인 목적 모두 '행복'으로 나왔을 것이다. 아리스토텔레스부터 이마누엘 칸트, 존 스튜어트 밀에 이르기까지 철학과 윤리학에서 행복을 최고의 선이자 궁극적인 목적으로 간주해 왔다. 내가 지금 자

● 행복이 다른 목표의 수단으로 환원되지 않는다는 점에서 행복을 궁극적인 목표로 보는 사고는 고대 아리스토텔레스로부터 시작되었다. 현대에 와서 행복을 다룬 다른 책들에서도 발견된다. 예컨대 리처드 레이어드 지음, 정은아 옮김, 『행복의 함정』, 북하이브, 2011. 박정원, 『행복경제학』, 한울, 2021.

발적으로 하는 행동의 궁극적인 목적은 "결국 행복을 위해서" 다. 그리고 곰곰이 생각해 보자. '진짜 행복을 위한 행동이 맞을 까?' 역시 행복에는 공부가 필요하다.*

꼭 행복해야 하나?

"그런데 꼭 행복해야 하나요?" 누군가는 이렇게 질문할 수 도 있을 것이다. 정당한 지적이다. 많은 사람들이 행복하다고 생각하지 않아도 그냥 살아간다. 살기 위해서 일하고, 살기 위 해서 먹고. 그렇게 보면 인간의 궁극적 목적은 행복이 아니라 생존이라고 생각할 수도 있다. 여느 동물처럼 자기 의지가 아 닌 '던져진 존재'로 세상에 태어나서 살아가기에 더욱 그렇게 느낄 수 있다.

그런데 그냥 살기 위해서도 행복이 필요하다는 점에서 행 복은 정말 중요하다. 행복하기 위해 생존하는 것이 아니라 생 존하기 위해 행복이 필요하다는 생각이 진화론적 행복관이 다.[17] 행복감이 결핍되고 불행감이 지나치면 스스로 삶을 포기 할 수도 있다. 인간은 생명체 중에서 행복하지 않다는 이유로

● 최근 심리학에서는 행복을 삶에서 추구해야 할 가치나 목표로 보는 대신, 살아가는 데 필요한 경험이나 사건으로 간주하는 경향이 강해졌다. 그런 데 나는 행복의 개념에 삶의 의미를 추구하는 유데모니즘이나 헌법에 명 시된 행복 추구권에서의 행복도 포괄하고자 한다. 행복을 궁극적 목적으 로 보는 논의를 한 것이 이 때문이다.

자살하는 드문 존재다. 더욱이 한국은 자살률이 OECD 평균의 두 배 이상이고, 최근에는 노인뿐 아니라 10대와 20대의 자살률도 높아졌다.

또한 생존 자체가 위협받는 극한 상황에서는 생존이 최우선이겠지만, 일상에서 우리는 그냥 생존하는 것을 원하기보다는 행복하게 살기를 원한다. 사람마다 가치관이 달라도, 생존은 보장됐다고 느끼는 평범한 상황에서는 누구나 행복을 원한다는 점, 생존의 위협에서 벗어났을 때 느끼는 안도감도 행복으로 느낀다는 점, 너무 불행하면 생존을 포기하기도 한다는 점 등이 최상위 가치로서 행복에 대한 보편적인 수용을 보여준다.

그러면 왜 안 행복한가? 왜 덜 행복한가? 무엇이 나를 행복하게 하는가? 그 전에 과연 행복이 무엇인가? 이런 걸 알아야 불행의 늪에서 벗어나 행복으로 향하는 길에 제대로 설 수 있다. 이래서 행복 공부를 하는 것이다.

'따뜻한 강아지'

'휘게hygge'는 편안함, 따뜻함, 아늑함, 안락함을 뜻하는 덴마크어 및 노르웨이어 명사로서 일상에서 소박한 행복을 누리는 생활 방식을 의미하기도 한다. 가족이나 친구와 함께 또는 혼자서 소소한 즐거움을 느끼며 마음의 여유를 회복하는 시간이 휘게를 누리는 것이다. 행복 공부를 결심하고 마음의 여행을 시작한 독자들을 위해 마련한 첫 번째 '휘게소'에 잠시 들렀다 가자.

미국의 만화가 찰스 슐츠는 찰리 브라운과 스누피가 등장하는 〈피너츠〉의 작가다. 제2차 세계대전에도 참전했던 그는 군 복무 당시 강아지가 다칠까 봐 포격하지 않았을 정도로 개를 사랑했다고 한다. 〈피너츠〉를 연재할 때 스누피를 빼자는 의견도 있었지만 그의 고집으로 계속 등장시켰고, 그 후 스누피는 세계적으로 사랑받는 유명 캐릭터가 됐다. 사실 그가 15살에 최초로 지면에 실은 그림도 그의 개 스파이크의 스케치였다고 한다.[18]

찰스 슐츠는 행복이라는 감정을 '따뜻한 강아지'에 비유했다.

몽글몽글한 털, 꼬순내 나는 말랑말랑한 발바닥, 삼등신의 작고 말캉하고 따뜻한 생명체를 품에 안고서 뺨을 가져다 대고 코를 비빌 때의 느낌을 상상해 보라. 그처럼 행복감은 순간의 충만하고 벅찬 느낌으로 다가올 수도 있다.

〈행복의 조건〉수업 시간에 학생들에게 '따뜻한 강아지', 즉 자신이 생각하는 행복의 느낌, 자신이 기억하는 행복의 순간은 무엇인지를 적어보라고 했다. 다음과 같은 글들이 눈에 띄었다.

갑자기 생겨난 과자

예전에 기숙사 방 안에 들어왔는데 책상 위에 처음 보는 비스킷이 있어서 당황한 일이 있었다. 알고 보니 어떤 친구가 길을 가다가 내가 좋아할 것 같다는 생각이 들어 사서 올려둔 것이었다. 누군가에게 불시에 생각나는 사람이라는 생각에 못내 행복했었다.

귀갓길에 본 별

지친 하루를 마치고 집에 가는 길
하늘을 올려다보았는데 별이 많이 반짝일 때

뜨거운 눈물이 준 위로

깊은 어려움 속에서 갑작스럽게 찾아온 뜨거운 눈물의 위로

나눔의 기분

나의 것을 자발적으로 나누었을 때의 그 기분

시원한 물 한 잔

고된 일이나 운동을 마치고 힘든 몸을 개운하게 해주는
그 물 한 잔

밤하늘의 별들. 내 옆에서 같이 별을 봐줄 수 있는 친구 한 명과 고요를 깨는 웃음소리.

춥지도 덥지도 않고 바람 한 줄기가 귓가를 간지럽힐 때 타박타박 신발 두 켤레가 불협화음을 내더니 이내 하나의 리듬을 만든다. 달의 음영을 보며 옛사람들의 달에서 토끼가 산다는 생각에 동의할 때쯤 별 하나, 별 두 개가 내 눈에 차오른다. 정신없이 그 별들을 쫓을 때 내 옆의 친구 눈에도 별이 차 있다는 것을 깨닫는다. 하나의 웃음이 두 개가 되어 고요를 흩트린다.

13년 지기 친구

나는 사람을 굉장히 좋아하는 편이다.
어떤 일을 하려면 항상 같이할 사람을 찾곤 한다.
특히 방학에는 집에 있는 시간이 많아 외로워진다.
여기저기 연락해 봤지만 모두 바쁠 땐 더더욱 그렇다.
이때 13년째 옆집인 친구 집 문을 두드리면
트레이닝복에 머리를 벅벅 긁으며 뭐냐고 욕하면서 나오는 친구를 보며 행복하다.

좋은 사람들과의 졸업여행, 그리고 휴게소 달빛

고등학교에서 가장 친한 친구들과 3년 동안 정말 많이 의지했던 1·3학년 담임 선생님과 졸업여행으로 속초 여행을 다녀오며 집으로 돌아가는 길이 너무나 아쉬웠는데 길을 잘못 들었었다. 길이 너무나 꼬불꼬불했지만 함께 있는 시간이 더 있다는 게 정말 좋았다. 가는 길에 잠깐 들른 휴게소에서 본, 마침 정월 대보름이라 휘영청 뜬 달이 참 예뻤다. 행복하다고 느꼈다. 그 순간.

따뜻한 엄마 손

한창 사춘기였던 시절엔 왜 그리 엄마 손을 잡는 게 부끄럽고 남자답지 못하다고 생각했었는지 모르겠다. 고등학생 때부터 기숙사에서 생활하며 떨어져 지냈고, 대학교에 와서도 가까이 지내지 못했다. 그러다 지난번에 집에 가서 엄마와 함께 장을 보러 갔을 때 용기 내어 엄마 손을 잡아보았다. 따뜻한 엄마의 손에서 죄송한 마음, 감사한 마음, 그리고 함께여서 행복하다는 것을 느꼈다.

공연을 마친 순간

대학교 1학년 때, 댄스동아리에서 며칠을 밤새가며 연습한 무대가 관객들의 큰 환호성으로 마무리 지어졌을 때

그 밖의 '따뜻한 강아지'들

깨끗하고 포근한 침대에서 두유 마시면서 좋아하는 책 읽기

내일 걱정하지 않고 PC방에서 밤새기

아끼는 사람들과의 만남

합격자 발표창에 뜬 내 이름

선선한 날 한강 둔치에서 마시는 맥주

보고 있으면 절로 웃음이 나오는 재밌는 영화

내 손과 딱 맞는 따뜻한 그녀의 손

쇼핑하다가 발견한 나에게 딱 맞는 옷

피곤하게 지내던 나날 가운데 잠깐의 잠으로 피로를 날릴 때

그리고 휴강*

● 명강보다 좋은 것이 휴강이라고 한다. 얘들아, 꼬박꼬박 수업해서 미안하다.

2장. 행복을 재는 방법

행복이 과학의 영역이 되려면
측정 가능성부터 보여야 한다.

행복을 측정할 수 있을까?

내가 「전략적 사고능력과 행복」이라는 논문을 처음 학술
대회에서 발표했을 때, 좌장을 맡은 선배 경제학자가 내게 질
문했다(토론자가 따로 있을 때 진행을 맡은 좌장이 발표자에게 질문
하는 건 다소 이례적인 만큼 꼭 하고 싶었던 질문이었을 것이다).

"행복은 주관적인 감정인데, 그걸 설문조사로 측정한 값을
사람들 간에 비교하는 것이 과연 타당한가요?"

주류경제학에서 행복이 객관적으로 측정할 수 있는 대상
이 아니라는 이유로 초대받지 못했던 역사를 보여주는 질문이
다. 경제학 교과서에서 극대화의 목표로 삼는 효용도 실은 주
관적인 것으로서 행복이랑 다를 바 없지만, 이것을 설문조사
방식으로 크기를 측정하고 또 사람들 간에 비교하는 데는 여전
히 찜찜함을 갖는 셈이다. 행복의 측정 가능성과 신빙성에 대

한 논의는 행복을 본격적으로 알아가기 전에 넘어야 할 필수관 문이다.

행복의 측정에 관한 의심이 강하면, 측정된 행복과 그 영 향 요인에 관한 수많은 실증적 탐구 결과도 받아들이기 어려울 수 있다. 이 책에서 행복에 관한 연구 결과들을 소개할 때 독자 도 결국 행복의 측정에 관한 믿음을 바탕으로 수용할 것이다. 피터 드러커도 "측정할 수 없으면 관리할 수 없고, 관리할 수 없으면 개선할 수 없다."라고 하지 않았나.

행복 설문에 제대로 응답할까?

연구자들은 설문조사에서 얼마나 행복한가에 관한 질문 을 접했을 때 많은 사람이 꽤 적합하게 응답한다는 것을 발견 했다.[19] 똑같이 '행복'이라는 단어를 넣은 질문이라도 응답자들 은 삶에 대해 전반적으로 평가해 달라는 요청과 최근의 감정에 관해 알려달라는 요청을 제대로 구분했다. 삶에 대한 전반적 평가는 "요즘 귀하의 삶은 전반적으로 얼마나 행복하십니까?" 와 같은 질문이다. 최근의 감정에 관한 보고는 "귀하는 어제 얼 마나 행복하셨습니까?"라는 식의 질문이다.

그런데 이 중 어떤 질문이 응답한 요일의 영향을 받았을 까? 후자였다. 주중에 출근하는 직장인이나 등교하는 학생이 라면 더 절실히 느낄 것이다. 예전에 일요일 저녁에 방영되던 〈개그 콘서트〉의 엔딩곡인 스티비 원더의 〈Part Time Lover〉

편곡 버전이 월요병을 일으킨다는 얘기가 있었다(그 시간에 웃는 사람은 TV 속의 이태선 밴드뿐이었다고). 하지만 삶에 대한 전반적 평가를 요청했을 때는 응답한 요일의 영향을 받지 않았다.*

또한 사람들은 주관적 척도 질문에도 제대로 응답했다. 건강에 관한 질문에서도 그랬다. "당신의 건강 상태는 어떻습니까?"(매우 나쁨=0~5=매우 좋음)라는 질문에 대해서는 응답자가 고령일수록 평가가 낮았다. 그러나 "당신의 건강 상태는 또래에 비해 어떻습니까?"라는 질문에 대해서는 연령대별로 응답의 평균값 차이가 없었다.

전반적으로 얼마나 행복한가에 대한 응답에 그 앞의 질문이 영향을 줄 때도 있다. 미국 일리노이주의 설문조사 실험에서 학생들에게 최근의 데이트에서 느낀 행복감 질문이 삶에 대한 전반적 만족도 질문보다 먼저 배열됐을 때, 그 순서가 바뀌었을 때보다 두 질문 응답 간의 상관성이 더 높게 나왔다. 행복도에 관한 응답이 설문지의 문항 배열에 따라 달라질 수 있다는 비판이 나올 법하다. 그러나 두 질문을 관련 문항으로 묶어서 제시했을 때는 두 질문 간의 순서에 따른 응답의 상관성에

● 참고로 서울대 행복연구센터가 카카오 마음날씨 플랫폼에서 한국인 104만 명을 조사한 결과, 행복감이 가장 높고 스트레스가 가장 낮은 요일은 토요일이었고, 일요일은 행복감이 평일 수준으로 낮고 스트레스가 월요일보다 컸다. 행복감이 가장 낮고 스트레스가 가장 큰 요일은 주중의 고단함이 누적된 목요일이었다(서울대학교 행복연구센터, 『대한민국 행복지도 2020』, 21세기북스, 2020).

차이가 없었다. 질문 배치가 응답에 주는 영향이 현저하지는 않다는 것이다. 그리고 ① 삶에 대한 전반적 평가 질문 후에 ② 온갖 교란용 질문을 배치하고, 그 뒤에 ③ 최근의 긍정적·부정적 사건에 관한 질문을 한 후 ①의 응답과 ③의 응답 사이의 상관성을 조사한 경우와 질문 순서를 ③, ②, ① 순으로 바꿔 조사한 경우를 비교해 봤을 때도 일관되게 강한 상관성에는 차이가 없었다.

물론 행복도를 물었을 때 응답자의 머릿속에 어떤 생각이 떠오르게 만들었는지가 영향을 줄 수 있다. 잘 놀다가도 누군가 부정적인 일(과거의 실수나 미래의 태산 같은 일)을 상기시키면 행복감이 낮아지는 법이다. 행동경제학의 '프레이밍 효과'(질문 방식에 따라 선택이 달라지는 현상으로 대니얼 카너먼이 처음 제시)와 유사하다. 그런데 이런 효과는 설문 응답뿐 아니라 여러 행동에서도 나타날 수 있다. 미국 대학에서 『성경』의 '십계명'을 기억나는 만큼 쓰게 한 다음 시험을 보게 했더니 부정행위를 하는 학생이 없었다. 따라서 프레이밍 효과가 있다고 주관적 척도 설문을 포기하기보다는 제대로 하면 된다. 대규모의 조사, 반복적인 조사가 신뢰도를 높일 수 있다.

사족처럼 덧붙이자면, 프레이밍 효과는 행복감을 높이는 데 의식적으로 활용할 수도 있다. 이미 우리는 그렇게 하고 있다. 우울해하는 친구나 가족을 위로할 때 그가 긍정적인 생각을 떠올릴 수 있게 하려고 애쓴다. 스스로에게도 그렇게 해서 나의 행복감을 높일 수 있다면, 그리고 그것이 거의 실패 없이 항상 잘 된다면 당신은 이미 행복 공부를 하기 전부터 행복 고수다.

행복 측정치는 믿을 수 있는가?

일단 측정치의 일관성 면에서 이 질문에 대한 답은 긍정적이다. 갤럽 세계 설문조사의 연도 간 국가 행복 순위의 상관계수는 0.88~0.95로 상당히 높았다. 행복 순위가 높은 나라들과 낮은 나라들이 매년 조사 때마다 크게 바뀌지 않는다는 뜻이다. 유럽 사회조사의 행복 및 삶의 만족도에 대한 국가별 순위의 연도 간 상관성도 0.92~0.98로 매우 높았다. 그리고 연도 간 간격이 멀수록 상관계수도 하락하는 자연스러운 패턴을 보인다. 특정 국가의 국민 행복에 영향을 미치는 상황이 시간이 흐를수록 달라질 수 있다는 것을 반영한다.

한편 행복 설문에 대한 주관적 답변의 기수적 수준은 응답자가 처한 삶의 조건과 환경 및 웰빙과 관련된 다른 주관적·객관적 지표의 수준과 강한 상관성을 보였다.[20] 행복도를 낮게 응답한 사람에게는 그럴 만한 이유가 보인다는 것이다. 또한 행복도에 관한 응답은 설문 이후의 후속적 결과와 행동(이를테면 자살 등)의 예측에도 유효한 것으로 확인되었다. 이에 따라 주관적 웰빙의 측정치를 사람들 간, 국가들 간에 횡단면으로 비교하는 연구가 늘어나고 있으며, 삶의 질을 높이는 정책 수립을 위해 객관적 지표와 함께 주관적 웰빙의 측정치를 성과 지표로 적극

활용하자는 제안(일례로 센, 스티글리츠, 피투시의 2011년 보고서)
과 실천(예컨대 OECD의 Better Life Index)이 이루어져 왔다.

다만 같은 내용의 질문에 대한 응답 태도가 문화권마다 다
르다면 문제가 될 수도 있다. 행복에 관한 많은 심리학적 발견
은 서방의 평균 교육 수준이 높고, 산업이 발전하고, 부유한 민
주주의 국가WEIRD: western, educated, industrialized, rich democracies
에 속한 사람들로부터 도출된 것이다. 설문조사를 통한 행복도
의 측정이 처음 이루어진 것도 이 분야를 선도한 연구자들의 모
국인 서방국가 중심이었기 때문이다. 물론 지금은 세계 각국에
서 행복에 관한 조사가 이루어지고 있지만, 서방국가 중심으로
축적된 학문적 발견을 다른 문화권으로 일반화하는 데는 유의
할 필요가 있다. 세계 각국, 다양한 문화권에서 저마다의 행복
연구가 진전될 필요성이 있다는 말이다.

행복을 측정하는 질문들

행복의 정의가 단일하지 않은 만큼 행복을 측정하는 질문
도 다양하다. 그중 가장 많이 사용되는 질문과 각각을 통해 파
악하고자 하는 것이 무엇인지 살펴보자. 각각의 질문에 자신은
어떻게 답하는지 책갈피나 수첩, 스마트폰 메모장 등에 기록해
두고, 나중에 다시 이 페이지를 펼쳐보게 됐을 때 각 질문에 대
한 자신의 답변이 어떻게 바뀌었는지 비교해 보자. 무엇이 달
라졌고 무엇이 그대로인지 살펴보는 것도 의미가 있다.

삶의 만족도

"전반적으로 삶에 대해 얼마나 만족하고 계십니까?" 또는 "요즘 자신의 삶에 대해 전반적으로 얼마나 만족하십니까?"와 같은 질문이다. 이러한 삶에 대한 전반적 만족도overall life satisfaction 질문은 지금 느끼는 감정에 관한 질문보다는 매 순간의 기분에 따른 영향을 비교적 덜 받을 것으로 예상할 수 있다. 11점 척도(전혀 만족하지 않는다=0~10=완전히/매우 만족한다)로 응답하게 할 때는 5점이 중간이다.

삶의 사다리

"사다리가 있다고 상상해 보세요. 맨 아래 발판에는 0, 맨 위 발판에는 10이 쓰여 있습니다. 사다리의 맨 위는 당신에게 가능한 최상의 삶이고, 맨 아래는 당신에게 가능한 최악의 삶입니다. 지금 당신은 어느 발판에 서 있다고 느끼십니까?"라는 질문이다. 이처럼 스스로 현재 삶의 위치를 찍게 하는 척도를 '캔트릴 사다리the Cantril ladder'라고도 하는데, 삶의 주관적 웰빙 상태를 알아보기 위해 이 질문을 만든 사회심리학자 해들리 캔트릴의 이름을 딴 것이다. 갤럽 세계 설문조사의 행복도 측정에도 사용되고 있다. 이처럼 삶의 사다리 질문을 11점 척도(최악의 상태=0~10=최선의 상태)로 응답하게 할 때, 0~4는 고통스러운 삶, 5~6은 안간힘을 쓰는 삶, 7 이상은 잘사는 삶으로 간주한다.

행복도

"모든 것을 고려할 때, 얼마나 행복하십니까?"라는 질문이
다. 모든 것을 고려하라고 했기 때문에 특정 측면에서만 일어
난 일시적 호전이나 악화의 영향은 덜 받는다. 하지만 감정과
연관되는 '행복happiness'이라는 말을 썼기 때문에 삶에 대한 전
반적 만족도보다는 단기적 사건의 영향을 조금은 더 받을 수도
있다. 11점 척도(전혀 행복하지 않다=0~10=매우 행복하다)로 응
답하게 할 때 중간(보통)은 5점이다.

최근의 감정(행복감과 불행감)

최근(주로 어제) 느꼈던 단기적인 긍정적 감정positive affect
과 부정적 감정negative affect 경험에 관한 질문이다. 긍정적 감
정은 기쁨이나 즐거움 등인데, 각 감정에 관한 질문을 별도로
할 때도 있지만 행복감이라는 감정으로 포괄된다고 보고 "어
제 어느 정도 행복했다고 생각하십니까?"라는 대표 질문을 사
용하기도 한다. 똑같이 11점 척도(전혀 행복하지 않았다=0~10=
매우 행복했다)를 사용하더라도 어제 느낀 행복을 질문하기 때
문에 모든 것을 고려했을 때와는 판단이 다를 수 있다. 하필 어
제만 좋은 일이 있었거나 나쁜 일이 있었을 수 있기 때문이다.
그래서 단기적인 행복은 전반적인 것을 고려해 어느 정도 지속
성이 있는 행복도보다 '행복감'으로 표현하고자 한다.

한편 부정적 감정에 관한 질문은 최근의 걱정(근심)과 우

울감 경험을 주로 묻는다. "어제 어느 정도 걱정(근심)을 하셨
습니까?"에 대한 응답(전혀 하지 않았다=0~10=매우 많이 했다)과
"어제 어느 정도 우울하셨습니까?"에 대한 응답(전혀 우울하지
않았다=0~10=매우 우울했다) 등이 부정적 감정 보고를 통해 드
러난 불행감이다.

주의할 점은 긍정적 감정과 부정적 감정은 서로 다른 정
보를 제공한다는 것이다. 긍정적 감정이나 부정적 감정이 서로
를 배제하는 반대 감정이어서 극단적으로 두 감정의 크기를 합
친 것이 일정하다면 둘 중 하나만 조사해도 될 것이다. 그리고
긍정적 감정이 클수록 행복하고, 부정적 감정이 클수록 불행하
다고 판단해도 될 것이다. 그런데 긍정적 감정과 부정적 감정
이 서로를 배제하지는 않는다. 예를 들어 기쁨을 느끼면서 동
시에 걱정을 많이 할 수도 있다. 만약 고사성어 '새옹지마塞翁之
馬'의 노인이 고사에서처럼 '호사다마好事多魔'를 경계하는 마음
을 갖고서도 진중하고 차분한 성격이 아니라 그 반대라면 어땠
을까? 잃었던 말이 짝을 데리고 돌아왔을 때처럼 기쁜 일이 생
겼을 때 뛸 듯이 기뻐하면서도 그것이 초래할 미래의 화에 대
한 근심 때문에 그때부터 마구 걱정하기 시작했을 것이다. 그
상황에서 만약 다음날 두 명의 행복 연구자가 노인에게 긍정적
감정과 부정적 감정에 관한 질문을 던졌다면 어떤 결과가 나왔
을까? 노인이 어제의 기쁨을 높게 보고한 것만 본 연구자는 이
노인의 행복감이 높다고 평가했겠지만, 어제의 근심을 높게 보
고한 것만 본 연구자는 이 노인의 행복감이 높지 않다고 평가

했을 것이다. 우리의 감정은 때에 따라 사람에 따라 서로 모순
되는 것들이 섞이기도 한다. '웃기면서 슬프다'라는 뜻의 '웃프
다'(영어로는 tragicomic, bittersweet)라는 신조어가 사람들 사이
에 널리 쓰이는 데는 이유가 있는 것이다.

유데모니아

"요즘 자신이 하고 있는 일이 전반적으로 얼마나 가치 있
다고 생각하십니까?"라는 질문이다. 이처럼 하는 일의 주관적
가치를 묻는 것은 의미 있는 삶을 행복한 삶으로 간주하는 유
데모니즘의 행복관을 바탕으로 한다. 11점 척도(전혀 가치 없다
=0~10=매우 가치 있다)로 응답하게 할 때 5점이 중간이다.

여러 행복 척도 간의 관계

최근에 느낀 긍정적 감정과 부정적 감정은 주관적 웰빙을
감정이라는 정서적 측면에서 측정하는 것이다. 이에 비해 삶에
대한 전반적 만족도는 모든 것을 고려하라는 지시문이 붙는 것
을 보더라도 인지적인 측면에서 주관적 웰빙을 측정하는 것이
라고 볼 수 있다.

물론 사람의 인지는 여러 요인에 의해 편향된 모습을 흔히
보인다. 과거의 경험에 대한 기억은 흐려지거나 편집되고, 가
장 최근의 경험이 삶에 대한 전반적 만족도에 아주 큰 영향을

줄 수 있다. "끝이 좋아야 한다."는 말은 인생 전체에 대한 주관
적 평가에도 적용된다. 그래서 한평생 잘살고 간다는 기억을
남기려면 말년 복이 중요하다.*

연구자들은 앞에서 본 질문들과 같은 여러 척도로 행복을
측정한 후 각각의 목적에 맞는 척도를 분석에 사용한다. 정서
적 측면의 주관적 웰빙 측정을 위해 연구 대상자들이 쓴 일기
를 바탕으로 최근의 일상을 경험 단위로 재구성하여 각 경험에
서 느낀 감정을 회고하게 하는 방법을 쓰기도 했다. 또는 무선
호출기(요즘이라면 스마트폰 메시지나 알람)를 이용해 지금 뭘 하
는지와 지금 느끼는 감정을 수시로 물어보는 방법도 있다. 이
러한 감정적 경험 표집법은 일상적인 행복을 측정할 때 유용
하다. 가령 직장인은 어느 요일에 행복감이 높은지, 아침에 일
어나서부터 밤에 잠들 때까지 어느 시간대에 행복감이 높은지,
무엇을 경험할 때 행복감이 높은지 알아내는 데 적합하다.

삶의 여러 조건을 반영한 주관적 웰빙을 측정하는 데는 삶
에 대한 전반적 만족도나 주관적 상태 평가 질문이 가장 적합

● 대니얼 카너먼은 사람들이 경험한 것에 대해 사후적으로 내리는 전반적
평가는 그 과정 전체의 경험에 균등한 영향을 받지 않고 절정의 경험과
마지막 경험에 크게 좌우된다는 사실을 여러 실험을 통해 발견했다. 이른
바 '절정 대미 이론peak end theory'이다. 최종 경기는 승리였던 동메달리스
트가 최종 경기가 패배였던 은메달리스트보다 시상대에서 더 행복해하는
것, 붐비는 놀이공원에서 30분 넘게 힘들게 줄을 선 후에 고작 3분 짜릿
했는데, 내린 후에 또 다른 놀이기구에 긴 줄을 서는 것 등도 이 이론으로
설명할 수 있다.

하다. 그다음으로는 긍정적 감정에 관한 질문, 부정적 감정에 관한 질문 순이다. 즉, 이 사람이 최근에 얼마나 걱정이 많고 우울한지보다는 얼마나 행복한지가 삶의 조건 또는 생활 수준을 더 잘 보여주고, 또 그보다는 삶에 대한 전반적 만족도가 어떤지가 삶의 환경을 더 잘 드러낸다는 것이다. 부자여도 걱정이 많고 우울할 수 있지만 삶에 대한 만족도나 캔트릴 사다리상의 주관적인 위치는 높을 가능성이 크다. 따라서 삶의 제반 환경이 반영된 후생적인 차원의 웰빙을 개인 간, 국가 간에 비교할 때는 감정 보고보다는 삶에 대한 전반적 평가를 사용하는 것이 적절하다.

　　한편 주관적 웰빙과 관련된 연구들이 삶의 만족도 같은 헤도니즘의 행복 개념에 바탕을 둔 척도를 주로 사용한 것과 달리 마틴 셀리그먼, 캐롤 리프, 버튼 싱어 등 긍정심리학자들은 유데모니즘의 행복 개념에 기초한 행복지수를 제안하기도 했다. 이들은 주관적 웰빙 개념과 구분되는 '심리적 웰빙 psychological well-being'을 행복 개념으로 제시하고, 행복을 단순한 만족감보다는 자율성, 자기 긍정, 삶의 목적, 환경에 대한 통제, 타인과의 긍정적 관계, 개인의 성장을 포함한 유데모니아 개념으로 측정했다.[21] 그런데 미국 성인들을 대상으로 주관적 웰빙 개념의 삶의 만족도와 심리적 웰빙 개념의 유데모니아를 측정한 결과 양자 간의 상관관계가 매우 높게 나타났다.[22] 이러한 결과는 만족스러운 삶과 의미 있는 삶이 개념적으로는 구분되지만 실제로는 겹치는 부분이 많다는 점을 보여준다. '정당화

될 수 있는 삶의 만족'에 대한 세상의 상식이 존재한다는 방증이라고도 볼 수 있다. 자기 삶의 의미와 가치에 대해 긍정적으로 평가하는 사람은 삶에 대한 만족도 역시 높은 경향이 있다.

행복은 웰빙의 민주적 척도

행복에 관한 질문을 접했을 때 특별히 자기 행복감을 숨길 이유가 없다면 그 응답은 자신의 웰빙에 관한 자기의 평가다. 정부, 전문가, 가족, 친구 등의 평가가 아니다. 나의 드러난 면들만 보고 타인이 "너는 이러저러한 조건을 가졌으니 이 정도로 행복해야 한다."라고 하는 것은 독재적 판단이다. 천문학적인 재산을 물려받고 아쉬울 게 하나도 없어 보이는 재벌 3세 청년이 스스로 목숨을 끊은 것을 보고, 반드시 행복해야만 하는 사람이 왜 그런 선택을 했는지 이해할 수 없다고 나무라야 할까? 내가 행복하지 않은데, 나보다 아무것도 나아 보이는 게 없는 사람이 행복하다며 웃고 다닌다면, 좀 모자라거나 '정신 승리'하고 있다며 비웃어야 할까?

행복은 본인이 느끼는 자신의 상태를 스스로 표현하는 것이기에 웰빙에 관한 가장 민주적인 척도라고 볼 수 있다. 주관적이기에 민주적이며, 그대로 존중되어야 한다. 유전적 요인이든, 마음에 부는 바람이든, 남에게 말하지 못한 사연이든, 자기도 모르는 원인이든, 누구에게나 자기의 행복을 높이거나 낮추는 저마다의 이유가 있다. 겉으로 드러난 객관적 지표들은 행복과 불행의 이유를 설명하는 것을 거들 수 있을 뿐이다. 설령 개인의 재정 상태, 건강, 인간관계 등 많은 정보가 수집되어 중앙 컴퓨터에 의해 관리되는 기술 지배의 빅브라더 사회가 오더라도 행복의 측정을 위한 질문은 꽤 오래 유효할 것이다. 개인이 실제로 느끼는 행복은 행복과 관련된 모든 객관적 조건들에 관한 측정값을 행복 결정 공식에 넣어서 하나의 값으로 산출될 수 있는 것이 아니기 때문이다.

입꼬리로 재는 행복

두 번째 휘게소에서는 거울 앞으로 가서 내 표정을 보자.

내 입술 각도는 아래 보기 중 어느 것에 가장 가까운가?

① ② ③ ④

네 가지 입 모양 중 어떤 것이 행복감이 가장 높아 보이는가?

아무래도 입꼬리가 위로 올라간 것(①)이 기분이 좋고 행복해 보인다. 좋은 일이 생겼을 때 "입이 귀에 걸렸다."라는 말이 이렇게 나온 것이다. 입꼬리와 함께 광대뼈와 볼이 위로 올라가 '광대 승천'이라는 표현도 쓴다. 반대로 입꼬리가 아래로 처진 것(④)은 기분이 나쁘고 시무룩해 보인다.

입술의 모양은 선천적으로 타고난 것도 있겠지만, 표정 습관이

나 노화에 의해 달라지기도 한다. 자주 웃으며 살아온 사람과 자주 화를 내며 살아온 사람은 얼굴 주름 모양부터 다르다. 평소 생활하는 기분과 습관이 관상에도 영향을 준다.

그러면 행복한 기분일 때 입꼬리가 올라가는 건 알겠는데, 그 반대도 가능할까? 만약 자의로 입꼬리를 위로 끌어올려도 행복해질까?

답은 "그렇다!"다.

스탠퍼드대 연구진은 19개국에서 모집한 3,878명의 참여자를 대상으로 표정과 기분 간의 관계를 연구했다.[23] 참여자들의 평균 연령은 26세였고, 여성이 70퍼센트였다. 연구팀은 실험 참여자들에게 현재 느끼고 있는 행복감(만족감과 즐거움)을 7점 척도로 매기게 했고, 불안, 분노, 피로감 등의 부정적인 감정도 조사했다. 그다음에는 참여자들을 무작위로 나눠 주어진 상황 속에서 웃는 표정 짓기 또는 무표정 짓기 행동을 수행하게 하고 행복감에 변화가 생기는지 분석했다. 입에 가로로 펜을 물게 한 상황에서 웃는 표정 또는 무표정을 만들기, 배우의 표정을 따라 하게 한 상황에서 웃는 표정 또는 무표정을 흉내 내기, 자기 손을 쓰게 한 상황에서 입꼬리와 볼을 끌어올려 웃는 표정 또는 무표정을 짓게 했다.

실험이 끝난 후에 다시 집단별로 행복감을 조사했더니 어떤 식으로든 웃는 표정을 만든 집단은 행복감이 상승했다. 배우를 따라 웃는 표정을 만든 집단은 실험 전보다 행복감이 32퍼센트 상승했고, 손으로 입꼬리를 올린 집단도 22퍼센트 상승했다. 그러나 펜을 입에 물고 웃는 표정을 지은 집단은 1.8퍼센트 상승에 그쳤는데, 연구진은 펜을 가로로 문 것이 입꼬리가 올라가는 것을 방해했기 때문으로 보았다.

이처럼 표정에 따라 기분이 바뀔 수도 있다는 것에 대해 연구진은 표정이 기분을 담당하는 신경 체계에 영향을 줄 수 있기 때문이라고 설명했다. 사람은 자신의 감정을 주변 환경의 감정 상태(인위적으로 만든 표정도 포함)에 일치시키려는 경향이 있다는 것이다. 심지어 표정이 실제 감정에 영향을 미치지 않는다고 얘기해 준 경우에도 사람들은 인위적으로 미소를 짓게 했을 때 더 행복하다고 느꼈고, 노려보는 표정을 짓게 했을 때 더 화가 난다고 느꼈다. 함께 억지로 큰 소리로 웃으며 손뼉을 치게 하는 웃음 치료가 효과적인 이유도 여기 있다. 다 같이 웃는 주변 환경과 자기 표정에 자신의 감정을 일치시키기 위해 긍정적인 감정의 대뇌 중추가 활성화되는 것이다.

더 나아가 연구진은 강아지, 고양이, 꽃, 무지개 등 기분을 좋게 만드는 사진이 행복감에 미치는 영향도 조사했다. 이런 사진도 행복감을 높이는 효과가 있었다(스마트폰이나 컴퓨터 배경 화면 설정에 참고하시라). 그런데 기분이 좋아지는 사진이 웃는 표정을 짓게 한다고 해서 행복감이 더 커지거나 분노나 불안의 감정이 줄어드는 것은 아니었다(그랬다면 정신건강의학과는 약물이나 상담 대신 사진 수집과 웃음 치료에 집중해야 할 것이다).

매일 아침 거울을 보며 5초 동안 미소를 짓는 습관을 들여보면 어떨까? 그것만으로 스트레스와 우울감을 줄일 수는 없겠지만 행복한 기분으로 하루를 시작하는 데는 도움이 될 수 있다.

이제 이모티콘을 쓸 때 눈웃음^^ 말고도 입꼬리가 올라간 표정 :)을 써보자. 물론 그 반대의 표정 : (은 받는 사람에게나 보내는 자신에게나 좋을 게 없다.

3장. 너는 내가 얼마나 행복한 것 같니?

새로운 공부는 낯선 질문에서 시작한다.

남이 보는 나의 행복

지금 모든 것을 고려할 때 자기가 얼마나 행복하다고 생각하는지 점수를 매겨보자. 매우 불행을 0점, 매우 행복을 10점이라고 할 때 나의 행복도는 몇 점이라고 생각하는지 기록해 본다. 그다음 스마트폰을 꺼내서 친구에게 매우 불행을 0, 매우 행복을 10으로 했을 때 지금 나의 행복에 해당한다고 생각하는 숫자 하나만 말해달라고 요청한다. 뭔가 쑥스럽기도 하고 친구를 좀 당황시킬 수도 있을 낯선 질문이지만 해본다.

"너 많이 심심하냐?" "무슨 문제가 있냐?" 뜬금없는 질문에 아마 이런 반응들도 있을 법하다. 그만큼 우리는 행복에 관한 얘기, 특히 추상적인 행복론에 관한 얘기를 명시적으로 하는 경우가 드물고, 자기의 행복에 관해 타인의 생각을 청해 듣는 경우는 더 드물다.

친구가 숫자를 말해주면 자기가 먼저 기록해 둔 행복도의 숫자와 비교해 본다. 답을 보내준 사람은 누구인가? 뭐라고 하는가? 나의 생각과 얼마나 일치하는가?

완벽한 타인

타인이 본 자기의 행복도가 스스로 생각하는 자기의 행복도와 항상 일치하지는 않는다. 영화 〈완벽한 타인〉(2018)에는 스마트폰을 공개하는 '위험한 놀이'를 통해 오랜 친구와 배우자도 모르는 각자의 은밀한 모습들이 드러난다. 이 영화는 다음과 같은 내레이션과 함께 끝난다. "사람들은 누구나 세 개의 삶을 산다. 공적인 하나, 개인적인 하나, 그리고 비밀의 하나."

사람들은 누구나 그렇다. 내가 이상한 사람인가, 나만 이런가 하고 숨어들면 동료들과 함께할 행복 공부도 직시, 성찰, 나눔, 실천, 변화가 빠진 피상적인 지식 수집에 머물 수밖에 없다.

자기 행복도를 5로 생각했는데 주변 친구들이 모두 8 이상의 답을 보내왔다는 사람은 이렇게 얘기했다.

"제가 '공적인 나'의 모습을 긍정적으로 보이기 위해 너무 애쓰고 살았나 봐요. 요즘 '개인적인 나'의 기분은 그렇지 않고, '비밀의 나'는 고민이 깊거든요."

사실 가족끼리도 그럴 수 있다. 거실과 식탁에 가족이 모두 모였을 때는 각자 나름 정제된 '공적인 삶'의 모습이지만, 부부나 모녀 등이 따로 얘기할 때는 '개인적인 삶'의 모습이다. 문을 잠가도 수상하지 않은 방에서는 혼자만의 '비밀의 삶'이 잠시나마 펼쳐진다. 스마트폰 시대에는 방에서 할 수 있는 일이 많다.

어쩌면 내 행복을 내 생각과 가깝게 짐작하는 사람이 나를 가장 잘 아는 존재일지도 모른다. 외적으로 드러난 조건만 보는 사람(친구나 지인 중에 많다), 여러 이유로 내 아픔에 눈 감거나 외면하고 있는 사람(가족일 때도 많다)은 내가 느끼는 행복을 말해주지 못하거나 말해주지 않는다.

요즘 내가 어떤 표정을 많이 짓고 있는지 나는 자연스럽게 보지 못한다. 거울을 보거나 사진을 찍을 때는 그 목적에 맞게 표정이 편집되기 때문이다. 하지만 다른 사람은 나도 의식하지 못한 내 표정을 본다. 함께 방을 쓰는 룸메이트는 정서적 측면의 행복, 즉 감정 경험의 표집자로서 이상적인 존재다. 사이가 소원하지 않은 부부라면 서로 표정만 보고 "당신 요즘 무슨 일 있어?"라고 묻는다. 진정으로 '완벽한 타인'과는 우정이나 사랑을 나누기 어렵다.

오래 가까이 있어야 보이는 것들

불행이 너무도 선명히 예상되는 사건은 가까이 있는 사람이든지 그렇지 않은 사람이든지 그에 따른 불행감을 비슷하게 짐작할 것이다. 그런데 시간이 가져다주는 회복은 가까이서 지켜본 사람이 더 잘 느낄 수 있다. 특히 이게 회복이 가능한 일인가 할 정도로 큰일이었을 경우는 더욱 그렇다.

사고로 하반신이 마비된 환자들은 어떤 기분일까? 영화 〈포레스트 검프〉(1994)에서 검프의 상관 댄 테일러 중위는 베트남전 참전 중 양다리를 잃는다. 그는 차라리 죽게 두지, 왜 평생 하반신 없이 살게 만들었냐면서 자기를 구출해 준 검프를 욕하고 원망한다. 그만큼 하반신 마비나 절단은 절망스러운 일이다.

프린스턴대 연구진은 사람들에게 "하반신 마비 환자들이 기분 나쁘게 지내는 시간은 하루 중 몇 퍼센트나 될까?"라고 질문했다. 부정적인 경험 후에 인간이 적응하는 것에 대한 예상을 측정하기 위해 '한 달 전' 사고를 당한 환자와 '한 해 전' 사고를 당한 환자로 케이스를 나누었다. 개인적으로 아는 하반신 마비 환자가 있는지도 함께 질문했는데, 그런 환자가 있었던 사람들(A그룹)과 그런 환자를 상상만 한 사람들(B그룹) 간에는 어떤 차이가 있었을까? 먼저 '한 달 전' 사고를 당한 환자들이 기분 나쁘게 지내는 시간 비중에 대한 답변의 평균은 A그룹이 75퍼센트, B그룹이 70퍼센트였다. 그런데 '한 해 전' 사고를 당한 환자들에 대해서는 A그룹이 41퍼센트, B그룹이 68퍼센트로 매우 큰 차이를 보였다. 하반신 마비 환자를 개인적으로 아는 사람들은 1년쯤 지난 후에는 그가 절망감에서 훨씬 벗어난다는 사실을 주변에서 지켜봤거나 전해 들어서 알 수 있었기 때문이다.[24]

이 결과는 무엇을 의미할까? 우선 하반신 마비와 같은 큰
일을 당해도 시간이 지나면 꽤 괜찮아질 수 있다는 점이다. 겪
어보거나 옆에서 지켜보기 전에는 남은 인생을 매 순간 비관하
며 살 것 같지만 시간이 흐르면 회복하고 적응한다. 또한 어떤
객관적인 조건만으로 타인의 행복을 짐작하기는 어렵다는 점
을 알 수 있다. 대화를 자주 나누고 표정과 행동을 자주 지켜볼
수 있는 가까운 사람, 특히 오래 함께해 온 사람이라야 서로의
행복감을 꽤 제대로 헤아릴 수 있다. 행복도를 물어봤을 때 자
기가 생각하는 행복도와 그래도 가장 비슷하게 대답해 준 사람
은 누구였나? 자신과 오랜 시간 함께해 왔거나 가까이서 자주
봐왔던 사람인가? 아니면 그냥 잘 찍는 추측의 귀재인가?

행복 공부의 동반자 섭외

친구나 가족은 행복 공부의 좋은 동반자가 될 수 있다. 행
복에 관해 이야기를 나누며 앞으로 함께 행복 공부를 해보자고
제안하자. 행복 대화방을 만들어도 좋다. 가족이든 친구든, 행
복이라는 주제로 얘기를 이어가며 생각을 나눌 기회는 드물다.
지금까지 그래왔을 것처럼.

왜 행복을 공부하는 데 동반자가 필요할까? 물론 혼자 차
분히 공부하고 성찰하고 실천하면서 행복을 향해 나아가도 된
다. 그런데 행복을 주제로 오래 강의해 온 내 경험상 행복의 다
양한 측면들을 공부할 때 함께 얘기할 동료가 있다는 게 꽤 큰

도움이 된다. 행복에 관한 지식처럼 좋은 것은 나누면 기쁨이 배가 된다. 다른 생각을 만나면 넓어지고, 같은 생각을 만나면 깊어진다. 그리고 행복을 위한 실천에 도움이 되기도 한다. 특히 행복에 큰 영향을 주는 인간관계와 관련된 실천에서는 더욱 그렇다.

행복 공부의 목표

이제 본격적인 행복 공부를 위한 준비를 마쳤다. 함께 공부할 사람까지 섭외했다면 만점이다. 다음 장부터는 행복에 관해 다양한 것을 배워나간다. 좋은 배움을 위해 공부를 시작하기에 앞서 학습 목표를 간단히 짚고 가자.

우리의 공부는 '삶을 위한 행복 공부'와 '쓸모 있는 행복 공부'를 지향한다. 행복에 관한 지식 쌓기와 같은 지적 유희가 되지 않도록 방대한 문헌 제시나 어려운 표현은 지양했다. 그리고 생각, 행동, 습관에 영향을 줄 수 있는 간명한 교훈을 쉽고 흥미 있게 나누고자 했다.

또한 다른 수단적 목표가 아닌 궁극적 목표로서 '행복을 위한 행복 공부'를 지향한다. 학벌이나 돈이나 외모 등 행복을 위해 필요할 것 같은 수단을 갈망하는 사람에게도 그 수단을 위한 공부나 준비에 매몰되지 않고 더 높은 곳에서 바라보는 시야를 줄 수 있는 행복 공부를 권한다.

안나 카레니나 법칙

여기서 문제를 하나 낸다. 앞으로 행복 공부의 전체 과정을 관통하는 화두로 삼아볼 수 있다.

행복한 가정은 모두 서로 비슷하고, 불행한 가정은 각기 달리 불행하다.[25]

이 문장은 톨스토이의 장편소설 『안나 카레니나』의 첫 문장으로 유명하다. '안나 카레니나 법칙'이라고도 불리는 이 문장이 어떻게 해석되는가? 행복 공부를 통해 행복에 관한 지식을 쌓으면서 답을 찾고 또 찾아보자. 그리고 행복 공부의 동반자와 이 문장으로 토론도 해보자.

나의 인생 곡선

이번 휘게소에서는 종이와 펜을 준비하고 잠시 내가 살아온 인생을 1년 단위로 돌아보자.

'인생 곡선'은 자신이 살아오면서 겪었던 좋은 일과 나쁜 일이 내 행복에 어떤 영향을 미쳤는지를 회고하면서 스스로 그려보는 그림이다. 미술 치료의 수단으로 사용되기도 한다. 가로축은 1년 단위로 표시된 나이, 세로축은 전반적으로 그해 행복도가 어느 정도였는지를 나타낸다.

나는 〈행복의 조건〉 수업에서 학생들에게 자기 인생 곡선을 그려보게 하는 숙제를 내준다. 행복도가 왜 그때 그 수준이었는지를 설명할 수 있는 가장 중요한 이유나 계기, 사건 등을 곡선(또는 직선) 주변에 써보라고 한다. 태어났을 때의 행복도가 기억나지 않는다면(아마 대부분이 그러하리라!) 자신의 유전적 설정값(진폭의 중심)이라고 생각되는 곳에 표시하고 기억나지 않는 유년 시절 역시 그렇게 표시해 오라고 한다.

개인사적으로 중요한 사건들은 개별 학생의 인생 곡선을 꽤 극적인 등락을 가진 모양으로 그려내게 한다. 그런데 학생들의 나이별 행복도(매우 불행=0~10=매우 행복)의 평균값을 계산해 보니 대체로 6과 8 사이의 범위에서 형성됐다. 또한 여러 학기에 걸쳐 수강생들의 인생 곡선을 조사한 결과를 평균해 보니 초등학교 6학년까지 진폭의 중심이 대략 7을 약간 상회하는 수준으로 나타났다.

그런데 학생들의 행복감 평균이 6점대 초·중반까지 추락하는 시기가 있었는데, 바로 중학교 시절과 고등학교 시절이었다. 대학에 진학하면서 다시 행복감 평균이 7에 가깝게 회복되기는 하지만 중·고등학교 시절에 행복감이 하락하는 웅덩이가 생기는 현상이 발견된 것이다.

이렇게 학생들이 중·고등학교 시절을 힘들었던 시기로 기억하는 것은 비단 이때가 감수성이 예민한 사춘기와 겹치기 때문만은 아니다. 인생 곡선을 그리면서 등락 국면의 계기가 됐던 일을 쓰게 했더니, 행복감의 하락을 가져온 것은 교우관계(왕따)나 가정불화 등도 있었지만 압도적인 이유는 역시 공부 스트레스와 성적 고민이었다.

다음은 한 1학년 학생의 글이다. 인생 곡선에 달린 설명에 따르면, 중학교 때 공연, 전교 회장 활동 등이 행복도를 높인 일로, 할아버지의 별세, 학교 불합격 등이 행복도가 바닥을 친 일로 기록되고 있었다. 지금은 불행할 틈이 없이 살고 있으며, 하고 싶은 것들과 해야 할 것들에 대해 스스로 확고해진 편이라고 생각한다고 했다.

"아들아, 넌 다 계획이 있구나!"
위 대사는 영화 기생충에서 유명한 대사로 꼽힙니다. 인생 곡선을 따라가며 알게 된 것은 나의 행복이 결과에 의해 크게 좌지우지될 때가 많았지만, 그 과정에서 내가 갖고 있는 목표와도 깊은 관련이 있다는 점이었습니다. 스케줄을 직접 짜는 것이 아니더라도, 머릿속에 뭔가를 그리고 실천으로 옮길 때, 즉, 계획이 있을 때 우리는 불안하거나 무기력해지지 않고 일할 수 있습니다. 설령 그 결과가 좋지 않을지라도 그것을 향해 달려가는 과정에서만큼은 목표로 인해 어느 정도의 확신을 가질 수 있는 것 같습니다. 저의 인생에서 가장 불행한 순간들에는 앞으로 내가 어떻게 이 상황을 이겨내야 할지에 대한 막막함이 가장 큰 적이었던 것 같습니다. 따라서 앞으로도 내 곡선이 휘청거리려고 할 때 내가 어떤 방향으로 나아갈지를 더 고민한다면, 더 행복한 사람이 될 수 있지 않을까 생각이 들었습니다.

아래는 동료 학생이 달아준 답글이다.

좋은 글 잘 읽었습니다! 행복 곡선을 보니 정말 자신에게 있었던 일들을 솔직하게 표현하신 것 같습니다. 인생에 있었던 사건마다 감정을 표현해 주셔서 재미있게 볼 수 있었습니다. 불행할 틈이 없이 열심히 사는 것은 정말 좋은 일인 것 같습니다.

나도 답글을 달았다.

○○ 씨 생각처럼 자기 스스로 적절하게 세워가는 목표는 달성했을 때 오는 성취감뿐 아니라 일상에 적당한 긴장과 보람을 주고 생활의 중심을 잡아줍니다. 현재도 즐길 줄 아는 힙합 뮤지션으로서 멋진 가사도 써보시면서 행복한 활동을 하시길 빕니다. 광어~ yo!

과학으로
밝혀낸
행복

4장. 행복의 3대 결정요인

놀랍거나 의심스러워도 기억해야 할 사실이 있다.
행복을 위한 것이라면 더욱 그렇다.

행복을 위해 뭘 달라고 할까?

"넌 항상 뭐가 그렇게 좋니?"

고교 시절, 10대의 얼굴에 팔자 웃음 골이 팰 정도로 웃음기가 가시질 않고 온종일 까불대던 친구가 자주 듣던 말이다. 엄한 선생님들에게 자주 혼나기도 했다. 아마 군대에 가서도 이빨 보인다고 얼차려 좀 받았을 것이다. 친구들은 그 까불이 녀석보다 공부 잘하는 아이나 유명 브랜드 운동화를 신고 오는 친구를 더 부러워했다. 좋은 대학에 가서 좋은 직업을 갖거나 그냥 집에 돈이 많으면 행복할 것으로 생각했을 테다.

자, 행복하게 살고 싶은 내 앞에 꿈인지 생시인지 램프의 요정 지니가 홀연히 나타나 이렇게 묻는다.

"당신을 더 행복한 사람으로 만들어 주겠소. 그런데 당신에겐 단 한 번의 기회만 있고, 하나만 선택해야 하오. 첫째, 난 당신의 선천적 기질을 행복한 성격으로 바꿔놓을 수 있소. 둘째, 난 당신의 물질적 환경을 바꿔줄 수도 있소. 그동안 갖기를 바라왔던 것이 있으면 다 얘기해 보시오.

자, 이제 선택하시오. 바꾸길 원하는 것이 타고난 기질이오? 아니면 지금의 소유물이오?"

혹시 소유물 대신 타고난 기질을 바꿔달라고 하는 특이한 사람이 있을까? 만약 있다면, 그 사람은 물욕이 전혀 없거나 심리학 연구 결과를 외골수처럼 받아들인 사람일 것이다.

아무리 물욕이 없는 사람이라도 이런 백지수표 같은 제안을 받으면 갖고 싶은 것들을 어떻게 말해야 제일 포괄적이고 나중에 아쉬움이 없을까 하며 갑자기 머리가 복잡하게 돌아갔을 것이다. 한 가지 소원을 이야기하면 무엇이든지 들어준다는 제안이 나오는 동화책을 어른이 되어 다시 읽으면 논리학, 수사학, 법학, 경제학, 잔머리 등이 동원된 기발한 소원이 구상되는 법이다.

놀람 주의 – 행복의 결정 공식

심리학에서 행복의 결정요인에 관한 실증 연구를 종합하면 이런 공식이 완성된다.

지속적인 행복 = 유전자(50퍼센트) + 환경(10퍼센트) + 자
발적 행동(40퍼센트)[26]

공식의 좌변은 일시적인 행복감이 아닌 지속적인 행복 수
준이다. 상황에 따라 일희일비하는 감정이 평상심으로 돌아왔
을 때의 행복 수준이라고 보면 된다. 그리고 우변은 행복에 영
향을 미치는 많은 요소를 유전자, 환경, 자발적 행동이라는 세
가지 요인으로 크게 나눴을 때, 각 요인이 행복에 미치는 영향
력의 비중을 나타낸 것이다. 이것은 행복의 결정요인을 수십
여 년 동안 탐구해 온 심리학자들이 수많은 연구 결과를 종합
해 도달한 결론이다.

이 공식을 처음 보면 좀 놀랄 수도 있다. 행복에 대한 유
전자의 매우 큰 영향력, 그리고 환경의 너무 작은 영향력 때문
이다. 행복의 절반은 타고나는 것이고, 환경의 영향력은 고작
10퍼센트라니!

행복 유전자에 대해서는 다음 장에서 다루겠지만, 현재로
서는 우리가 바꿀 수 있는 것이 아니니(그럼 미래에는?) 일단 넘
어가자. (그러나 알아두면 쓸모 있는 신기한 것들이 많이 발견된 분
야다.)

환경에는 소득, 재산, 학력, 결혼 상태, 집, 거주지역 등 생
활 수준과 관련된 모든 것들이 포함된다. 또한 성별, 나이, 인종
등 바꾸기 어려운 것까지도 환경적 요인에 속한다. 그런데 연
구 결과에 따르면 이걸 모두 내가 원하는 것으로 바꿔도 지속

적인 행복감은 10퍼센트 정도밖에 높아지질 않는다는 얘기다.*
정말 믿어지는가?

내 스펙이나 지위, 소유물 등을 위해 고생하며 전력을 다하
고 있는 목적이 행복감을 높이기 위해서라면 좀 허탈한 결과다.
경제의 중요성을 누구보다 잘 알 것 같은 경제학자가 물질이나
환경이 행복에는 아주 큰 영향을 미치지는 않는다는 얘기를 전
해주다니, 그럼 행복은 물질이 아니라 마음에 달렸다는 것인가?

이 공식을 보고 의구심이나 반발심이 생기더라도 조금 기
다려 주길 바란다. 다음 장들에서 행복 유전자의 영향력은 물
론 돈과 행복의 관계에 대해서도 최대한 실증 근거에 바탕을
둔 객관적이고 쓸모 있는 얘기를 할 것이다. 혹시 불리한 유전
자를 갖고 태어난 것 같더라도, 돈의 중요성을 훨씬 크게 느끼
고 있더라도 절대로 행복에서 소외되지는 않는다. (미리 얘기하
자면, 행복에 유리한 유전자라고 다 좋은 건 아닐 수 있고, 불행을 막
기 위해 돈은 꼭 필요하다.)

꽂혀 있던 걸 얻은 후의 행복

우리는 원하는 걸 얻기 위해 애쓰면서 살아간다. 얻지 못

●   긍정심리학의 대부격인 마틴 셀리그먼에 따르면, 환경적 요인은 바꾸기
  도 어렵지만 모든 환경적 요인을 좋은 것으로 바꿔도 행복도의 상승은
  8~15퍼센트 정도에 불과하다고 추정했다. 마틴 셀리그먼 지음, 김인자
  옮김, 『긍정심리학』, 물푸레, 2006.

할 때도, 그걸 얻으면 정말 행복할 것이라 예상한다. 그것은 물건일 수도 있고, 환경이나 지위일 수도 있고, 사람일 수도 있다. 때로는 그것만 획득하면, 그것만 달성하면 지금보다 한 차원 높은 행복의 세계에서 살게 될 것처럼 상상하기도 한다.

그런데 심리학 연구 결과들은 사람들이 원했던 어떤 것을 획득하거나 달성했을 때 상상했던 행복의 세계가 별로 오래 지속되지 않는다는 사실을 보고해 왔다.[27] 로또 당첨자의 행복감도 대체로 1년 안에 원래 수준으로 복귀했고, 대학에 합격해도, 직장에서 승진해도 곧 익숙해졌다. 연애에 성공해도 두근거림은 곧 엷어졌고, 결혼 전후에 상승한 행복감은 평균적으로 2년 후에 다시 낮아졌다. 심리학자들은 이렇게 복귀하는 행복의 원래 수준, 또는 기준점은 사람마다 유전적으로 다르게 설정되는

꽂혀서 상상한 행복감과 적응 후의 실제 행복감

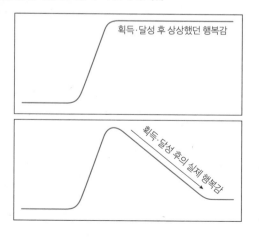

경향이 있다고 주장한다.

원했던 것을 얻었을 때 높아진 행복감이 오래 유지되지 않는 이유 중 하나는 익숙해짐에 따른 감흥의 상실, 즉 '적응 adaptation' 때문이다. 다른 이유도 있을 수 있다. 다른 사람도 그걸 얻게 됐거나 다른 사람은 더 좋을 것을 가진 걸 알게 됐을 때, 내가 얻은 건 별 게 아니라고 느끼는 '사회적 비교social comparison'가 작용했을 수도 있다.

그렇다면 왜 원하는 걸 얻기 전에는 그것만 있으면 더 행복한 세계에서 살게 될 거라 상상할까? 그 이유는 그 당시에 그 대상이나 그 사건에 꽂혀 있던 나머지 모든 생각의 초점을 거기에 맞췄기 때문이다. 심리학자 대니얼 길버트와 티머시 윌슨은 이렇게 무엇에 단단히 꽂혀서focalism 그것이 나를 행복하게 할 거라고 착각하는 것을 '욕구 오류miswanting'라고 불렀다.[28]

그런데 생각해 보라. 그렇게 단단히 꽂힐 만큼 간절히 원하는 것이 아주 쉽게 얻어지지는 않는다. 상당한 노력과 고생에 운까지 따라야 하고, 욕을 먹어가며 얻을 때도 있다. 그렇게 어렵게 얻었는데 그에 따른 행복감이 그리 오래가지 않는다니 좀 허무할 수도 있겠다. 물론 그것을 얻지 못했을 때보다는 삶에 대한 만족도나 행복감이 높아질 수 있겠지만 처음 얻었을 때만큼은 아니다.

자, 이제 행복의 3대 결정요인 중 가장 중요할 것이라 생각했을지도 모르는 환경적 요인이 왜 '지속적인 행복감'의 10퍼센트 정도만을 결정하는지가 어느 정도 설명됐을 것이다.

2010년 노벨 경제학상을 수상한 대니얼 카너먼은 "인생의 그 무엇도, 그것에 대해 생각할 때 그것이 중요하다고 생각하는 것만큼 중요하지 않다."라는 말로 '꽂힘 상태'에 있을 때의 착각에 대해 지적했다.

불행한 사건에 대한 적응

그런데 이런 적응 현상이 나쁘기만 할까? 원하는 걸 얻은 행복한 사건뿐 아니라 뭔가를 잃은 불행한 사건에도 적응은 일어난다. 그렇지 않았다면 우리는 지금까지 일어난 수많은 상실, 실패 등이 가져온 불행감이 누적되어 제대로 살 수 없었을 것이다. 사소하게는 아끼던 장갑을 잃어버렸을 때, 새로 뽑은 차에 흠집이 났을 때의 나쁜 기분은 곧 지나간다. 심지어 사고로 인한 부상, 불합격, 실연, 이혼, 사별 등 인생의 힘든 일들에도 심하게 괴로웠던 시간이 지나가면 그럭저럭 살 만해지기도 한다. '시간이 약'이라는 위로만큼 자주 쓰이는 말도 없다.

그런데 경제학자 리처드 이스털린은 심리학자들의 유전적 설정값 이론에 대해 이의를 제기한다.[29] 어떤 것은 시간이 지나도 도저히 적응되지 않아 그것이 일어나기 전과 같은 행복 수준으로 돌아오지 않는다는 것이다. 특히 돈과 같은 금전적 영역보다는 사회적 관계나 건강과 같은 비금전적 영역에서 발생한 일은 정도가 약해질 수 있지만 행복에 지속적인 영향을 줄 수 있다고 한다. 사회적 비교가 행복에 미치는 영향도 비금전적 영역보다 금전적 영역에서 더 크다. 사랑하는 가족이나 건강을 잃는 것은 남들과의 상대적 비교 대상이라기보다 절대적 조건으로서 행복에 영향을 미쳐 사회적 비교가 덜 작용한다는 것이다.

행복을 위한 자발적 행동

이제 지속적인 행복의 40퍼센트를 결정한다고 알려진 부분을 살펴보자. 행복에 도움이 되는 자발적인 행동, 즉 의도적인 활동으로, 행복을 위한 의식적인 실천에 해당하는 영역이다. 여기서 자발적이고 의도적이라는 것은 스스로 정한 사고(마음)에 방향성이 있다는 뜻이다. 당연히 그 방향은 부정적이지 않고 긍정적이어야 행복을 향해 조준된다.

긍정적인 사고는 과거, 현재, 미래에 모두 적용된다. 과거에 대해서는 만족감, 감사, 안도감, 성취감, 자부심, 평정심을 갖는 것이다. 현재에 대해서는 기쁨, 평온함, 열의, 정열, 몰입감을 느끼는 것이다. 그리고 미래에 대해서는 낙관성, 희망, 신념, 신뢰를 갖는 것이다.

따라서 긍정성은 반드시 감사하며 받아들이고 순응하는 것이 아니라 미래에 대해 낙관적 신념을 갖고 현재 열의와 정열을 기울이며 몰입하는 적극적인 자세를 내포하고 있다.

혹시 이런 긍정적 사고 역시 유전적으로 결정되는 것이 아닐까? 다행히 내 사고는 마음 챙김과 수련에 따라 긍정적인 방향으로 전환될 수 있다. 간혹 긍정적인 의미로 "사람이 달라졌어."라는 말이 쓰일 때가 있는데, 전신 성형이나 로또 당첨으로 외형적으로 변신한 것이 아니라면 그 사람의 내면, 즉 사고방식이 달라진 것이다.

앞서 본 행복 방정식에서 환경적 요인들은 바꾸기 어렵고 나이나 인종처럼 변경이 불가능한 것도 있다. 설령 운 좋게 어떤 걸 바꾸는 데 성공해서 행복감이 높아졌다 하더라도 적응이나 사회적 비교 등으로 인해 행복감이 오래 유지되지는 않는다.

환경과 행동

그러면 자발적 행동은 환경적 요인과 무엇이 다를까? 우선 자발적 행동은 전적으로 자신의 영역에 속하기에 모두 바꿀 수 있다. 또한 행동은 자기 스스로 바뀌나가는 역동성이 있기에 환경적 요인처럼 적응으로 무뎌지지 않는다. 단, 행복을 높이는 행동과 자기 행동의 방향이 일치해야 하고, 사고의 전환과 함께 습관 형성을 위한 수련 및 실천력이 필요하기도 하다.

예컨대 나이 들어 은퇴한 후에 외모, 사회적 관계, 경제력 면에서 전과 같지 않다는 생각에 우울한 사람이 있다고 하자. 그는 자기 나이를 전성기로 다시 되돌릴 수 있으면 행복하겠다고 생각할지 모르지만 그건 가능하지 않다. 그가 바꿀 수 있는 것, 그리고 행복에 큰 영향을 줄 수 있는 것은 자기의 사고와 행동이다.

환경의 중요성이 너무 과소 평가되어서도 곤란하다. 행복을 높이는 자발적인 행동을 시작하고 꾸준하게 끌고 가는 데 환경이 영향을 줄 수 있기 때문이다. 내 의지와 실천력만 믿지 말고 내가 있는 환경을 의도적으로 바꾸고 바뀐 환경에 적응하는 것이 더 성공할 가능성이 크다.

그러나 중요한 것은 환경 그 자체라기보다는 그 안에서 역동적으로 펼치는 자발적인 행동이다. 환경을 바꾸기 위해 애써서 조성한 새로운 환경도 노력의 일환이라면 환경적 요인이라기보다 자발적 행동의 연장으로 봐야 한다.

한 중년 여성이 피아노를 사면 다시 칠 것 같아 집에 피아노부터 들여놓았는데 몇 년째 먼지만 쌓여가고 있었다. 혼자서는 치지 않는다는 것을 깨닫고 가까운 피아노 학원을 찾아가 피아노 교습을 신청한 후에는 상황이 달라졌다. 매주 연습 과제가 나오기에 강사에게 잔소리를 듣지 않으려고 집에서도 피아노 앞에 수시로 앉게 되었다. 그러다 보니 실력도 늘고 시간 가는 줄 모르며 피아노를 치게 되었다. 집에 피아노가 생긴 환경 그 자체보다는 행동에 더 적합하도록 환경을 바꿔서 스스로에게 강제를 부여한 것이 변화를 이끈 것이다.

행복의 실천 – 관계, 몰입, 덕행

그럼 긍정적 사고에 바탕을 둔 자발적이고 의도적인 활동은 구체적으로 어떤 것일까? 행복 공부의 쓸모를 높이기 위해 효과가 확인된 의도적인 활동 몇 가지를 살펴보자.

첫째는 좋은 사람들과 어울리는 것으로 사람들과 좋은 '관계'를 맺고 사는 것이다. 인간이 '사회적 동물'이라고 하는 데는 과학적 이유가 있다. 단순히 결혼해서 배우자가 생긴 것은 환경적 요인의 변화이지만, 배우자와 매일 좋은 관계로 지내는 것은 자발적이고 의도적인 행동에 해당한다. 배우자로 원했던 상대가 청혼을 승낙해서 결혼에 성공한 후 정말 행복했는데, 신혼생활을 지나면서 점차 행복감이 줄어든다면 그것은 환경적 요인에 대한 적응 또는 꽃힘의 시기가 지났기 때문이다. 반면, 중년을 넘어 노년까지 행복한 결혼생활을 하는 부부는 그들이 서로 간의 관계를 소중히하며 의식적으로 실천해 왔기 때문이다.

사람들은 안 좋은 일이 생기면 처음에는 자기 신세를 비관하지만 점차 적응하면서 원래 모습에 가깝게 돌아온다. 기질적으로 회복탄력성이 강한 사람도 있지만 가족, 연인, 친구, 동료 등 주변 사람들의 변함없는 정서적 지지와 응원도 회복의 속도와 정도에 영향을 미친다. 이처럼 행복에는 사람들과의 '관계'가 여러모로 중요하다.

둘째는 내가 하고 싶은 일에 '몰입'하는 것이다. 시간이 어떻게 지나갔는지 모를 정도로 집중할 때 우리는 행복감을 느낀다. 그 일이 나의 성장과 발전으로 이어져 미래에도 유익한 것이라면 성공의 기쁨도 얻을 수 있다.

셋째는 '덕행'으로, 다른 사람에게 도움을 주는 것이다. 내가 가진 것, 가령 돈, 시간, 힘, 기술, 지혜, 위로 등 무엇이든지 남을 위해 사려 깊게 베푸는 것이다. 다른 사람에게 도움이 되었을 때 느끼는 뿌듯함이 행복감은 물론 신체 면역력까지 높인다는 여러 임상실험 증거들이 있다. 다음에서 몇 가지 실험 연구 결과를 살펴보자.

마더 테레사 효과

1980년대 어느 화창한 봄날 아침, 하버드대의 데이비드 맥클랜드 박사는 큰 대학 캠퍼스 내에서 어떤 할머니가 길을 건너는 것을 도왔다. 그러고는 자신의 기분만이 아니라 컨디션이 좋아졌다는 느낌을 받았다.[30] 상기도 바이러스 감염의 방어 효과가 있는 분비성(타액에 포함) 면역글로불린-A의 수치를 이용한 연구를 해온 맥클랜드 박사는 선행과 관련된 좋은 느낌이 실제로 신체의 면역력을 높일 수 있는지를 검증하기 위한 실험 연구를 수행했다. 그는 하버드대 학생들을 모집하여 두 집단으로 나누었다. 한 집단에는 제2차 세계대전 동안 아돌프 히틀러의 행적을 그린 영화를 보여주었고, 다른 집단에는 인디아에서 가난하고 병든 사람들을 돌보는 테레사 수녀의 선행에 관한 다큐멘터리영화를 보여줬다. 그는 영화를 보기 전과 후에 두 집단에 속한 학생들의 면역항체 수치를 측정했다.

실험 결과, 히틀러에 관한 영화를 본 학생들보다 테레사 수녀의 영화를 본 학생들에게서 훨씬 더 많은 면역항체가 생성된 것이 확인되었다. 선행을 베푸는 모습을 영상으로 지켜본 132명의 학생 중 대다수의 면역항체 수치가 약 50퍼센트 증가했고, 한 시간 후에도 계속 증가했다. 그리고 이런 효과는 테레사 수녀를 좋아하지 않는다고 사전에 보고했던 학생들에게서도 나타났다. 이처럼 선한 행동으로 유발된 감정은 면역력을 높여주는 신체적 변화를 일으킬 수 있으며, 선행을 간접적으로 접했을 때도 좋은 영향을 미친다. 이러한 맥클랜드 박사의 연구 결과는 '마더 테레사 효과The Mother Teresa effect'라는 이름으로 알려졌다.

　이 실험 결과에 대해 여전히 의구심을 가진 사람도 있을 것이다. 그런데 불안이나 긴장이 면역력을 떨어뜨린다는 사실은 그런 상황을 겪은 직후에 감기나 몸살을 앓아본 사람은 경험으로 안다. 그렇다면 반대로 안정감, 뿌듯함, 흐뭇함, 고마움 등 긍정적인 감정 체험은 신체적으로도 도움이 될 것이라는 추측도 어쩌면 자연스럽다. 바이러스 창궐기나 환절기에는 선행과 덕행을 보여주는 미담 기사나 TV 프로그램이 더 많이 방영될 필요가 있을지도 모른다. 왠지 몸이 으슬으슬한 밤에는 흉악하거나 사악한 범죄 사건을 다룬 고발·추리 프로그램이나 스릴러 대신 좋은 사람들이 등장해 마음이 따뜻해지는 휴먼 다큐멘터리나 드라마를 찾아보면 어떨까.

　남을 도와주는 행동이 행복감을 높일 뿐 아니라 면역체계를 강화한다는 점은 다른 실험 연구들에서도 발견된 바 있다. 행복을 연구해 온 심리학자 소냐 류보머스키 교수는 학기 말 시험 기간에 학생들에게 하루에 한 번 이상 남을 도와주도록 요구하고 이들의 건강 상태를 관찰했다. 이 실천에 참여한 학생들은 비교 집단보다 실험 연구 기간에 감기 등으로 아픈 경우가 드물었고, 기말고사 기간의 스트레스를 더 잘 조절했다. 스트레스는 면역력을 약화시켜서 질병에 쉽게 노출되게 만든다. 의대생을 대상으로 한 연구에서, 시험 기간에는 혈액 검사에서 면역세포의 수치가 평소보다 낮게 나온 것을 확인할 수 있었다. 특히 외로움은 면역체계에 대해 스트레스가 미치는 악영향을 크게 높이는데,[31] 이럴 때 다른 사람에게 작은 도움이라도 주는 덕행을 하면 외로움에서 벗어날 수 있다.

혹시 돈을 받고 남을 도와줘도 면역력이 높아질까? 이를 알아보기 위한 실험도 있었다. 실험에 참여한 대학생들을 두 집단으로 나누어 취약계층 아동에게 학습지도를 하게 했다. 한 집단에는 아이들을 위해 무료로 봉사하자고 했고, 다른 집단에는 돈을 지급했다. 활동 후에 면역항체의 수치를 검사한 결과, 무료로 봉사한 집단에서만 면역항체가 증가했다.

그런데 사실 세상의 수많은 직업은 대부분 다른 사람에게 도움이 된다. 만약 환경공무원이 길거리를 청소하면서 지구상의 작은 모퉁이를 매일 깨끗하게 만들어 다른 사람들에게 쾌적한 환경과 상쾌한 기분을 선물하는 일을 하고 있다고 뿌듯하게 생각한다면 월급만 생각하며 참고 일하는 것보다 훨씬 행복할 것이다. 많은 사회구성원이 서로 얽혀서 도움을 주고받으며 살아가는 분업화된 세상에서 누구나 타인에게 도움을 주며 일하고 있다. 그런 마음가짐이면 다른 태도로 일한다. 사람들을 기분 좋게 하는 직업인을 보면 그가 일하는 마음을 읽을 수 있다.

미시간대 연구진은 2,700명을 10년간 추적 조사한 연구에서 정기적으로 자원봉사를 한 사람들의 사망률이 그렇지 않은 사람들의 4분의 1이었던 것을 발견하기도 했다. 주로 건강한 사람이 자원봉사를 하는 건 아니냐고 생각할 수도 있다. 그러나 무작위로 집단을 나눈 실험이나 외부 환경의 변화로 자연실험이 벌어진 것처럼 자원봉사 활동 참여와 건강 간의 인과성을 분석하는 연구들에서도 선행이 신체에 긍정적인 영향을 준다는 점이 확인된 바 있으니 믿어도 좋다.

헬퍼스 하이

달리기의 매력에 빠져본 사람은 '러너스 하이runner's high'라는 말을 이해할 것이다. 장시간 달린 후 고통이 정점에 달했을 때 갑자기 다리와 팔이 가벼워지고 리듬감이 생기면서 피로가 풀리고 새로운 힘이 생긴 것처럼 느끼게 되는 현상, 그 순간의 짜릿한 쾌감이나 도취감을 말한다. 달리기의 고통 후에 찾아오는 이 행복감을 맛본 사람은 또 장거리를 뛰게 된다.

선행 후에도 이런 행복감을 느낄 수 있다. 봉사활동이나 친절한 행동을 한 후에 스스로 느끼는 고양감, 자아존중감, 따뜻함, 정서적 만족감 등을 '헬퍼스 하이helper's high'라고 부른다. 이처럼 남에게 도움을 준 사람이 느끼는 행복감은 기분을 좋게 하고 통증을 줄여주는 신경전달물질인 엔도르핀의 분비

가 증가하는 것에서도 확인된다.[32]

나중에 복 받는다고?

행복하게도 나는 베풀기를 좋아하는 사람들이 가족 안에 있다. 넉넉해서 주는 것이 아니라 늘 주고 싶어서 넉넉하게 준비하고 저축한다. 그 모습을 보고 주변에서 나중에 복 받을 것이라 말하곤 한다. 그런데 그 복은 사실 나중으로 미뤄지지 않았을 수도 있다. 준비하고 베풀면서 이미 행복을 얻은 것이다.

형벌과 쾌락의 쳇바퀴

네 번째 휘게소에는 '러닝머신'이라고도 불리는 '트레드밀'이 있다. 운동 기구에 올라서 열심히 뛰기 시작했다. 땀이 흐른다. 계기판을 보니 30분이 흘렀고, 꽤 먼 거리를 달렸다고 나오지만 실제로는 이 기구가 놓인 작은 공간에서 한 발자국도 벗어나지 못했다.

트레드밀의 시초는 1818년 영국 교도소에 도입된 형벌 기구로, 수감자들이 나태하게 누워 있지 못하게 고안한 '끝없는 계단'이었다. 그러다 여기서 발생하는 에너지를 곡물을 빻는 데 사용하면서 '디딤tread 방앗간mill'이라는 이름이 붙었다. 트레드밀 위에 올려진 수감자는 옆의 죄수와 접촉하지 못하고 오로지 앞 벽만 보며 하루 6시간 동안 말없이 걸어야 했다.[33]

이처럼 고독하고 아무리 계단을 올라도 제자리인 트레드밀 위에서의 강제 노역은 수감자들에게 육체적 고통과 함께 심리적 괴로움을 주었다. (혹사를 견뎌내고 탄탄한 하체 근육을 얻었다면 유

영국 런던 북부 펜톤빌 교도소의 트레드밀(1895년)

출처: Historical Photos Daily.

일한 위안이 될까?) 현대에도 교도소 안의 공장에서 노역이 강제되기도 하지만 인간을 제자리에 가둬놓고 단순한 에너지 제공 수단으로만 사용하는 트레드밀 노역보다는 성취감이 있을 것이다.

뭔가를 얻으면 행복할 거라 기대하며 무진장 애를 썼는데, 그걸 얻고 난 후에는 익숙해져서 행복감이 제자리 비슷하게 되돌아가는 것도 트레드밀 위의 모습과 비슷하다. 이 현상을 '행복 트레드밀hedonic treadmill', 또는 '쾌락의 쳇바퀴'라고 한다. 뭔가를 얻기 위해 무지 애를 쓰고, 그것을 얻어 행복해하고, 다시 행복감이 제자리로 돌아가고, 또 다른 걸 원하게 되고…. 이러한 반복 과정(욕구, 노력, 행복, 적응, 욕구, 노력, …)은 뭔가를 얻음으로써 행복해지려 하는 사람을 다람쥐처럼 쳇바퀴 속에서 계속 뛰게 만든다. 바라던 걸 얻은 행복도 잠시 거기 꽂혀 있는 동안 간과했던 다른 문제들은 그대로 남아 있고 새로운 문제가 생기기도 하는 만큼 다시 새로운 대상에 대한 욕구가 일어난다. 아, 그걸 얻기 위해 또 뛰어야 한다.

이처럼 지금 머릿속에 꽂힌 걸 얻기 위해 달리는 행동이 바람직하지 않다는 것은 아니다. 성취를 위해서는 그때마다 목표가 필요하다. 단, 내가 진정으로 바라는 삶은 어떤 것이고, 지금 내가 가진 욕구와 그를 얻기 위한 노력은 지속될 수 있는 행복과 어떤 관계가 있는지 가끔 성찰해 봐야 한다. 그렇지 않으면 우리는 행복을 위한 것이라 착각하며 스스로 만든 형벌 트레드밀 위를 끊임없이 달리며 인생을 채울지도 모른다.

행복 트레드밀은 일과와는 다르다. 생존을 위한 평범한 일상은 대부분 쳇바퀴 도는 듯한 반복적인 일과로 이루어져 있다. 헬스장 트레드밀에서 운동할 때처럼 인내심이 미덕일 수 있다. 그 가운데 더 자주 행복감을 느끼려면 행복을 위한 자발적이고 의식적인 행동과 실천이 필요하다. 사람들과 좋은 관계를 맺고 유지하기 위한 행동, 밥벌이든 공부든 하는 일에 대한 몰입, 그리고 남을 위해 베푼 작은 덕행이 고단한 하루를 살아낸 자신에게 뿌듯한 행복감을 줄 것이다.

쾌락의 쳇바퀴는 행복을 위해 끊임없이 새로운 것, 더 많은 것, 더 높은 곳을 욕망하는 삶이 상당히 소모적이라는 것을 보여준다. 어쩌면 부단한 발전과 상승을 바라기에 쳇바퀴 위를 쉼 없이 달리는 것이다.

밀란 쿤데라는 『참을 수 없는 존재의 가벼움』에서 인간이 행복할 수 없는 이유에 관해 이렇게 말했다.

> 인간의 시간은 원형으로 돌지 않고 직선으로 나아간다. 행복은 반복의 욕구이기에 인간이 행복할 수 없는 것도 이런 이유 때문이다.[34]

우상향하는 화살표처럼 욕구와 목표가 계속 상승하는 직선의 시간을 살아가는 사람은 아무리 달려도 제자리인 쾌락의 쳇바퀴 속에 갇혀 있을 수 있다. 일상에서 느낄 수 있는 다양한 행복을 챙기지 못하고 더 큰 욕구와 더 높은 목표를 향해 올라가려고만 하는 직선의 시간에서 느낄 수 있는 행복은 짧거나 또 금방 멀어져 있다.

반면 개는 돌아가는 시계처럼 반복되는 일상에서도 욕구를 충족하는 원형의 시간을 살아간다. 『참을 수 없는 존재의 가벼움』에서 작가가 주인공 토마시와 테레자 부부보다 매일 아침 똑같은 종류의 크루아상을 줘도 마냥 좋아했던 그들의 개 카레닌이 더 행복하다고 했던 것도 이 때문이다. 개는 매일 같은 곳으로 산책을 가도 즐거워한다. 매일 보는 주인인데도 주인의 귀가를 문간에서 기다리다가 꼬리치며 달려와 안기고 핥는다. 더 높이 올라가려 욕심내지 않고 일상의 순간순간을 만끽하기에 '개 팔자가 상팔자'라는 소리도 들어가며 나름 행복하게 지내는 것이다

(물론 주인을 잘 만나야 한다).

개처럼 벌어 정승처럼 쓰겠다는 생각으로 쾌락의 쳇바퀴를 쉬지 않고 달리는 사람은 일상의 행복을 가끔 떠올릴 필요가 있다. 물론 반복되는 일상만큼 적응에 의해 감흥이 무뎌지는 것도 없겠지만, 그 안에서 작은 변주를 통해 일상의 소중함을 행복으로 느낄 수 있다. 상승을 추구하며 직선의 시간을 사는 삶이 실은 아무리 달려도 예전으로 돌아가는 쳇바퀴 운동에 갇힌 것일 수 있다.

그리스 신화에서 시시포스는 다시 굴러떨어질 바위를 뾰족한 산꼭대기로 굴려 올리는 일을 끊임없이 반복한다. 신들을 기만한 죄로 시시포스가 받은 영원한 형벌이었다. 어쩌면 현대인도 원형의 시간에서 느낄 수 있는 행복을 간과하고 상승만 추구해서, 원한 것을 얻어도 다시 제자리로 돌아오는 쾌락의 쳇바퀴를 끊임없이 달리는 벌을 받고 있는지도 모른다.

5장. 행복의 유전자 복권

유전자는 꽤 많은 걸 결정한다. 그러나 괜찮다!

쌍둥이가 알려준 행복 유전력

앞 장에서 행복의 3대 결정요인(유전자, 환경, 자발적 행동) 중에서 유전자의 비중이 50퍼센트에 달한다는 것을 보았다. 그럼 같은 부모에게서 태어난 동생이 늘 더 행복해 보이는 이유는 뭐지? 혹시 이런 생각이 들었다면, 본인과 동생의 유전자는 상당히 다를 수 있다는 점을 이해해야 한다. 형제자매는 성격, 외모, 지능, 체력, 특기, 식성 등 여러 면에서 다르다.

타고난 유전자가 100퍼센트 똑같은 존재는 일란성 쌍둥이다. 서로 다른 환경에서 자란 일란성 쌍둥이는 유전자의 영향력을 확인할 수 있는 좋은 기회다. 미국 미네소타 대학은 쌍둥이 연구를 많이 해왔는데, 그중 정말 신기한 사례도 있었다. 태어난 지 얼마 안 돼 각각 다른 집으로 입양된 일란성 쌍둥이 짐루이스와 짐 스프링어의 이야기다. 형제는 1979년에 미네소타

96

대학의 쌍둥이 연구에 참여를 요청받기 전까지 서로의 존재도 모른 채 39년을 살아왔다(이 연구팀은 1979~1999년에 짐 쌍둥이를 포함해 서로 떨어져 자란 137쌍의 쌍둥이를 연구했다).

그런데 이 짐 쌍둥이의 놀라운 유사성은 한둘이 아니었다. 그들은 둘 다 양부모로부터 '짐(제임스)'이라는 이름을 얻었고, '토이'라는 이름의 개를 키웠다. 둘 다 학창 시절 수학과 목공은 좋아했지만, 철자법은 싫어했다. 같은 브랜드의 줄담배를 피우고, 같은 맥주를 좋아하고, 같은 차를 몰고, 같은 취미를 갖고 있었으며, 둘 다 편두통과 경증의 고혈압이 있었다. 성격 검사 결과도 참을성, 순응성, 유연성, 자기조절, 사회성 점수가 거의 같았다. 짐 루이스는 경비원, 짐 스프링어는 보안관 부관으로 일했다. 그리고 둘 다 이혼 후 재혼했는데, 첫 부인의 이름(린다), 둘째 부인의 이름(베티), 아들 이름(앨런)까지 희한하게 똑같았다. 이 정도면 소름 돋지 않는가! 추적 조사에 의하면 최근 짐 루이스가 베티와 이혼하고 샌디라는 여성과 재혼함으로써 쌍둥이의 '복붙' 인생이 좀 달라졌다고 한다.[35]

주관적 행복도 역시 일란성 쌍둥이에게서 매우 유사하게 관찰됐다. 일란성 쌍둥이는 같은 부모 밑에서 함께 자랐느냐, 다른 집에 입양돼서 따로 자랐느냐에 상관없이 행복도의 상관계수가 대략 0.4~0.5(이 값이 1이라면 유전자가 행복도의 100퍼센트를 결정한다는 뜻)였다. 반면 이란성 쌍둥이는 함께 자랐거나 따로 자랐거나 행복도의 상관계수가 0에 가까웠다.

그래서 쌍둥이 연구에 참여한 학자들은 행복도의 유전율

을 40~50퍼센트라고 결론 내렸다.[36] 심지어 그들은 "행복해지려고 노력하는 것은 키를 키우려고 노력하는 것만큼 부질없다."라는 말까지 논문 마지막에 덧붙였다. 그러나 공저자 중 한 명은 그 후 다른 저서를 통해 행복해지려는 노력이 부질없다고 한 것은 오류였음을 시인하며, 행복에 대한 유전의 영향력이 크다고 행복의 변화 가능성이 부정되는 것이 아니라고 해명했다.[37] 다른 후속 연구들에서는 행복도의 35~50퍼센트를 유전적 요인으로 설명할 수 있는 것으로 추정됐다.

행복 유전자의 인종별 차이

아직 '행복 유전자'의 위치가 충분히 밝혀지는 않은 상태다. 다만, 유전적 요인으로 인종별 행복도의 차이를 설명하는 흥미로운 탐구 결과가 일부 나온 바 있다.

먼저 행복 호르몬으로 알려진 세로토닌 전달체 유전자는 두 가지 기능성 변이체의 조합으로 이루어져 있는데, 이 변이체의 길이가 둘 다 길수록 삶에 대한 만족도가 높았다. 이 기준으로 보면 미국인 중 흑인, 백인, 아시아계 순으로 행복에 유리한 유전자를 갖고 있다. 1인당 소득에 비해 아시아 국가들의 행복도가 낮은 편이고, 아프리카 국가의 행복도가 높은 편인 이유도 유전적인 요인에 기인한 것일 수 있다. 또한 아시아에서 서구처럼 개인의 자유와 독립을 강조하는 개인주의 문화 대신 집단주의 문화와 사회적 조화를 강조하는 정치 시스템이 존재해 온 것도 유전자의 영향이 아닐지 추정되기도 한다.*

또한 불안을 완화하는 분자인 아난다미드를 억제하는 효소가 적은 돌연변이 유전자를 가진 사람은 불안감이 낮고 인위적 진정 효과를 위한 마약 의존도가 낮았다. 그런데 이 돌연변이 유전자를 보유한 인종 역시 흑인(나이지리아 요루반인), 유럽계 미국인, 아시아계(중국 한족) 순으로 많았다.**

이렇게 보면 한국인의 행복감이 낮고 불안감이 큰 것은 환경적 요인도 있겠지만 행복에 불리한 아시아계의 유전적 요인 때문일지도 모른다.

피질 좌파와 피질 우파

행복도에서도 인종별 차이보다는 역시 개인별 차이가 더 중요하다. 특히 대뇌의 표면을 감싸고 있는 신경세포들이 모인 대뇌 피질의 어느 부위가 활성화되어 있는가는 매우 결정적인

● 좀 더 구체적으로 설명하면, 세로토닌 전달체 유전자를 구성하는 두 가지 기능성 변이체의 조합이 둘 다 짧은 경우를 0, 하나가 긴 경우를 1, 둘 다 긴 경우를 2로 코딩했을 때, 삶에 대한 만족도를 '매우 만족'으로 응답한 확률은 0의 집단보다 1의 집단이 8퍼센트 높고, 0의 집단보다 2의 집단은 17퍼센트 높았다. 한편 실험에 참여한 미국인들 중 인종별 세로토닌 전달체 유전자의 평균은 흑인(1.47) 〉 백인(1.12) 〉 아시아계(0.69) 순이었다. 괄호 안은 코딩된 숫자의 평균이다(The Economist, 2011. 10. 15.).

●● 나이지리아(요루반) 사람이 45퍼센트, 유럽계 미국인이 21퍼센트, 중국인(한족)이 14퍼센트였다(The New York Times, 2015. 3. 6.). 여기서도 흑인 〉 백인 〉 아시아계 순으로 행복 유전자 로또가 확인된다.

영향을 미친다. 대뇌 피질의 왼쪽과 오른쪽의 상대적 활성도는
사람마다 선천적으로 다른데, 왼쪽 피질이 활발한 '피질 좌파'
가 오른쪽 피질이 활발한 '피질 우파'보다 행복하다는 것이다.

정밀한 뇌파 검사 없이 내가 피질 좌파인지 피질 우파인지
대강 알아보려면 다음 질문을 보자. 행복과 관련된 자신의 유
전적 기질을 간단히 알아볼 수 있다.[38]

당신은 다음 A 유형과 B 유형 중 어느 쪽에 (조금이라도 더)
가까운가?

• A 유형
  - 나는 재미있을 거라 여겨지면 항상 새로운 것을 시도하
    고자 한다.
  - 나는 뭔가 얻을 기회가 눈에 보이면 당장 움직이고 싶다.
  - 나는 좋은 일의 영향을 많이 받는다.
  - 나는 얼떨결에 행동할 때가 많다.

• B 유형
  - 나는 실수할까 봐 걱정한다.
  - 비판이나 꾸지람은 내게 아주 큰 상처를 준다.
  - 나는 중요한 일을 잘 해내지 못한 것 같을 때 불안하다.
  - 나는 걱정이 많은 편이다.

A 유형에 가까우면 매사에 접근 지향적인 피질 좌파고, B

유형에 가까우면 후퇴 지향적인 피질 우파라고 볼 수 있다. 앞서 말했듯이 행복한 유전자로 분류되는 것은 A 유형의 피질 좌파다.

유전적 기질이 개인의 행복감에 미치는 영향은 50퍼센트에 달한다. 사람은 좋은 일이든 나쁜 일이든 시간이 지나면 원래의 행복감 수준에 가깝게 돌아가는 경향을 보이는데, 이 수준이 선천적으로 많이 결정되기에 기준점 또는 유전적 설정값 set point이라고 부르기도 한다. 그런데 태생적으로 피질 좌파는 피질 우파보다 진취적이고 충동적인 성격을 보이며 행복감이 높다니, 태어날 때 '피질 로또'에 당첨된 셈이다.

피질 중 가장 큰 전두엽도 왼쪽이 활발하면 긍정적인 정서를 끌어내지만, 왼쪽이 저하되면 우울증이 발생한다. 스트레스가 뇌의 편도체, 시상하부, 해마, 뇌간을 거쳐 전두엽에 이를 때 왼쪽 전두엽이 일을 잘해야 우울증에 걸리지 않는다.

반대로 전두엽의 오른쪽이 활발하면 부정적인 정서와 불안감을 형성해 공황장애가 발생할 수 있다. 불안과 공포가 뇌의 편도체, 시상하부, 뇌간, 해마를 거쳐 전두엽에 이를 때 오른쪽 전두엽이 일을 많이 해서 이것이 증폭되면 공황장애가 생길 수 있는 것이다.

여러분은 어떤가? 유전자 복권에 당첨된 사람인 것 같은가? (아니면 꽝인가?)

피질 좌·우파 모두의 행복을 위해

나는 〈행복의 조건〉 수강생들에게 매 학기 실시하는 설문
조사에 피질 좌파와 피질 우파를 구분하는 앞의 문항을 넣어보
고 있다. 5개 학기의 조사 자료를 모아 분석한 결과, 학생들 가
운데 피질 좌파의 비율은 54퍼센트로 절반쯤 됐다. 그리고 각
자 응답한 행복도는 피질 좌파가 우파보다 유의미한 수준으로
높게 나왔다(정확히는 행복도 표준편차의 43퍼센트를 피질 좌·우
파의 차이로 설명할 수 있었다).

아, 이쯤 되면 피질 우파들이 좀 실망할 수도 있을 것이다.
멀쩡하게 잘 살아온 사람들도 많을 텐데 말이다. 그러나 피질
우파들이여, 실망하지 말자!

학생들 설문 조사 결과에서 추가로 발견한 것들을 함께 소
개한다. 유전자가 아니더라도 '의도적 행동(또는 긍정적 사고 훈
련)으로 행복감을 높일 수 있는 길'이라고도 볼 수 있다.

- 비교성향을 줄인다(5점 척도에서 2점 줄이면 피질 우파가 좌
  파로 다시 태어난 것과 비슷하다).*
- 늘 시간에 쫓겨서 살지 않도록 한다(일을 조절하고 시간을

● 비교성향은 "나는 주변 사람들과 생활 수준을 비교하는 것이 얼마나 중요
하다고 생각하는가?"라는 질문에 대한 5점 척도 응답—전혀 중요하지 않
다(1점), 중요하지 않은 편이다(2점), 보통이다(3점), 중요한 편이다(4점),
매우 중요하다(5점)—으로 측정했다. 비교성향이 행복에 미치는 영향에
관한 자세한 내용은 15장에서 다룬다.

잘 활용하자).

- 외로움에서 벗어난다(사람들을 만나자).

- 경쟁심을 줄인다(경쟁보다는 성장에 초점을 맞추자).

- 전통, 종교, 관습 등에 대한 속박감을 줄인다(집단주의에서 좀 벗어나자).

- 결과가 불확실할 때는 잘 될 것으로 생각한다(내가 할 수 있는 건 하고 그렇지 않은 건 걱정하지 말자).

- 외모에 대한 자신감을 키운다(개성에 자부심을 갖거나 자신에게 맞는 스타일링이 도움이 될 수 있다).

- 스트레스를 관리한다(생긴 스트레스야 어쩔 수 없지만 풀면서 살자).

사실 이상의 결과들은 앞으로 이 책에서 들려줄 이야기들에 대부분 포함되어 있다. 그동안 축적된 행복에 관한 수많은 실증적·과학적 탐구 결과들을 바탕으로 하겠지만, 〈행복의 조건〉 수강생 설문조사 분석 결과도 학문적으로 밝혀진 결과와 들어맞으니, 나는 더 힘주어 깃발을 펄럭일 수 있을 것 같다. 여행사 깃발을 높이 들고 손님들을 자신 있게 인솔하는 베테랑 가이드처럼!

외향성과 행복

심리학에서는 5요인 모형('Big 5')으로 알려진 5대 속성(개

방성, 성실성, 외향성, 우호성, 신경증)으로 사람의 성격을 진단해
왔다.

이 5대 성격 지표와 그 검사 도구는 과학적인 방법론으로
타당성과 신뢰도가 충분히 검증된 것이다. 그런데 심리학자들
이 성격과 행복감의 관계를 분석해 본 결과, 개방성과 외향성
이 강할수록, 신경증은 약할수록 행복감이 높았다. 특히 외향
성은 유전적 기질(성격)과 행복을 연결하는 핵심 고리로 지목
되었다. 외향적인 사람은 더 많은 자극을 추구하고 활동적이며
높은 사회성을 가진 경향이 있다. 외향성의 요소들이 친밀감,
사교성, 리더십, 활동성, 흥미 추구, 명랑함 등으로 구성되는 것
을 봐도 알 수 있다. 이런 기질은 다른 사람들과 적극적으로 어
울리게 하고, 그러는 가운데 좋은 사람들과 나눈 즐거운 경험
들에서 행복감을 자주 느끼게 되는 것이다.

물론 "(어떤) 타인은 지옥"일 수도 있다. 또한 내향적인 사
람은 너무 외향적인 사람이 들이대는 것이 좀 부담스러울 수
있다. 외향적인 사람은 남들과 함께 있을 때 에너지를 충전하
고 혼자 있는 것을 힘들어하지만, 내향적인 사람은 혼자 있을
때 에너지를 충전해서 남들과 함께 있을 때 그걸 쓴다는 주장
도 있다.

그러나 내향적인 사람들도 타인에게서 기쁨을 얻는 것은
마찬가지다. 이들도 대화에서 힘을 얻고, 모임에 활발한 친구
가 와서 분위기를 잡아주고 웃겨주길 바라는 마음은 있다. 다
만 어울리는 것에서 쉽게 피로를 느끼고 활동적인 타인에 대한

역치가 낮아 자주 쉬어줘야 하는 유형일 뿐이다.

외향적인 사람이라고 늘 행복한 것은 아니다. 앞 장에서 언급한 까불이 친구도 장난기가 꺾이고 말이 줄면서 좀 힘들어 보일 때가 있었다. 그런데 이들이 내향적인 사람보다 평균적으로 더 행복하다는 것은 다음과 같은 의미다. 요일별 행복 주기를 예로 들어보자. 사람은 대개 친구들과 약속한 즐거운 저녁 모임이 있는 금요일 오후에는 행복하지만, 출근을 앞둔 월요일 아침이나 일요일 저녁에는 별로 행복하지 않다. 주중의 피로와 스트레스가 쌓인 목요일에도 행복하지 않다. 이런 요일별 행복의 등락 패턴은 외향적인 사람이나 내향적인 사람이나 비슷하다. 그런데 외향적인 사람은 같은 주기를 타면서도 그때그때의 평균적인 행복 수준은 더 높은 경향이 있다는 것이다. 즉, 더 외향적인 사람, 그리고 하나 보태자면 덜 신경증적인 사람이 금요일 오후에 조금 더 행복하고, 월요일 아침에 조금 덜 불행할 가능성이 크다는 뜻이다.

T인가, I인가?

최근 한국 사회에서 자기 보고형 성격 유형 검사인 'MBTI The Myers-Briggs Type Indicator'가 인기를 끌었다. 이에 따라 많은 사람이 자기 성격뿐 아니라 친구나 가족의 성격까지 유형화해서 비교하곤 했다.

이 검사는 과거의 혈액형별 성격 이야기보다는 훨씬 정교하고 합리적이다. 그리고 MBTI는 같은 상황에서도 사람마다 느끼고 판단하고 행동하는 것이 다른 이유를 이해하는 데 도움을 준다. 세상에 다양한 사람들이 공존함을 이해하는 것은 오해를 막고 소통의 다리를 놓기 위해 필수적이다.

잘 알려져 있듯이, MBTI 검사는 네 가지 차원으로 사람의 성격을 구분하여 16가지 조합의 유형으로 진단 결과를 내놓는다. 네 가지 차원은 주의 초점(외향형 E 대 내향형 I), 인식 방법(감각형 S 대 직관형 N), 판단 기준(사고형 T 대 감정형 F), 생활 방

MBTI 성격 지표*

나는 외향적인 편이다	E	I	나는 내향적인 편이다
나는 구체적인 사실이나 사건에 주의를 기울이는 편이다	S	N	나는 직관을 중시하는 편이다
나는 객관적이고 논리적으로 결정하는 편이다	T	F	나는 주관적인 가치나 관계를 중심으로 결정하는 편이다
나는 미리 계획을 세워 생활하는 편이다	J	P	나는 미리 계획을 세우기보다 상황에 맞춰 생활하는 편이다

● 참고로 16가지 유형의 약자를 이루는 영문자는 ① 주의 초점(에너지의 방향) 측면에서 외향(Extroversion: 외부에 주의집중, 넓은 관계 추구, 말로 표현 선호) 대 내향(Introversion: 내부에 주의집중, 깊은 관계 추구, 글로 표현 선호), ② 인식 방법 측면에서 감각(Sensing: 오감과 경험 중시, 숲보다 나무를 봄) 대 직관(iNtuition: 영감과 아이디어 중시, 나무보다 숲을 봄), ③ 판단 기준 측면에서 사고(Thinking: 업무 중심, 원리원칙 중시) 대 감정(Feeling: 인간관계 중심, 의미와 공감 중시), ④ 선호하는 생활 방식 측면에서 판단(Judging: 분명한 목적과 방향 선호, 계획 및 절차 중시) 대 인식(Perceiving: 유동적인 목적과 방향 선호, 자율과 재량 중시)에서 따온 글자다.

식(판단형 J 대 인식형 P)이다.

당신의 유형은 E로 시작하는가, I로 시작하는가? 다른 조건이 같다면 E 유형이 I 유형보다 더 행복감이 높다고 봐야 할까?

그런데 MBTI 검사 결과의 E와 I도 관련 질문에 대한 자기 응답 결과가 때와 상황에 따라 바뀌는 경우가 있다. 집에서는 큰소리치지만, 밖에 나가면 움츠러들고 빨리 집에 가고 싶은 '안방 장군'은 집에서 검사하면 E이지만 밖에서 검사하면 I가 될 수 있다. 거꾸로 밖에서는 대중 앞에서 말도 많이 하지만, 집에 오면 말이 줄고 조용히 충전하는 사람은 그 반대일 수도 있다.

사실 MBTI 검사 도구는 정신분석학자 칼 융의 심리 유형론을 바탕으로 하고 있지만 신빙성에 대한 논란이 있다.[*] 융조차도 완벽히 외향적인 사람과 완벽히 내향적인 사람은 없다고 했다. 또한 MBTI는 최근의 사회생활 경험이나 검사 당시의 상황에 따라 달라질 수 있다. 더욱이 시중에서 무료로 할 수 있는 간단한 검사 도구는 저작권 문제로 내용이 완전하지 않다.

환경의 영향을 받는 외향성

유전의 영향이 크다고 알려진 키도 환경의 영향을 많이 받

---

[*] 1944년에 MBTI를 개발한 캐서린 브릭스와 딸 이사벨 마이어스는 심리학자가 아니었다. 둘 다 소설가였는데, 엄마는 홈스쿨링을 받았고 딸은 대학 교육을 받았으나 정치학 전공이었다.

는다. 영국 임페리얼 칼리지 자료에 의하면, 한국인의 평균 키는 1914년과 2014년을 비교했을 때 여성은 20.1센티미터 커지고 남성은 15.1센티미터 커져 100년간 성장 폭으로 한국 여성은 세계 1위, 한국 남성은 세계 3위였다. 그런데 북한 주민의 경우 해당 기간 키 성장 폭이 여성 9.9센티미터, 남성 11.4센티미터로 남한보다 평균 키가 덜 커졌다. 유전자의 영향이 80퍼센트에 달한다는 키도 장기적으로는 환경의 영향을 꽤 받는 것이다.

　사람의 외향성도 그를 둘러싼 환경의 영향을 받는다. 다큐멘터리영화 〈트윈스터즈〉(2016)에서도 그런 예를 볼 수 있다. 1987년 11월 19일 부산에서 일란성 쌍둥이로 태어난 자매는 각각 미국과 프랑스로 입양돼 사만다와 아나이스로 살아왔다. 아나이스가 인터넷에서 우연히 영화배우로 활동하는 사만다의 짧은 영상을 보게 되면서 자매는 25년 만에 만나게 됐다. 만나보니 그들은 식성도 웃음소리도 똑같고 네일아트 취향도 같았다.

　그러나 쌍둥이 자매의 성격은 꽤 달랐다. 입양에 대한 편견이 없는 곳에서 오빠 두 명이 있는 집의 막내딸로 자란 사만다는 털털하고 외향적인 청년으로 성장했고, 한국을 궁금해하며 입양 단체와 보모를 찾아갈 정도로 매사 적극적이었다. 아나이스도 외동딸로 양부모의 사랑을 받았지만, 어릴 적에 주변의 인종차별로 인한 상처를 안고 다소 내성적인 청년이 되어 있었다. 그녀는 태어난 날 대신 입양일을 생일로 생각할 만큼 과거에서 벗어나려 했지만, 사만다를 만남으로써 자기 정체성을 찾아 한국을 방문하고 입양 단체와 보모를 만나며 친부모의 존재를 생각하게 된다. 이처럼 환경은 외향성에도 영향을 미칠 수 있으며, 어떤 계기로 본성이 깨어날 수 있다.

피질 우파의 장점

행복 유전자와는 거리가 있는 것처럼 보이는 피질 우파에게도 중요한 장점이 있다. 피질 우파는 시험 공부도 노후 대비도 미리 해놓는 등 미래에 잘 대비하며, 불의의 사고 위험에도 대비하는 스타일이다. 남의 평가에 민감한 편이라 자기 일을 꼼꼼히 하고 남에게 피해를 줄 일을 거리낀다.

반면 피질 좌파는 공부나 업무를 하다가 뭔가 재미있는 생각이 떠오르면 그것부터 하는 등 산만한 편이다. 컴퓨터 모니터에는 인터넷 창이나 파일이 매우 많이 열려 있다. 자주 벼락치기로 시험 공부를 하고, 출근 생각은 안 하고 밤늦도록 논다. 노후 대비나 안전사고 대비를 제대로 못 해놓을 수 있다.

피질 좌파는 우파 배우자를 만나야 인생에서 낭패를 볼 일을 줄일 수 있다. 피질 우파는 좌파 배우자를 만나면 약간 한심한 생각도 들겠지만, 그를 따라 함께 작은 선을 넘다 보면 인생이 꽤 재미있다는 걸 알게 될지도 모른다. 단, 우파가 불안에 떨지 않는 선에서.

행복한 사회에도 성격이 있을까?

행복에 도움이 되는 성격은 개인 차원을 넘어 사회 차원에서도 생각해 볼 수 있다. 각 나라, 각 지역에는 다양한 성격의 사람들이 섞여서 살고 있지만 사회에도 성격 특성 또는 '사회적 분위기'라는 것이 있다. 예를 들어 '밝은 사회'나 '개방적인 사회'라는 표현이 익숙하게 느껴지는 것에서도 알 수 있다.

외향성이나 개방성이 높은 사람들이 많은 사회는 사회 전체적으로도 외향성이나 개방성이 높을 가능성이 크다. 그런데 개인별 성격의 단순 총합이 사회의 성격은 아니다. 사회의 성격은 구성원들이 합의한 제도와 규범을 통해서도 형성되고 유지되며, 어떤 중대 사건이나 격변을 겪으면서 변화한다.

사회적 외향성이 높은 나라는 국민이 주민 자치활동, 지역 공동체의 여가 모임과 봉사활동 등 각종 사회활동에 적극적으로 참여하는 문화를 갖고 있다. 사회적 개방성이 높은 지역은 이방인에 대해 포용적이고 다양성과 개성이 존중되는 분위기가 형성되어 있다. 사회적 신경증이 약한 사회는 집단적 불안감, 집단 히스테리, 홧김 범죄 등 신경질적인 사회 현상이 드물고, 관용과 회복력이 높다.

밝고 흥겨운 사회적 분위기와 개방적이고 관용적이며 덜 신경질적인 문화 속에서 살면 행복에 좀 불리한 유전자를 타고난 사람도 행복할 수 있지 않을까? 그런 사회와 문화권에서 태어나 사는 것도 유전자만큼 운이 아닐까? 그런데 어떤 사회와 문화가 영원히 불변하는 것은 아니다. 그러면 우리는 어떤 방

향으로 가고 있을까? 사회적 외향성과 사회적 개방성을 높이
고 사회적 신경증을 누그러뜨리고 있을까? 생각해 볼 일이다.

나의 성격 강점

다섯 번째 휘게소에서는 성격 검사를 한 가지 해보자. 내 성격의 대표적인 강점이 무엇인지 알아보는 검사다. 해보면 기분이 좋아지고 의욕도 생길 것이다.

제2차 세계대전 이후 심리학은 참전 군인들의 정신장애 치료에 초점이 맞춰진 나머지 인간의 어두운 측면을 다루는 학문처럼 변했다. 국가의 연구비는 정신장애 연구에 몰렸고, 1990년대까지 심리학 논문도 인간의 부정적 측면에 관한 내용이 긍정적 측면에 관한 내용보다 17배 많았다.

탁월한 재능을 발견하고 육성하며, 행복한 삶을 돕는다는 심리학의 다른 사명을 부활시키고자 한 것이 20세기 말 긍정심리학의 출발이었다. 1998년에 미국심리학회장 마틴 셀리그먼은 진정한 치료는 손상된 부분을 고치는 것만이 아니라 우리 안에 있는 최선의 가능성을 끌어내는 것이어야 한다며, 인간의 강점과 덕성에 관한 학문으로서 긍정심리학의 출발을 알렸다.

긍정심리학자들이 개발한 덕목 및 성격 강점 검사를 통해 자신의 대표적인 성격 강점을 알 수 있다. 자기 본연의 모습과 강점을 알게 되면, 유쾌한 흥분이 느껴지고 자기 강점을 살려서 행동하고 일하고픈 의욕이 생긴다. 이는 자기실현에 있어 매우 중요하다. 사람은 자기의 강점을 살릴 때 탁월한 성취를 이룰 수 있다.

6개 덕목 범주와 24개 성격 강점

덕목	성격	내용
지성	창의성	어떤 일을 하면서 새롭고 더 좋은 방법을 생각해 낼 수 있는 능력
	호기심	새롭고 신기한 것을 좋아하며 흥미 있는 것을 적극적으로 탐색하려는 태도
	개방성	다양한 관점에서 생각하고 나와 다른 생각을 기꺼이 받아들이려는 태도
	학구열	새로운 것을 배우고 익히는 데 재미를 느끼고 열심히 노력하는 태도
	지혜	폭넓게 생각하고 어려운 상황에 처했을 때 좋은 해결 방법을 생각해 내는 능력
인간애	사랑	관계를 소중히 여기고 그러한 마음을 행동으로 잘 실천하는 능력
	친절	다른 사람들을 존중하고 위하는 마음으로 상냥하게 대하고 도움을 주려는 태도
	사회지능	나와 다른 사람들의 마음을 잘 알아차려 사람들과 잘 어울리는 능력
용기	용감성	두려운 마음이 드는 상황에서도 위축되지 않고 두려움을 극복하는 능력
	끈기	시작한 일을 포기하지 않고 끝까지 마무리하여 완성하는 능력
	진실성	자신의 생각이나 감정을 솔직하게 표현하고 진실하게 행동하려는 태도
	활력	열정과 에너지를 가지고 활기차게 생활하는 능력
절제	용서	내게 잘못을 저지른 사람을 너그럽게 용서해 주는 능력
	겸손	지나치게 자신을 드러내어 잘난 체하거나 뽐내지 않고 자신이 무엇을 더 노력해야 하는지 아는 태도
	신중성	말이나 행동 전에 한 번 더 조심스럽게 생각하는 태도
	자기조절	자신의 다양한 감정, 욕구, 행동을 적절하게 조절하는 능력
정의	시민의식	집단 구성원으로서 집단의 이익을 위해 최선을 다하는 태도
	공정성	사람을 대하거나 일을 처리할 때 차별하지 않는 태도
	리더십	집단 활동을 계획·조직하고 좋은 성과를 이루도록 이끌어 가는 능력
초월	심미안	다양한 영역에서 아름다움과 뛰어남을 발견하고 느낄 줄 아는 능력
	감사	좋은 일을 알아차리고 그에 대한 고마움을 느끼며 표현하는 행동과 태도
	낙관성	자신의 경험에 대해 긍정적으로 생각하고 좋은 일을 기대하며 행동하는 태도
	유머감각	웃고 재미있는 것을 좋아하며 다른 사람에게 웃음과 즐거움을 주는 능력
	영성	삶의 의미와 목적에 대한 관심과 믿음을 가지고 눈에 보이지 않는 보다 넓은 세계와 연결되기를 바라는 태도

출처: Peterson & Seligman (2009)[39]의 표현을 일부 수정함.

표에서처럼 지성, 인간애, 용기, 절제, 정의, 초월이라는 6개의
덕목 범주 아래 24개의 성격 강점이 제시되어 있다. 이 강점들을
초점의 방향(자기와 타인)과 능력의 영역(감성과 지성)으로 분류하
면 그림과 같이 좌표를 찍어볼 수 있다. 가령 학구열은 자기에 초
점에 맞춰진 지성적 능력의 하나라고 한다면, 친절성은 타인에
초점이 맞춰진 감성적 능력의 하나라고 볼 수 있다.

참고로 자기 보고형 VIA 강점 척도Values in Action Inventory of
Strengths 검사는 무료로 해볼 수 있고 한국어도 지원된다.[40]

성격적 강점들에 대한 원형 모델

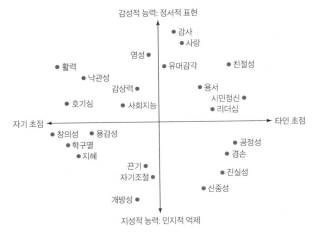

출처: Peterson(2006).

6장. 돈과 행복

돈으로 행복을 사는 데 한계가 있다고?
그건 돈이 충분하지 않아서야! (정말 그럴까?)

오징어 게임

2021년 한국 스릴러 작품이 세계를 매혹했다. 드라마 〈오징어 게임〉이다. 인생 역전을 위한 일확천금을 꿈꾸며 게임에 참가한 사람들이 장기판의 말처럼 움직이며 최후의 1인이 되기 위해 서로를 죽여나가는 엽기적인 내용이다. 불평등한 자본주의 사회를 살아가는 많은 사람에게 씁쓸한 공감과 함께 섬뜩한 충격을 주었다.

최후의 1인으로 살아남은 성기훈에게 그 잔혹한 놀이를 기획한 오일남은 병상에서 이렇게 말한다.

자네, 돈이 하나도 없는 사람과 돈이 너무 많은 사람의 공통점이 뭔 줄 아나? 사는 게 재미가 없다는 거야. 돈이 너무 많으면은 아무리 뭘 사고 먹고 마셔도 결국 다 시시해져 버려. 언제부터인가 내 고객들이 하나둘씩 나한테 그러는 거야. 살면서 더 이상 즐거운 게 없다고. 그래서 다들 모여서 고민을 좀 해봤지.

'뭘 하면은 좀 재미가 있을까?'

이 부자 노인은 어릴 적에 돈 없이도 즐거웠던 놀이들을 떠올리며 이를 456억 원이 걸린 생존 게임으로 만들었다. 자기와 비슷한 갈증이 있는 갑부들을 관람객으로 모으고, 돈이 절실한 사람들끼리 서로 죽고 죽이는 모습을 볼거리로 즐겼다. 그런데 이 비뚤어진 괴물 노인의 말이 시청자들의 공감을 얻으면서 드라마 속의 명대사가 됐다.

대부분 그렇겠지만 나도 오일남을 용서할 수 없다. 그런데 돈과 행복의 관점에서 그의 말에 상당한 통찰이 담긴 것은 사실이다.

먼저 돈이 너무 없는 사람은 사는 게 재미가 없는 것을 넘어 살아내는 것 자체가 힘들어진다. 이상적인 복지국가가 아닌 자본주의 사회에서 돈이 없으면 살기 힘들다는 것은 굳이 설명이 필요하지 않을 것이다. 돈은 경제적 문제로 인해 겪을 수 있는 불행의 방파제이자, 미래의 생계에 대한 불안의 완화제다.

너무 가난하면 지능 발달도 저하될 수 있다. 영양 부족으로 생후 2개월에 뇌의 회백질 양이 부족하면 3세에 측정한 IQ도 떨어졌다. 돈 때문에 스트레스가 많은 가정에서는 아이의 뇌 활동이 줄었다. 미국 농부들의 IQ를 검사해 보니 수확 후 경

제 상황이 좋을 때의 IQ가 13이나 높았다.[41]

행복에 대한 소득의 포만점

그럼 돈이 너무 많은 사람도 사는 게 재미가 없다는 건 무슨 연유일까? 〈오징어 게임〉속 오일남의 대사는 행동경제학자이자 심리학자인 대니얼 카너먼의 다음과 같은 말과 상통한다.

소득의 만족 수준(포만점)을 넘어서면 돈을 주고 더 즐거운 경험을 살 수 있을지 몰라도, 덜 비싼 경험들을 즐길 수 있는 능력은 일부 잃어버리고 만다.

여기서 소득의 포만점satiation point이란 돈이 행복감이나 삶의 만족도를 더 이상 높이지 못하는 수준의 소득 임계를 말한다. 그런 게 있을까? (다다익선 아닌가?) 혹시 그런 게 있다면 개인 연 소득으로 얼마 정도 돼야 돈이 더 들어와도 행복해지지 않을까? 연구 결과를 보기 전에 자기의 기준을 먼저 생각해보자. (얼마면 되겠니?)

행복을 연구하는 학자들이 164개국에서 170만 명 이상을 설문조사한 갤럽 자료를 분석한 결과, 소득의 포만점은 존재했다.[42] 개인 연 소득이 자기 삶에 대한 전반적인 평가(삶의 만족도)에 더는 도움이 되지 않는 수준은 세계 평균으로 9만 5,000달러였다. 2023년 7월 말 환율(1,274원)을 적용하면 1억

2,100만 원이다. 소득이 이 수준을 넘게 되면 삶에 대한 만족도가 오히려 하락했다. 소득의 긍정적 효과가 중지되는 포만점을 넘어 부정적 효과로 반전되는 전환점turning point이 발견된 것이다.

그리고 긍정적인 정서(행복감)에 대한 소득의 포만점은 6만 달러(7,644만 원), 부정적인 정서(걱정이나 우울감)에 대한 소득의 포만점은 7만 5천 달러(9,555만 원)이었다. 이런 정서 지표들에 대해서는 전환점이 발견되지 않았다.

참고로 한국이 포함된 동아시아 국가는 삶의 만족도에 대한 소득의 포만점이 11만 달러(1억 4,014만 원)로 나타났다. 이는 사하라 사막 이남의 아프리카 국가에서 포만점이 4만 달러(5,096만 원)인 것과 비교된다. 잘 살수록, 물질주의 가치관이 강할수록(한국도 물질주의 가치관은 최강이다!) 소득의 포만점도 높은 수준에서 나타난 것이다. 소득이 이 수준을 넘으면 삶의 만족도가 오히려 낮아지는 전환점 효과는 동아시아, 서유럽, 북유럽, 북미 등 부유한 지역에서 주로 나타났다.

이스털린의 역설

경제학자 리처드 이스털린은 행복에 관한 장기적인 조사 데이터가 있는 나라들의 자료를 분석하고 한 가지 역설을 발견했다. 1인당 실질소득은 계속 증가해 왔지만, 국민의 행복감이나 삶의 만족도는 그대로였던 것이다. 이러한 '이스털린의 역

설Easterlin's paradox'은 1974년에 처음 보고됐다.[43] 그 이후 후속
연구를 통해 소득이 증가했음에도 행복이 높아지지 않은 현상
은 계속 발견됐고, 한국도 예외는 아니었다.

이 역설에 대한 반론도 나왔다. 가령 갤럽 세계조사 자료
를 분석한 결과, 소득의 포만점은 없었고(그러나 앞서 보았듯이
그 후 다른 연구에서 포만점의 존재는 확인되었다), 부유한 나라가
삶에 대한 만족감이 높았고, 일국 내에서도 부유할수록 삶에
대한 만족감이 높다는 것이 발견됐다.[44] 그러나 반론에 사용된
증거는 이스털린 역설에서 발견한 것과 같은 장기 추세의 관찰
이 아니라 아주 짧은 시계열 관측치에 의존했다. 또한 국가 내
의 한 시점에서 소득이 행복에 미치는 영향도 장기간에 걸쳐
약화하고 있었다는 사실도 간과했다.[45]

요컨대 이스털린 역설에 대한 반론은 같은 시점에서 소득
이 다른 사람끼리 행복도를 비교하는 횡단면 상관관계 또는
'단기적' 시계열 자료에 근거하고 있었다. 그러나 이스털린 역
설은 '장기적' 시계열 추세에서 소득과 행복 사이에는 관계가
없다는 사실을 의미하며, 이것을 반박하지는 못했다. 예컨대
경제가 호황과 불황을 반복할 때 소득이 저점으로 내려가는 불
황기보다 소득이 고점으로 올라가는 호황기의 행복감이 단기
적으로는 높았다. 그렇지만 1인당 소득은 경기 변동을 겪으면
서도 추세적으로 상승한 데 반해 행복의 장기적 추세, 즉 행복
진폭의 중심은 제자리에 머물렀다.[46]

소득과 행복의 단기 변동과 장기 추세 예시

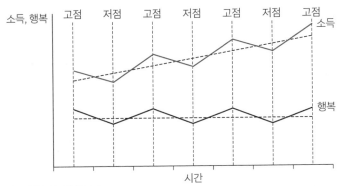

자료: 리처드 이스털린(2022).

생활 수준이 높아졌는데 행복감은 왜 제자리?

그러면 물질적인 풍요가 행복감을 높이는 데 한계가 있는 이유가 뭘까?*

첫 번째는 '사회적 비교', 즉 '비교성향' 때문이다. 예전보다 나만 잘살게 된 것이 아니라 다른 사람들도 그렇게 됐다면, 그리고 나보다 훨씬 더 잘살게 된 사람들이 생겼다면 나는 이전보다 더 큰 행복감을 느끼지 못할 수 있다. 자기보다 생활 수준이 높은 사람을 주로 쳐다보는 '상향' 비교성향이 강할수록 그렇다(이에 관해서는 15장에서 더 자세히 살펴볼 것이다).

● 이에 대한 설명은 Clark et al. (2008)이 제시한 것인데, 4장에서 환경적 요인이 지속적인 행복을 결정하는 몫(10퍼센트)이 작은 이유를 설명하면서 언급한 바 있다.

　　두 번째는 '적응'으로, 시간이 지나면 달라진 환경에 익숙해지기 때문이다. 좁은 집에서 넓은 집으로 이사하면 한동안은 너무 쾌적하지만 나중에는 별로 넓다는 생각이 들지 않는다. 더 채워 넣은 가구와 물건들로 다시 좁아 보인다.

　　〈오징어 게임〉의 오일남도 갑부가 되기 전에는 적은 돈으로 행복감을 느끼게 해주는 것들이 많았을 것이다. 추운 겨울의 호떡과 어묵, 이월상품으로 싸게 건진 외투, 사전 광고마저 설레던 극장 영화 관람 등….

　　행복을 연구해 온 심리학자 에드 디너가 "행복은 기쁨의 강도가 아니라 기쁨의 빈도에 의해 결정된다."라고 한 것은 숱한 심리학 실험을 통해 얻은 결론 중 하나다. 돈이 너무 많으면 고급 요트를 사는 등 기쁨의 강도를 높일 수는 있겠지만, 일상에서 누리던 수많은 소박한 기쁨을 잃어버릴 수 있다.

　　또한 대개 돈이 그냥 많이 생기는 것이 아니라는 점도 상기할 필요가 있다. 돈을 더 벌기 위해 희생했던 것 중에는 수면, 휴식, 운동, 제때 식사, 가족, 친구 등과 같이 건강과 행복, 삶의 만족감을 위해 중요한 요소들도 있을 것이다. 행복에 대한 소득의 전환점 효과가 나타나는 것도 더 높은 소득을 추구하다가 행복의 다른 요소를 너무 많이 희생했기 때문일 수 있다.

돈과 인간

　　이제 사회적 측면에서 돈이 사람의 윤리의식과 인간성 및 사회성에는 어떤 영향을 미치는지 살펴보자. 돈과 얽혀 있는 개인의 행복도 중요하지만, 돈이 사회의 안녕에 미치는 영향도 중요하기 때문이다.

사람 머릿속에 돈이 크게 자리 잡게 되면 인간성이나 사회성이 훼손될 수 있다. 돈을 연상하게 한 실험에서도 그런 결과가 나타났다. 실험 참가자 중 일부에게 낱말 카드로 돈과 관련된 문구를 만들거나 시야에 돈이 그려진 포스터나 컴퓨터 화면을 자연스럽게 노출하는 방식으로 돈을 상기하도록 했다. 그랬더니 이들은 타인과 협력하거나 타인을 돕거나 타인과 가까이 하려는 태도가 다른 참가자보다 현저히 낮게 나타났다.[47]

상류층과 하류층 중 어느 쪽이 비윤리적 행동을 더 많이 할 것 같은가? 상반된 추측이 모두 가능할 것이다. 먼저 하류층은 더 적은 자원, 더 큰 위협, 더 큰 불확실성이 있는 환경에 놓여 있기에 자원을 늘리거나 불리함을 극복하려고 비윤리적으로 행동하려는 동기가 더 강할 수 있다. 가난으로 인한 생계형 범죄를 떠올릴 수 있다. 반면 상류층은 더 큰 자원, 자유, 독립성을 가지고 있기에 사회에서도 자기중심적인 경향을 보일 수 있으며, 이것이 비윤리적 행동을 조장할 수도 있다. 글로벌 금융 위기는 부유한 엘리트층의 탐욕과 배임으로 촉발됐으며, 입시 부정행위나 청탁 수수 같은 것도 재력과 지위 면에서 능력이 있는 사람들이 주로 자행하기 때문이다.

이 질문에 대한 답을 얻기 위해 버클리대 심리학자들을 중심으로 여러 가지 실험이 수행됐다.[48] 그 결과, 상류층에 속한 사람이 더 비윤리적으로 행동하는 경향이 있음이 발견됐다. 먼저 교차로 관찰 실험에서 상류층이 하류층보다 운전 중에 교통법규를 어기는 비율이 더 높았다.* 또한 일련의 실험실 연구에서 상류층은 비윤리적인 의사결정 성향을 보이고, 다른 사람에게서 가치 있는 상품을 가져가고, 협상에서 거짓말을 하고, 승률을 높이기 위해 속이고, 직장에서 비윤리적인 행동을 묵인하는 경향성이 더 큰 것으로 나타났다. 슬럼가의 범죄나 생계형 범죄 사례를 보고 가난이 비윤리적 행동과 더 밀접한 관련이 있다고 생각했을지 모르지만, 가난해도 성실하게 사는 사람이 대부분이다.

이 버클리대 실험 연구에 참여한 켈트너와 피프 교수는 이 연구가 정치적 편견을 갖고 있다고 분노하는 사람들에게 이것은 '보수 부유층'에 대한 것이 아니라 그냥 '부유층'에 대한 것이라고 응수했다.[49] 또한 모든 부자가 다 그런 것은 아니라며, 빌 게이츠처럼 막대한 부를 기부해 온 슈퍼리치에도 주목할 필요가 있다고 했다.

그러면 부자에게서 비윤리적인 행동의 경향성이 나타나는 이유는 무엇일까? 공감 능력을 좌우하는 미주신경의 반응

● 　예컨대 보행자 우선 구역에 먼저 온 보행자가 길을 건너려고 주위를 살필 때 비싼 차일수록 정지하지 않는 비율이 높았다(메르세데스 벤츠 46.2퍼센트 〉 신형 혼다 어코드 44.4퍼센트 〉 혼다 시빅 31.1퍼센트 〉 구형 포드 토러스 28.6퍼센트 〉 구형 닷지 콜트 0퍼센트). 미국에서 길을 건널 때면 특히 고급승용차를 조심하라!

으로 타인의 처지를 이해하려는 태도를 측정할 수 있는데, 부자들은 타인의 이야기를 들을 때 미주신경의 반응이 상대적으로 미미하게 나타났다. 부자나 권력자는 그들을 시중드는 집사나 참모를 제외한 소통 채널을 갖지 않거나, 아쉬운 것이 없어서 타인의 말을 경청할 필요가 없다 보니 듣는 태도나 공감 능력이 쇠퇴한 것일까? 아니면 자기중심적인 사람이 다른 사람들 눈치 안 보고 물불 가리지 않아 부나 권력을 얻었던 것일까? 물론 가난하다고 공감 능력이 높은 것은 아니다. 돈의 많고 적음과 관계없이 행복한 사람일수록 타인에 대한 공감 능력이 높은 경향을 보였다.

다만 부와 특권을 갖게 되면 어떤 사람은 안하무인 격으로 달라지기도 한다. 큰 부자가 된 오일남이 도덕성과 공감 능력을 상실하고, 돈을 미끼로 사람들을 죽이고도 그들 스스로 택한 것이라며 가책을 느끼지 않는 소시오패스 같은 모습을 보인 것이, 극단적이긴 하지만 이를 잘 보여주는 사례다. 어쩌면 함부로 쓸 수 있는 돈이 그 게임 향유자들에게 내재했던 반사회성을 표출시켰을 수도 있다.

돈은 사람의 본성을 증폭시킨다. 갑질, 외도, 도박, 마약 중독 등도 내재한 본성이 돈을 만남으로써 가능성이 현실화한 것일 때가 많다. 차라리 돈이 없었다면 무난하게 살다 죽었을 수도 있다.

거액의 로또 당첨금은 평생의 행복을 보장해 줄 것이라 기대하게 한다. 실제로 로또 당첨 후에 한결 여유로워진 사람도 있을 것이다. 그러나 적지 않은 국내외 로또 당첨자들이 그와 정반대의 삶을 살았다. 너무 빨리 사업, 도박, 주식투자, 유흥 등에 전액을 탕진하거나, 사기를 당하거나, 사람에 대한 의심이 커지거나, 주변 사람들과 불화가 생기거나, 심지어 친족 살인극의 주인공이 되는 일까지 등장했다.[50]

　행복을 위해서는 돈을 어떻게 쓸까에 관한 공부도 중요하다. 한 다국적은행에서 고객의 성격 특성에 따른 소비활동과 삶의 만족도를 조사해 보았다. 외향적인 사람은 내향적인 사람보다 다른 사람들과의 저녁 술자리에 돈을 많이 썼고, 내향적이고 꼼꼼한 사람은 화초 가꾸기에 돈을 많이 썼다. 성실한 사람은 건강과 신체 관리에 돈을 많이 썼다. 사람들은 대개 자기 성정에 맞게 돈을 쓰는 경향이 있는데, 자기 성격에 맞는 용도에 소비할 때 삶의 만족도 향상에 더 도움이 된다.

　그런데 사람들이 본능적으로 또는 다른 사람들을 따라서 뭘 사느라고 돈 쓰는 것 말고, 좀 더 행복에 도움이 되도록 돈을 쓸 수 있을까? 나는 경제학을 처음 배우는 학생들에게 돈을 많이 버는 법보다 돈을 잘 쓰는 법을 터득하는 것이 중요하다고 강조한다. 희소한 자원(돈)으로 최대의 효용(행복)을 얻는 게 현대 경제학의 기본 목표라면 과히 그릇된 시각을 심어주는 건 아닐 듯하다. 공무원 시험에 경제학 과목이 필수인 경우가 많은 이유도 그들이 나랏돈을 쓰는 일을 하기 때문이다.

행복하게 돈 쓰는 법

돈이 많으면 무엇을 하고 싶은가? 좋은 집을 산다. 좋아하는 걸 매일 먹는다. 그렇게 살면 얼마나 행복해질까?

캐나다 브리티시 컬럼비아대 심리학과 엘리자베스 던 교수와 하버드 경영대학원 마이클 노튼 교수는 다양한 실험을 통해 돈으로 행복을 높이는 좋은 방법들을 알아냈다.[51] 일단 이들은 기본적인 생활이 가능한 소득이 확보된 후에는 추가적인 소득이 행복에 미치는 영향은 크지 않다는 것을 재확인했다. 미국인들 중 연 2만 5,000달러를 버는 사람과 5만 달러를 버는 사람이 자기 삶에 만족하는 비율 차이는 2배가 아닌 9퍼센트에 불과했고, 7만 5,000달러를 버는 사람은 소득이 조금 더 는다고 해서 일상의 행복감에 전혀 변화가 없었다는 것이다. 돈을 얼마나 버는가 못지않게 행복에 중요한 것은 어떻게 쓰는가였다. 두 교수는 행복감을 높이기 위한 몇 가지 소비 방법을 제시한다.*

우선 돈으로 경험을 구매하라는 것으로, 이는 여러 연구에서 제시된 대표적인 조언이다. 조사 결과, 사람들은 새 주택으로 이사한 후에 5년 동안은 집에 상당히 만족해했지만 삶에 대한 만족도, 즉 전반적인 행복감은 전혀 향상되지 않았다. 자신

---

* 이하의 내용은 저자들이 제시한 다섯 가지 원칙—① 체험을 구매하라, ② 특별하게 만들어라, ③ 시간을 구매하라, ④ 먼저 내고 나중에 소비하라, ⑤ 다른 사람에게 투자하라—중 ①, ②, ⑤와 관련이 있다.

을 위해 돈을 쓴다면 물건을 사는 데만 쓰지 말고 경험을 하는 데 쓰는 것이 좋다. 남는 것이 옷, 가방, 시계, 가구, 전자제품 같은 물건이라고 생각하기 쉽지만 진짜 남는 것은 추억이다. 물건은 점차 남루해지고 유행도 바뀌고 지겨워지지만, 가령 여행지에서의 새로운 경험은 시간이 지날수록 달콤해진다. 심지어 고생한 경험도 좋은 이야깃거리가 된다. 특히 좋은 사람과 함께한 경험은 무엇과도 바꿀 수 없는 행복 연금이다. 단, 파멸로 이끌 수 있는 경험을 사는 건 경계하라! 우리의 목적은 '지속될 수 있는 행복'이다.

또한 좋아하는 것을 매일 소비하지 말고 특별한 날에 즐기라고 조언한다. 산해진미의 감동도 하루 이틀이고, 위락시설의 평생 회원권은 감흥을 주지 못한다. 적당히 절제하면서 즐기면 〈오징어 게임〉 오일남의 푸념처럼 시들해지거나 시시해지지 않고 소비를 통한 행복감이 오래간다.

그리고 무엇보다 다른 사람을 위해 돈을 쓴다면 그것도 자기의 행복으로 돌아온다. 던 교수와 하버드 경영대학원 연구진은 이를 알아보기 위해 다음과 같은 세 가지의 조사와 실험을 수행했다.[52]

첫째, 미국인 632명을 표본으로 추출하여 연간 수입과 전반적인 행복감을 조사한 후 이들의 월평균 지출 내역을 분석했다. 각종 공과금과 경비, 자신을 위한 선물 등은 개인 지출(평균 1,714달러)로 분류하고, 다른 사람을 위한 선물과 기부금 등은 친사회적 지출(평균 146달러)로 분류했다. 그 결과, 행복과 친사회적 지출의 상관성은 행복과 소득의 상관성만큼 높았지만, 행복과 개인 지출 간에는 상관성이 없었다.

둘째, 이와 같은 발견은 개인의 시점 간 비교에서도 관찰됐다. 보스턴 직장인들 16명을 대상으로 3,000달러에서 8,000달러에 이르는 성과급을 받기 전의 전반적인 행복감(사전 행복감)과 받고 나서 6~8주 후의 행복감(사후 행복감)을 성과급의 지출 용도와 함께 조사했다. 그 결과, 성과급을 친사회적 지출에 사용한 비율이 높을수록 사후 행복감이 높게 나타났다. 분석에서 사전 행복감, 소득, 성과급 액수를 통제한 경우에도 (이들 변수가 같은 사람들끼리 비교한 효과), 친사회적 지출과 행복감의 높은 상관성은 여전했다.

셋째, 행복에 친사회적 지출이 미치는 영향을 확인하기 위해 연구진은 브리티시 컬럼비아대 캠퍼스에서 실험을 벌였다. 실험 참가자 46명의 행복감을 아침에 조사한 다음에 돈 봉투를 나눠주며 오후 5시까지 쓰도록 했다. 봉투에는 5달러나 20달러가 들어 있었다. 그런데 무작위로 선정한 한 집단에는 그 돈을 개인 지출에 쓰라고 했고, 다른 집단에는 친사회적인 지출에 쓰라고 했다. 그날 저녁 실험 참가자들에게 돈의 사용처와 행복감을 물었다. 개인 지출에 돈을 쓴 사람은 액수와 관계없이 행복감에 변화가 거의 없었다. 덜 행복해진 건 아니었지만, 공돈을 받아 개인 지출에 쓴 것이 행복감을 별로 높이지는 못했다. 그러나 다른 사람에게 선물하거나 자선단체에 기부한 사람은 액수와 관계없이 모두 더 행복해졌다고 답했다.

그런데 사람들이 타인을 위해 돈을 잘 쓰지 않는 이유는 무엇일까? 마지막 실험 결과에서처럼 친사회적 지출은 소액이라도 행복감을 확실하게 높이는 효과가 있기에 돈이 충분하지 않아서라는 말은 그 이유로 부족하다. 혹시 친사회적 지출의 행복 증진 효과를 잘 몰라서는 아닐까? 연구진이 109명의 다른 학생들에게 돈의 사용처가 행복에 미치는 효과를 예상해 보라고 했더니, 69명은 개인 지출이 친사회적 지출보다 자기를 더 행복하게 할 거라 응답했다. 나머지 40명은 행복에 관해 '배우신 분'이거나 경험으로 느낀 사람일 것이다. 행복을 위해 돈 쓰는 법에 관해서도 역시 배우고 느껴야 하나 보다.[53]

행복한 부자의 행복 비결

세계적인 부자가 행복하다면 그것은 그가 가진 돈 자체 때문이 아닐 수 있다. 워런 버핏이나 빌 게이츠처럼 행복한 부자는 돈을 잘 쓸 줄 안다. 좋은 인간관계를 만들고 유지하는 데 돈을 쓰고, 시간 가는 줄 모르고 몰입할 수 있는 일이나 취미에 돈을 쓰고, 다른 사람을 돕는 데 돈을 쓴다. 인간관계, 몰입, 덕행은 앞에서 지속적인 행복의 40퍼센트를 결정하는 자발적인 행동의 예로 들었던 것들이다. 즉, 행복한 부자는 행복감을 높이는 자발적인 행동을 하는 데 돈을 썼기 때문에 행복한 것이지, 통장에 숫자로 찍힌 돈 때문에 행복한 것이 아닐 수 있다.

돈만 있으면 행복할 것으로, 돈이 더 많으면 더 행복해질 것으로 생각해서 계속 돈만 좇으며 산다면 기대했던 만큼의 높은 행복은 끝내 제대로 느낄 수 없을 것이다. 불교의 가르침처럼 달을 가리키면 달을 봐야 하는데 손가락 끝만 보고 있는 것과 비슷하다. 돈은 목적을 달성하기 위한 수단이지 목적 자체가 아니다. 궁극적인 목적은 행복이며, 행복을 위한 의식적인 실천에 돈이 수단으로 쓰일 수 있는 것이다.

그래도 돈이 중요하지 않은가!

'이스털린의 역설'을 주창한 경제학자 이스털린도 행복에 가장 중요한 요소는 삶의 물질적 조건이며, 돈이 이 조건들을 갖추는 데 필요하다고 인정한다. 그다음으로 행복에 중요한 것은 가정생활, 건강, 직업 환경, 개인 특성에 따른 고려사항들이다. 돈이 너무 없으면 문제다. 개인이 아무리 애를 써도 기초적인 생계 문제를 해결할 수 없다면 사회가 보호해야 한다. 국민세금으로 사회안전망을 만드는 이유다.

돈은 많으면 좋다. 돈으로 할 수 있는 것이 꽤 많고, 돈을 잘 쓰는 법을 배우면 행복감도 높일 수 있다. 그런데 돈을 많이 버는 게 그냥 주어지지는 않는다는 점에서 삶의 균형이 필요하다. 돈이 중요하다고 돈 버는 데만 시간과 노력을 다 쓰고, 돈만 움켜쥐고 있다 보면 건강, 가족, 친구 등에 소홀하게 되고 돈을 지키려는 강박 때문에 행복이 낮아질 수 있다.

앞서 공부했듯이, 돈을 얻고 잃는 것이 행복에 미치는 효과는 사회적 비교와 적응으로 인해 일시적일 가능성이 크다. 돈처럼 흔한 사회적 비교 대상도 없고, 돈은 있으면 있는 대로 없으면 없는 대로 적응하며 살아가기 쉽다. 극단적인 상황이나 취향 문제가 아니라면 부자나 빈자나 어떤 밥상인가의 차이는 있어도 하루 세끼 먹는다.

또한 돈이 아주 많지 않아도 사람들과 좋은 관계를 맺고, 자기가 하는 일에 몰입하고, 남에게 도움을 줄 수 있다. 불행을 피하고 불안을 막을 정도의 돈이 있으면, 돈이 너무 많지 않아도 행복해질 방법은 많다.

여섯 번째 휘게소에서는 현자들의 돈에 관한 조언을 음미해
보자.

돈은 최고의 하인이면서 최악의 주인이다.
(철학자 프랜시스 베이컨, 1561~1626)

돈을 잘 쓸 줄 아는 사람에게 돈만큼 유능한 하인도 없을 것이
다. 그러나 돈이 수단이 아니라 목적이 되어 돈에 집착하고 돈을
숭배하게 되면, 돈이 주인이 되고 내가 돈의 하인이 된다. 돈과
자신이 어떤 관계에 놓여 있는지도 "아는 것이 힘"이다.

빌려주지 않아서 잃는 친구보다 빌려주어서 잃는 친구가 더 많다.
(철학자 아르투어 쇼펜하우어, 1788~1860)

"돈은 앉아서 빌려주고 서서 받는다."라는 말이 있다. 서서 받
으면 다행이고 무릎 꿇고 사정해서 받아야 할 때도 있다. 친구나

지인이 돈을 빌려달라고 할 때 그가 어떤 사람인지, 어떤 상황인지, 나와 어떤 관계인지에 따라 다르겠지만 신중할 필요는 있다. 돌려받지 않아도 큰 피해나 상처는 아닐 정도의 액수만 빌려주고, 잊어버리는 것도 한 방법이다. 돈을 빌려주지 않았다는 것만으로 끊어질 관계라면 끊어지는 것도 나쁘지 않다. 오히려 돈을 빌려주지 않았기 때문에 관계를 오래 지킬 수 있는 경우도 있다.

돈은 인간을 자유롭게 하지만, 지나친 재산은 사람을 노예로 만든다. (철학자 프리드리히 니체, 1844~1900)

돈은 경제적 자유를 준다. 하고 싶지 않은 일을 하지 않을 자유를 주기도 한다. 그런데 재산이 너무 많으면 재산의 노예가 될 수 있다. 재산을 지키려고, 재산을 보고 다가오는 사람들로부터 자신을 지키려고 마음이 묶이게 된다. 현명하지 않은 사람일수록 그렇다. 니체는 누구든지 하루의 3분의 2(잠자는 시간 제외)를 자신을 위해 쓰지 못하는 자는 정치인이든, 사업가든, 관리인이든, 학자든 '노예'라고 했다. 내가 쓰는 시간이 나를 위한 시간인지 내 돈을 위한 시간인지 생각해 보자. 그것이 어떻게 분리되냐고? 그래서 돈과 행복에 관한 공부가 필요한 것이다.

가난은 사람을 현명하게도, 처절하게도 만든다. (극작가 베르톨트 브레히트, 1898~1956)

결핍은 꿈과 열정의 먹이이자 간절한 노력의 동인이 된다. 가난할 때 현명한 살림살이의 지혜가 생긴다. 제약조건이 없다면 경제학의 목적함수 극대화도 쓸모없는 이론이다. 그러나 극심한 가난의 고통을 겪어본 사람은 알겠지만, 기본적인 생계조차 위협받는 상황에서는 희망을 갖는 대신 절망에 압도된다. 모든 사람을 이 처절함과 비참함에서 구하는 데 돈이 쓰여야 한다.

나의 인생 여정은 전적으로 돈에 무관심했다. 그 결과, 나는 내 내면이 진정으로 원하는 일을 했고, 그랬더니 엄청난 돈이 내게 흘러들어왔다. (신화학자 조지프 캠벨, 1904~1987)

돈을 좇는 사람에게서 돈이 멀리 도망간다는 말이 있다. 처음에는 그런 사람이 돈을 더 버는 듯 보일 수도 있다. 그러나 그는 돈을 기준으로 이리 기웃 저리 기웃하면서 실력을 쌓지 못하고 좋은 평판을 얻지도 못한다. 음식점도 바가지를 씌우는 주인보다 내공 있는 음식을 내놓는 주인이 결국 돈을 더 번다. 내가 좋아하고 잘하는 일에 집중하여 세상 사람들이 나를 찾게 만들면 돈은 자연스럽게 따라온다.

남의 돈에는 날카로운 이빨이 있다. (러시아 속담)

어려운 상황에서 사채를 써본 사람은 높은 이자 때문에 고생한 기억이 있을 것이다. 대개의 경우 남이 그냥 주는 돈도 공돈이 아니다. 호의든 청탁이든, 남이 돈을 줄 때는 대가를 치르게 된다는 점을 명심해야 한다. 남이 주는 돈을 받아도 될지 판단이 필요할 때는 내가 가진 지위, 권력, 명성 등 모든 것이 사라진 상황에서도 내게 돈을 주려고 했을까를 생각해 봐야 한다. 그리고 TV

저녁 뉴스에 내가 돈을 받은 것이 아무런 해명 없이 보도되어도 괜찮은지를 생각해 봐야 한다. 공돈과 교도소는 멀리 있지 않다.

부자가 되는 쉬운 방법이 있다. 내일 할 일을 오늘 하고, 오늘 먹을 것을 내일 먹어라. (탈무드)

부동산, 주식, 코인 투기 등으로 큰돈을 버는 걸 보고 일확천금을 꿈꾸는 사람들이 있다. 일하고 저축해서 돈을 모으는 건 '티끌 모아 티끌'이라며 우습게 여긴다. 젊을 때부터 돈이 생기면 소셜미디어나 주변의 영향을 받아 차, 명품, 해외여행 등 '모방 소비'에 거의 다 쓰는 사람도 있다. 그러나 평안하고 여유로운 노후를 보내는 사람은 일확천금을 꿈꾸거나 허영에 젖었던 자일까? 아니면 티끌을 차근차근 모았던 자일까? 인구는 매우 적지만 세계적인 거부들과 큰손 기부자들을 배출해 온 유대인의 오랜 지혜가 담긴 『탈무드』에서도 근면과 저축을 부자 되는 방법으로 가르치고 있다. 세계 제일의 장사꾼 기질을 가졌고 돈에 진심인 유대인이 후손들에게 이렇게 가르치고 있는 데는 이유가 있다. 티끌을 오래 모으면 그냥 티끌일 수가 없다. 눈밭에서 굴리는 눈덩이가 커지듯 저축액은 복리로 늘어난다. 그리고 진짜 좋은 투자 기회가 찾아올 때 내 눈덩이가 있어야 기회도 잡을 수 있다. 또한 저축으로 노후 대비 연금을 늘린 사람이라야 장수를 축복으로 여길 가능성이 크다.

일과
행복

7장. 직업 선호도와 직업 만족도

자기 일에 만족한다는 대답은 뜻밖의 직업에서도 많이 나온다.

SKY 캐슬

"우리 딸은 나중에 뭐가 되고 싶니?"

"의사."

"정말? 아이고~ 아빠한테 얘기해야겠네~"

(여기서 딸을 아들, 아빠를 엄마로 바꿔도 자녀의 장래 희망에 대해 부모가 흥분한 맥락은 같다.)

드라마 〈SKY 캐슬〉(2018)에서 한서진은 딸 예서를 서울 의대에 보내려고 안간힘을 쓴다. 카리스마 넘치는 입시 코디네이터는 이 의뢰인 학부모를 만족시키기 위해 결국 선을 넘는다. 드라마 시청자 게시판에 올라온 글들은 한서진의 욕망을 이해하고 그 '꺾이지 않는 마음'에 공감하는 사람이 많음을 보여줬다.

한국에서 의사는 대표적인 선망 직업이다. 의대에 가기 위해 SKY로 상징되는 명문대를 포기하거나 반수, 재수, 삼수, N수를 하는 비율이 꽤 높다는 데서도 알 수 있다. 부모가 자녀에게 기대하는 직업 순위에서도 의사는 대체로 5위 안에 들어간다.

학부모와 학생의 직업 선호도

한국직업능력개발원(현 한국직업능력연구원) 조사 결과에 따르면, 2012년에 학부모가 자녀 희망 직업으로 의사를 꼽은 비율은 초등학교 18퍼센트(1위), 중학교 13퍼센트(2위), 고등학교 7퍼센트(4위)였다.[54] 2017년에 해당 비율은 초등학교 7퍼센트(3위), 중학교 5퍼센트(3위), 고등학교 3퍼센트(5위)였다.

여기서 두 가지를 봐야 한다.[55]

첫째는 의사의 수, 또는 전국 의대 정원에 비해 부모가 자녀 직업으로 의사를 바라는 비율이 너무 높다는 점이다. 2020년 한국직업사전(통합본 제5판) 기준으로 우리나라 직업 종류는 (명칭만 다르고 유사한 것들을 하나로 합쳤을 때도) 총 12,823개에 달했다. 이에 비해 학부모가 희망하는 자녀의 직업은 교사, 의사, 공무원 등 소수의 직업에 너무 쏠려 있다. 학부모의 10개 직업 쏠림 비율은 2012년에 초등학교 64퍼센트, 중학교 58퍼센트, 고등학교 57퍼센트였다. 같은 해에 학생들의 장래 희망이 10개 직업에 쏠린 비율(초등학생 62퍼센트, 중학생 51퍼센트, 고등학생 47퍼센트)이 오히려 부모보다 낮았다. 부모는 자녀보다 다양한 직업군의 존재를 조금은 더 알 법도 한데, 열망의 쏠림은 자녀보다 심했던 셈이다.

둘째는 그래도 변화의 조짐은 보인다는 점이다. 자녀의 직업으로 의사를 희망한 학부모의 비율이 2012년에 비해 2017년에는 꽤 줄었다. 학부모의 10개 직업 쏠림 비율도 2017년에는 초등학교 44퍼센트, 중학교 44퍼센트, 고등학교 34퍼센트로 2012년보다는 줄었다. 학생들의 장래 희망 직업에서도 쏠림 현상은 2007~2017년 조사에서 점차 줄어들어 왔다.

10대 자녀를 둔 학부모들은 주로 지나온 20년의 노동시장 경험과 동창들 소식, 주변에서 본 것에 기초해서 자녀의 장래 직업에 대한 바람을 갖는다. 그러나 자녀들은 앞으로 다가올 40년 이상을 염두에 두고 진로를 찾고 준비해야 한다. 장래 직업까지 정해주는 부모의 구체적인 조언은 큰 도움이 되지 않을 수 있다. 다만 학부모와 학생의 희망 직업이 근간에 조금 다양해지고 있다는 점은 고무적이다. 그만큼 변화의 속도가 빨라진 시대라는 것이다.

2022년 희망 직업 순위에서도 변화가 느껴진다. 개인 방송을 제작하는 크리에이터가 초등학생 희망 직업 3위로 등장했고, 프로게이머 대신 웹툰 작가가 10위권에 올랐다. 인공지능 붐을 반영해 중·고등학생 희망 직업에서는 컴퓨터공학자·소프트웨어 개발자가 모두 5위까지 올랐다(참고로 이 직업이 2020년 조사에서는 중학생에게서 10위, 고등학생에게서 8위였다). K-뷰티의 유행과 미용 콘텐츠 송출이 늘어나면서 뷰티디자이

너도 중·고등학생의 희망 직업으로 부상했다. 10대 직업 쏠림 비율은 2022년에 초등학생 48.7퍼센트, 중학생 41퍼센트, 고등학생 36.3퍼센트로 15년 전인 2007년에 비해 상당히 낮아졌다.[56]

재직자의 직업 만족도

자, 이제 행복의 관점에서 이 문제를 보자. 어떤 직업을 선망하는 것도 그 직업을 가지면 다른 직업을 가질 때보다 행복할 거라고 기대하기 때문이 아니겠는가. 그런데 내가 어떤 직업을 실제로 가져서 충분히 일해보기 전까지 그 직업이 다른 직업보다 나에게 행복을 가져다줄지 어떻게 알 수 있을까?

한 가지 간접적인 방법은 각 직업에 실제로 종사하고 있는 사람들이 자기 직업을 어떻게 느끼고 있는지, 예컨대 직업에 대한 만족도가 어느 수준인지 조사한 자료를 참고하는 것이다. 주의할 점은 해당 직업 종사자는 이미 그 직업이 요구하는 적성과 능력을 적어도 웬만큼은 갖추고 있으므로, 내가 그 직업을 가졌을 때 그와 유사한 만족감을 느낄 것인지는 정확히는 알 수 없다는 것이다.

그래도 종사자들의 직업 만족도가 평균적으로 높다는 것은 내가 그 일을 하게 됐을 때의 행복감에 대해 긍정적인 신호일 수 있다. 가령 현업 의사들의 직업 만족도는 어떨까? 현재 하는 일에 대한 전반적인 만족도가 꽤 높지 않을까?

흥미롭게도 그렇지 않게 조사된 때도 있었다. 2006년에 우리나라 170개 주요 직업에 종사하는 4,343명을 조사한 결과, 의사의 직업 만족도는 5점 척도에서 2.84점에 불과했다.[57]

왜일까? 업종이 많다 보니 한 직업당 30명 넘게 조사하기 어려운 사정 탓에 조사 대상자의 직업 대표성이 부족했을 수 있다. 또 다른 이유를 생각해 보자면, 의사라고 다 자기 일이 적성에 맞고 만족스러울 수는 없다. 병원 문턱이 낮은 편인 우리나라에서 의사들은 매일 정말 많은 환자를 진료하는데, 아픈 사람들을 계속 만나는 일은 고되고 피곤하며 스트레스가 쌓이기 마련이다. 측은지심, 인내심, 체력이 없으면 아무리 환자 수가 돈이라고 해도 얼굴이 펴지지 않을 것이다. 의사도 성정에 맞아야 자기에게 좋은 직업이다.

앞의 조사에서 만족도 순위 최상위를 차지한 직업은 사진작가(4.60점), 작가(4.48점), 항공기 조종사(4.45점), 작곡가(4.44점), 바텐더(4.36점) 등이었다. 주로 일 자체가 재미있거나 자율성이 높거나 자기 이름이 남는 창작물을 만드는 직업들이었다.

이처럼 직업 선호도와 직업 만족도는 꽤 다를 수 있다.

2012년 기준으로 고등학생의 선호도가 높은 직업은 교사, 공무원, 경찰관, 간호사, 회사원 순으로 학생들 눈에 많이 띄는 직업들이었고, 같은 해 기준 학부모 선호 직업은 공무원, 교사, 의사, 판검사, 한의사 순으로 안정성이나 소득이 높은 직업들이었다.

한편 재직자의 전반적 만족도가 높은 직업은 2011년 한국 고용정보원 조사에서 초등학교 교장, 성우, 상담전문가, 신부 (천주교 사제), 작곡가, 학예사(큐레이터) 순이었다.[58] 이 조사에서 전반적 만족도는 자기 직업의 사회적 기여도, 지속성, 발전 가능성, 업무 환경과 시간적 여유, 직무 만족도를 종합한 점수로 측정했다. 즉, 소득이 높지 않더라도 자부심을 가질 수 있고 발전이 예상되며 일과 생활의 균형이 가능한 직업은 만족도가 높게 나타났을 것이다.

참고로 미국에서 재직자 만족도가 높은 직업(시카고대학의 2007년 직업 만족도 조사)은 성직자, 물리치료사, 소방관, 교육자, 조각가, 교사, 작가 순이었다. 이처럼 남을 돕거나 타인의 정신세계에 영향을 미치거나 작품을 창조하는 직업들도 재직자의 만족도가 높았다.

(범죄 등과 관련되지 않은) 거의 모든 직업은 나름의 방식으로 사회에 공헌하며 사람들은 일을 통해 보람을 느낄 수 있다. 소득, 안정성, 위상과 같은 외적 조건이 높은 의사라는 직업도 내적 보람이 만족도의 바탕이 될 수 있다.

재직자의 종합적인 직업 평가

최근의 직업지표 연구에서는 각 직업의 재직자가 직업에 관한 매우 다양한 측면들을 평가한 결과를 종합하여 산출한 결과를 발표하고 있다. 2019년에 한국직업능력개발원이 8대 영역(입직 요건, 직무 특성, 직무 능력, 근무 여건, 소득, 고용 안정, 전망, 직업 가치)의 41개 문항에 대한 재직자 평가를 평균하여 종합적인 직업 평가를 산출했다. 399개 직업을 대상으로 직업당 40명 이상 총 1만 6,169명을 조사한 결과다.[59]

여기서 종합적인 직업 평가 상위에는 한의사, 의사, 약사, 수의사, 치과의사 등 의약 분야의 선망 직종이 올랐다. 고학력 전문직으로 소득과 고용 안정 등에 대한 평가가 높고, 고령화에 따라 수요가 증가할 것이란 전망에 기인한 것으로 보인다. 최근에 의약 계열 학과의 진학 열망이 더 커진 이유이기도 할 것이다.

한편 응용 소프트웨어 개발자, 가스·에너지 기술자 및 연구원, 로봇공학 기술자 및 연구원, 통신 및 방송송출 장비 기사 등도 직업에 대한 종합평가가 높게 나타났다. 4차 산업혁명 시대에 관련 기술을 가진 전문직들이 자기 직업을 좋게 보는 것이다.

그 외에도 항공기 조종사, 변호사, 관제사, 변리사, 세무사, 손해사정사, 판사 및 검사, 투자 및 신용 분석가 등도 종합평가 20위 안에 들었다. 국민의 생활 수준이 높아지고 사회가 복잡해진 만큼 전문직 서비스와 공공 법률 서비스에 대한 수요 증가를 전망하기 때문일 것이다.

이처럼 직업의 특성을 다양한 측면들로 쪼개어 각 항목에 대해 재직자들이 평가한 결과를 종합하면, 주로 높은 학력, 높은 숙련 수준, 따기 힘든 전문자격증을 요구하는 직업들이 상위에 오른다. 의사가 전반적인 만족도 하위를 기록했던 조사 결과와는 상당히 다르다. 학생이나 학부모의 직업 선호도와 일치하는 부분이 일부 있지만 다른 부분도 많다.[60]

한편 2020년 코로나19 상황에서 한국고용정보원이 조사한 직업 만족도 상위 30개에는 각 진료과목의 의사, 한의사, 보건교사 등 보건·의료직이 15개로 절반을 차지했다. 이는 이 조사에서 의사를 전문 진료과목에 따라 나누어 별개의 직업으로 자세히 구분했기 때문이다. 이처럼 직업을 어떻게 분류하는지에 따라서도 직업 만족도의 판세가 달라 보일 수 있다.

그런데 이 조사에서 고소득 전문직인 의사를 제치고 직업 만족도 1위를 한 것은 철학연구원이었다. 철학 공부가 내적 만족도가 높을 수도 있겠지만, 연 수입이 평균 7,411만 원으로 조사된 걸 보면 대학원에서 철학 관련 학위를 받은 후에 밥벌이를 제대로 하는 사람들이 응답했을 것이다. 또한 철학연구원의 직업 만족도 순위가 2019년에는 24위였던 것을 볼 때, 표본 수가 적다 보니 조사 시기별 변동성이 크다는 것을 알 수 있다.

직업 만족도는 스펙 평가일까? 일할 때의 행복일까?

이처럼 재직자의 직업 만족도가 조사 때마다 상당히 달라지는 이유는 직업을 자세히 분류할 경우 워낙 직업의 종류가 많아 직업별로 대규모의 표본 확보가 힘든 것도 있다. 그런데 근간에 발표된 직업 평가나 직업 만족도 조사에서 고소득 전문

직이 상위권을 많이 장악하는 데는 평가 점수를 어떻게 산정했
는지가 결정적인 영향을 미친다.

가령 2019년 재직자의 종합적인 직업 평가[61]에 사용된
41개 항목은 다음과 같다. 1) 학력, 2) 전공, 3) 자격증(면허),
4) 외국어 능력, 5) 직업훈련, 6) 실무경험, 7) 업무 복잡성, 8)
융합성, 9) 전문성, 10) 변화속도, 11) 공동작업, 12) 육체노
동, 13) 정신노동, 14) 감정노동, 15) 도구조작, 16) 자료분석,
17) 대인관계, 18) 리더십, 19) 창의성, 20) 공감 능력, 21) 비
판적 사고력, 22) 근로시간, 23) 업무 유연성, 24) 일-가정 균
형, 25) 경력단절 복귀, 26) 양성평등, 27) 위험성, 28) 쾌적성,
29) 소득수준, 30) 경력인정, 31) 소득만족, 32) 고용유지, 33)
평생직업, 34) 이직 용이, 35) 자영업 적합, 36) 일자리 수 변
화, 37) 직업평판, 38) 사회공헌, 39) 직무만족, 40) 추천의향,
41) 소명의식.

고소득 전문 직종 재직자에게서 직업 평가가 높게 나올 수
밖에 없는, 이른바 '스펙'과 관련된 항목들이 매우 많이 포함되
어 있다. 2006년 직업 만족도 조사 때 상위권에 있었던 사진작
가, 작가, 작곡가, 바텐더, 성직자, 플로리스트, 경호원, 물리치
료사, 작업치료사, 기자, 특수교사 등은 이 기준에서 사라진다.
2011년 조사에서 전반적 만족도가 매우 높게 나온 초등학교
교장, 성우, 큐레이터, 국악인, 놀이치료사, 웃음치료사, 작사가
등도 사라진다.

이처럼 직업의 특성들을 분해해서 각 항목의 수준이 얼마

나 높게(위험도 등은 낮게) 평가되고 있는지를 조사하는 것으로 "일하면서 얼마나 행복감을 느끼는가?"를 알 수 있을까? 우리의 목적이 각 직업의 재직자들이 자기 일에서 느끼는 행복감의 평균값을 아는 것이라면, "하시는 일에 전반적으로 얼마나 만족하십니까?"와 같은 직접적인 질문이 나을 수도 있다. 이는 어떤 사람이 행복한지를 알기 위해 그 사람의 온갖 신상을 조사해서 평가하고 종합하는 것보다 "전반적으로 얼마나 행복하십니까?"라고 물어보는 것이 나을 수도 있는 것과 비슷하다.

시대와 상황에 따라 인기 직종이 달라진다는 점도 새삼 명심할 필요가 있다. 한국 사회의 인기 직종에는 1960년대에 공무원, 타이피스트(타자기 사무원), 스튜어디스, 1970년대에 금융계 종사자, 건설 노동자, 전당포 업자, 1980년대에 광고 기획자, 통역사, 운동선수, 1990년대에 외환 딜러, 프로그래머, 인터넷 전문가 등이 꼽혔다.[62] 이 중 지금은 사라진 직업도 있다는 사실을 금방 알아챘을 것이다. IMF 외환위기 이후 고용 안정성과 연금 때문에 인기가 높던 교사와 공무원도 지금은 선호도가 전과 같지 않다. 사람들이 다 부러워하는 평안감사도 저 싫으면 그만이라는 말이 있는데, 조선시대의 평안감사도 속담에만 남았다.

기술과 사회의 변화 속도는 더 빨라지고 있다. 급격한 고령화라는 인구구조 변화까지 가세하고 있기에 앞으로 한국 사회에서 직업 세계의 지각 변동은 지금까지의 경험으로 예상할 수 있는 수준을 뛰어넘을 것이다. 현재의 직업 위세보다 전망을 봐야 하고, 그러기 위해서는 공부가 필요하다.*

　　결국 이런 조사 자료들은 다양한 직업 세계에 관한 정보를 얻기 위해 가볍게 참고하는 정도가 좋다. 직업의 전망도 현직에 있는 사람들이 주관적으로 예상하는 바를 바탕으로 한 것이다. 앞으로 그 직업을 선택하려는 미래세대에게는 적용되지 않을 수도 있다.

　　또한 어떤 직업이나 전공을 가진 주변 사람의 이야기에 너무 빠져드는 것도 곤란하다. 괜찮아 보이는 것과 나에게 맞는 것은 별개의 문제이기 때문이다.

진로 변경과 진로 유턴

　　내 지인 중에는 경제학과 재학생인 기숙사 룸메이트의 영향을 받아 치의예과를 그만두고 재수해서 같은 대학 경제학과에 입학한 사람이 있다. 그가 자신의 선택에 지금도 만족하고 있는지는 확인해 보지 않았다. 참고로 내 경제학과 선배 중에는 졸업 후 다시 수험생이 되어 한의대에 간 사람도 있다. 그리고 지금 내가 있는 학교의 동료 교수 중에도 과를 옮겨 전공을 바꾼 사람이 꽤 있다. 학사, 석사, 박사 전공이 모두 다른 사

●　　예를 들어 한국직업능력연구원 홈페이지에서 검색어를 '직업지표'로 해서 발간자료들을 찾아 직업의 현재와 미래, 그리고 학력별, 전공별, 경제활동상태별 직업 탐색 조언을 자기 사정에 맞게 살펴보자.

람도 있다. 이런 진로 변경과 진로 유턴은 밖에서 바라봤던 전공이나 직업이 안에 들어와 경험해 보면 생각했던 것과는 매우 다를 수 있다는 점을 말해준다.

한국에서 대졸자가 자기 전공 분야에서 일하지 않는 비율은 약 50퍼센트나 된다. 핀란드 대졸자의 전공과 직업 불일치 비율은 한국의 절반 수준이다. 우리는 원하는 대학이나 학과에 진학하기 위해 입시에 재도전하는 경우를 제외하면 고등학교를 마치고 곧바로 대학에 가는 게 아직 보편적이다. 북유럽처럼 자기가 필요한 때에 필요한 것을 얻기 위해 대학에 가는 사례가 좀 더 많아지면 앞으로는 달라질 것이다.

그런데 지금과 같은 한국의 대학 진학 행태가 계속되는 동안에는 대학 입학 당시의 전공 선택과 전공 변경을 가능하면 유연하게 허용할 필요가 있다. 인구, 기술, 경제 등의 변화가 급속해진 상황에서는 더욱 그렇다. 또한 초·중등교육 단계에서는 너무 성급하게 진로를 확정 짓고, 그것 아니면 안 된다고 생각하기보다 앞으로 내 진로는 여러 차례 바뀔 수 있다고 생각하는 편이 낫다.

아, 그럼 행복한 삶을 위한 진로 선택은 어떻게 하면 좋을까? 실제로 가보기 전에는 다 모르는 길 아닌가! 남들이 많이 원하는 걸 나도 준비하는 게 나을까? 내가 좋아하는 것과 잘할 수 있는 것 중에는 뭘 우선시하는 게 좋을까? 직업과 직장을 선택할 때 뭘 고려해야 할까? 도대체 일은 사람에게 무슨 의미일까?

다음 8장과 9장에서 이에 관해 생각해 보자.

"오늘 퇴사합니다"-결정 효용과 경험 효용

일곱 번째 휘게소의 벽에는 '퇴사학교' 안내문이 붙어 있다. 입사를 위해 그렇게 애쓰더니, 사원증을 목에 걸고 그렇게 기뻐하더니 얼마 다니지 않고 퇴사하는 젊은 사람들이 많다. 남들이 부러워하는 직장에 들어간 사람도 이렇게 빨리 그만두는 이유는 무엇일까? 취업 준비를 그렇게 열심히 해왔던 걸 보면 힘든 걸 못 참거나 게으른 성격은 아닌데 말이다.

우리의 삶은 크고 작은 의사결정의 연속이다. 버지니아 공대에 있는 팸플린 경영대학의 연구에 의하면, 미국인은 평균적으로 아침에 눈 떠서 밤에 잠들 때까지 약 3만 5,000회의 결정을 내린다고 한다. 이 중에는 어떤 셔츠를 입을 건지, 점심으로 뭘 먹을 건지와 같은 일상적인 의사결정도 있고, 대학에 갈 건지, 어느 학과에 지원할 건지, 어느 회사에 들어갈 건지 같은 중요한 의사결정도 있다.

그런데 많은 의사결정은 그 결정이 가져오는 결과를 알게 되는 시점에서 상당히 떨어진 상태에서 이루어진다. 따라서 결정 시점에서 미래에 어떨 거라고 예상한 것과, 실제 그 결정의 결과로 경험한 것은 다를 수 있다.

행동경제학의 선구자인 대니얼 카너먼은 결정 시점에서의 '결정 효용'(미래에 관한 의사결정을 위해 지금 예측한 효용)과 실제 경험한 후에 느끼는 '경험 효용'(유쾌 및 불쾌를 겪으면서 얻는 효용)은 다르다는 점을 여러 실험을 통해 증명한 바 있다.

직장 선택에 관한 의사결정에서도 그 직장을 목표로 준비할 때 예상했던 만족도와 실제 그 직장에 들어간 후에 느끼는 만족도는 다른 경우가 많다. 직장을 선택할 때 무엇을 고려했는지도 예상 만족도와 경험 만족도의 괴리에 영향을 준다.

사람들은 숫자적 비교가 가능한 양적 차이는 과대평가하고 질적 차이는 과소평가하는 경향이 있다.[63] 직장을 선택할 때 월급 차이는 과대평가되고, 업무 만족도 차이는 과소평가될 수 있다. 직장의 규모나 재계 서열은 과대평가되고, 직장 분위기나 조직 문화는 과소평가될 수 있다. 양적 차이는 다른 곳과 객관적으로 비교하기 쉽고 서열도 매길 수 있지만, 질적 차이는 주관적이라 선택 기준에서 밀릴 수 있다.

직장뿐 아니라 대학과 학과를 고를 때도 마찬가지다. 진학 배치표에서 대학 및 학과의 기존 위상과 예상 합격선 점수라는 양적 차이가 내 적성과 발전 가능성 등의 질적 차이보다 중요하게 고려되는 경우가 흔하다. 배치표에서 자신의 수능 성적으로 갈 수 있는 곳을 기준으로 진학을 결정했을 수능 정시전형 입학생

의 제적률이 높고 대학 학점이 낮은 경향도 이와 무관하지 않을
것이다.[64]

직장 및 직업 선택의 기준이 연봉, 기업 규모, 재계 서열 등 양
적 요소에 치우치게 되면 입사를 준비할 당시의 결정 효용과 입
사 후의 경험 효용이 괴리되기 쉽다. 이는 앞에서 본 직업 선호도
조사(학생과 학부모 대상)와 직업 만족도 조사(재직자 대상) 결과를
비교했을 때 발견되는 차이에도 영향을 주었을 것이다. 선호도
가 높은 직업군(보수가 높지만 스트레스가 큰 전문직 중심)과 만족도
가 높은 직업군(보수가 낮아도 사회적 공헌감과 자율성이 높은 직업
이 다수 포함)은 상당히 다르게 나타났다.

특정 직업에서 느끼는 정신적 스트레스는 경험해 보기 전에는
제대로 알 수 없는 것이다. 재직자가 평가한 자기 직업의 정신적
스트레스의 정도(빈도) 상위권에는 고소득 선망 직종들이 대거
포진해 있다. 실적이나 마감 시간의 압박을 느끼는 애널리스트,
프로듀서, 외환딜러, 프로게이머, 카지노딜러, 만화가, 쇼호스트,
금융자산운용가 등이 정신적 스트레스가 가장 빈번하다고 평가
된 직업이었다. 회계사, 기자, 의사 등의 정신적 스트레스도 매우
빈번했다.

어렵게 들어간 직장이나 힘들여 얻은 직업을 얼마 못 가 그만
두는 일이 없도록 준비 단계부터 잘 알아보고, 자기와 맞을 것 같
은지 생각해 봐야 한다. 같은 일을 하더라도 업무 만족도나 정신
적 스트레스는 사람마다 다를 수 있다. 연봉이 얼마인지 못지않
게 내가 견뎌내고 즐길 수도 있는 일인지가 중요하다.

혹시 "오늘 퇴사합니다"의 주인공이 자신이라면, 다음 목적지를 선택할 때는 판단 기준을 좀 넓혀서 생각해 보자. 같은 일을 되풀이할 '프로 퇴사러'가 되지 않으려면 말이다. 특히 직업을 돈을 위해 참아내야 하는 인생의 노역이라고 생각하지 않는다면 말이다.

8장. 일의 의미

일은 밥벌이나 자기실현의 수단일 뿐 아니라 항불안제다.

노역, 출세 수단, 소명

지금 내가 하는 일은 다음 중 무엇에 가장 가까운가?[65]

① 노역   ② 출세 수단   ③ 소명

여기서 일은 직장일, 자영업, 서비스노동, 가사노동 모두를 포함한다.

첫째, '노역'은 그야말로 먹고살기 위해 하는 일이다. 힘들어도 해야 하는 밥벌이, 돈벌이, 생존을 위한 노동이다. 직장인이라면 월급날과 휴일만 기다린다. 아무리 보수가 높은 일이라도 돈만 보고 참으며 일한다면 고급 노역이다.

둘째, '출세 수단'은 승진, 명예, 권력 등 일 바깥에 있는 보상을 기대하며 하는 일이다. 아니꼽거나 당장 보수가 적어도

높이 올라갈 미래를 위해 참는다. 작가가 오직 유명해지는 것을 목표로 자신을 괴롭혀가며 즐겁지 않은 글쓰기를 한다면 그건 출세 수단이다.

셋째, '소명'은 일 자체를 스스로 원하고 자아실현과 특권으로 여기는 것이다. 월요병과는 거리가 멀고, 일하면서 자주 몰입감을 느낀다.

이 셋 중 어떤 일을 직업으로 갖게 되면 일이 행복한 삶에 보탬이 될까? 인생에는 정답이 없다고 하지만 이 질문에 대해서는 '모범' 답안(③)이 있고, 대부분 수긍할 것이다.

하버드 대학에서 긍정심리학을 가르친 탈 벤 샤하르는 '소명'으로서의 직업을 찾고 싶어 하는 사람들에게 다음 세 가지 질문을 권한다.[66]

무엇이 나에게 '의미'를 주는가?
무엇이 나에게 '즐거움'을 주는가?
나에게 어떤 '강점'이 있는가?

그동안 살아오면서 자신이 경험하고 느꼈던 것을 바탕으로 세 가지 질문에 대한 답을 각각 최대한 여러 가지씩 생각해서 적은 다음 답들의 공통분모를 찾아본다. 그렇게 찾아낸 일(그런 성격을 가진 직업군)은 자기에게 의미와 즐거움을 줌으로써 좋아할 수 있을 뿐만 아니라 자기에게 강점이 있는 일이므로 잘할 수도 있다.

좋아하는 일과 잘하는 일

나는 진로 고민이 많을 대학생에게 다음과 같이 질문해 봤다. 국제 비교를 위해 한국·중국·일본·미국의 대학생에게 각각 물어봤다.[67]

직업은 자신이 좋아하는 일인지의 여부와 잘하는 일인지의 여부에 따라 다음 네 가지 유형으로 나눌 수 있습니다. 귀하께서 희망하는 직업과 향후 가지게 될 가능성이 큰 직업은 각각 어떤 일이라고 생각하십니까?

① 좋아하면서도 잘하는 일
② 좋아하지는 않지만 잘하는 일
③ 좋아하지만 잘하지는 못하는 일
④ 좋아하지 않고 잘하지도 못하는 일

먼저 희망하는 직업은 4개국 대학생 모두 '① 좋아하면서도 잘하는 일'을 제일 많이 꼽았다. 한국 대학생은 그 비율이 87퍼센트로 그중에서도 가장 높았다. 한국 청년들도 대부분 소명으로서의 직업을 바란다는 얘기다.

그러면 향후 갖게 될 가능성이 큰 직업에 대해서는 어떻게 답했을까? '① 좋아하면서도 잘하는 일'을 하게 될 가능성이 크다고 응답한 비율은 한국 대학생이 28퍼센트로 가장 낮았다 (이 비율은 미국 대학생이 52퍼센트로 가장 높았다).

한국 대학생의 50퍼센트는 '② 좋아하지는 않지만 잘하는 일'을 하게 될 가능성이 크다고 응답했다. 왜 절반이나 되는 한국 청년이 그런 선택을 하게 될 거라고 예상했을까?

첫째, 치열한 경쟁을 느끼게 하는 사회에서 잘하는 일을 해야 그나마 생존할 수 있다는 생각일 수 있다.

둘째, 좋아하는 일은 나중에 취미로 하고, 돈벌이는 잘하는 일로 하는 것이 낫다는 생각일 수도 있다(좋아하는 일을 막상 직업으로 갖게 되면 스트레스를 받을 거라고 생각하기도 한다).

셋째, 직업관에도 물질주의와 비교성향이 강하게 작용해서 물질적으로 비교가 되는 외재적인 보수와 안정성을 중시하고 일 자체에 대한 내재적인 만족감은 경시했을 수도 있다(첫째와 둘째의 추측과도 관련이 있다).

그런데 자기 분야에서 성공해 청년들의 멘토 반열에 오른 명사들은 흔히 이렇게 말한다. 젊었을 때는 좋아하는 일에 먼저 도전하라고! 처음부터 잘하지 못하더라도 자기가 진짜 좋아하는 일이라면 꾸준하게 해보라고. 그러다가 실력이 늘고 때가 맞아 잘 풀리면 성공할 것이고, 혹시 잘 안 풀리더라도 좋아하는 걸 하는 동안은 즐겁지 않았냐고. 그런데 좋아하지 않는 일은 꾸준하게 하지 않을 것이므로 성공 확률이 처음부터 낮지 않냐고.

이런 말을 들으면 재미있는 일부터 해보려는 기질을 가진 '대뇌피질 좌파'들의 가슴이 뛴다. 그러나 당장 잘하는 일이나 안정적인 진로를 통해 미래의 불안 요인을 없애고 싶은 '대뇌피질 우파'들은 좀 힘들다.

이 부분은 정말 정답이 없다(고 생각한다). 일의 선택에서 억지로 본성을 거스르면 집중하기 어렵다. 지겹거나 불안하다.

피질 좌파에게

피질 좌파에게 진로와 관련해 조언하고 싶은 것이 있다.

자신의 의지와 노력에 따라 달라질 수 있는 부분은 낙관적으로 생각하되 통제할 수 없는 외부 환경에 대해서는 보수적인 전망을 견지하라는 것이다. 그런 낙관성이 없으면 도전 자체가 불가능하지만 또 그런 보수적 전망이 없으면 실패 위험이 커진다.

그리고 열심히 꾸준히 도전해 봤는데 아니라는 생각이 들면 실패라고 생각하지 말고 계획을 수정하라고 얘기해 주고 싶다. 불충분한 것은 누구도 탓하지 말고 계속 바꿔나가는 수정의 기술이 중요하다. 이런 말들을 떠올리자.

"신을 웃게 하고 싶으면 너의 계획에 관해 얘기하라."
(우디 앨런, 미국의 영화감독)

"계획은 중요하지 않다. (거듭해서) 계획을 세우는 것이 중요하다."(드와이트 아이젠하워, 장군 출신의 미국 34대 대통령)

피질 우파에게

피질 우파에게 해주고 싶은 말도 있다.

밥벌이의 위대함에 자부심을 품으라는 것이다. 『밥벌이의 지겨움』이라는 수필집에서 김훈 작가는 젊었을 때 먹고사는 생존에 대한 공포가 너무 커서 사랑이나 이념은 생각할 겨를이 없었다고 고백한다. 가정을 이룬 후에는 가족을 지키기 위해 밥벌이를 해야 한다.

> 전기밥통 속에서 밥이 익어가는 그 평화롭고 비린 향기에 나는 한평생 목이 메었다. 이 비애가 가족들을 한 울타리 안으로 불러 모으고 사람들을 거리로 내몰아 밥을 벌게 한다. 밥에는 대책이 없다. 한두 끼를 먹어서 되는 일이 아니다. 죽는 날까지 때가 되면 반드시 먹어야 한다. 이것이 밥이다. 이것이 진저리 나는 밥이라는 것이다.[68]

EBS 〈극한직업〉에 등장하는 갖가지 일들과 SBS 〈생활의 달인〉에 소개되는 각 분야의 숨은 장인들을 볼 때마다 나는 그 진저리 나는 밥과 가족을 위해 묵묵히 일하는 사람들의 모습에 숙연해진다. 사실 거창해 보이는 정치, 외교, 경제, 과학, 기술, 국방 모두 기본적으로는 각 가정의 평화로운 밥을 보장하기 위해 존재하는 것이다.

그리고 세상이 안전하고 안정적으로 돌아가는 것은 우리 사회에 피질 우파들이 있기 때문이다. 재미보다는 책임을 중시하고, 만약의 사고나 비난을 피해 꼼꼼하게 일하며, 다른 곳에 기회가 보여도 장기근속을 택하는 사람들이 장인도 되고 달인도 되고 믿음직한 가장도 된다.

청년에게

진로를 고민하는 청년에게는 직업과 직장을 선택할 때 간과하기 쉬운 점을 얘기해 주고 싶다.

과대평가되기 쉬운 것은 주로 보수와 난이도다. 일에 대한 경험이 없는 초심자에게는 소위 '꿀 빠는' 직업, 즉 보수는 높고 하기는 쉬운 일이 최고로 보인다. 사실 그런 일이 많지는 않다. 이런 기준으로 2015년 미국에서 최고의 '꿀 빠는' 직업으로 선정된 것은 보험계리사actuary였다. 물론 자격증을 따는 건 쉽지 않다. 적성에 맞는가도 문제다.

과소평가되기 쉬운 것은 자신과 일의 궁합이다. 내가 잘하고 좋아하는 일인지, 몰입감을 느끼며 성장할 수 있는 일인지, 타인에게 도움이 되는 보람을 느끼는 일인지, 좋은 동료들이 있는지, 긴 근로 시간, 긴 통근 시간, 불공평한 보수 등 중요한 단점들은 없는지, 내가 추구하는 개인적 삶과 맞는지 등이다.

요즘 청년 세대가 일과 가정의 양립을 넘어 일과 가정과 (개인) 생활의 삼립을 추구하는 것은 어쩌면 바람직한 방향이다. 밥벌이 외에 좋아하는 일을 하면서 살 수 있는 경력을 꿈꾼다. 저성장·저고용 시대에 잘못 물린 불운은 있지만, 그 속에서 지혜와 창의성도 발휘되고 있다. 다만 빨라진 세상의 변화에 대한 불안, 자기가 뭘 하고 싶고 해낼 수 있을 것인지에 대한 무지에서 오는 막막함이 커보인다.

일과 관련해서도 인생은 선택의 연속이다. 영화 〈머니볼Money Ball〉(2011)의 마지막 장면에서 오클랜드 애슬레틱스의 단장 빌리 빈(브래드 피트 분)은 선택의 갈림길에 선다. 고민에 빠진 그는 차에서 어린 딸이 아빠에게 들려주려고 녹음한 〈The Show〉라는 노래를 들으며 눈시울이 촉촉해진다. 그는 어떤 선택을 내렸을까?

The Show•

난 아주 잠시 중간에 멈춰 있어
인생은 미로 같고 사랑은 수수께끼 같아
어디로 가야 할지 모르겠어
노력해 봤지만 혼자서는 할 수 없어
이유는 모르겠어

속도를 늦춰
그리고 멈춰
그렇지 않으면 심장이 터져버릴 거야

● 호주의 싱어송라이터 렌카Lenka의 2008년 데뷔곡이다. 일부 가사와 중복된 후렴구는 생략했다.

왜냐하면 이건 너무
그래, 이건 너무 내가 아닌 게 돼버려
…

하늘의 태양은 뜨거워
마치 거대한 조명 같아
사람들은 이정표를 따라가지
동시에 말이야
우습게도 아무도 모르지
그들이 쇼의 티켓을 갖고 있다는 걸
…

환불해 줘
환불해 줘
그냥 쇼를 즐겨

　나는 강의에서 이 노래를 학생들의 생각거리 자료로 쓰고 있다. 가사를 음미해 보고, 이 가사가 무얼 말하는지 수업 게시판에 자기의 생각을 글로 써보라고 했다. 다음은 한 학생이 올렸던 글이다. (이 학생은 노래 동아리의 장이었고, 학부생 때 도전했던 일을 키워서 창업한 회사의 대표가 됐다.)

　The Show가 인생을 말한다는 걸 이제야 깨달았다.
　예전에 노래를 들을 때는 왜 마지막 가사에서 돈을 돌려달라고 하는지, 그저 쇼를 즐기라고 하는지 이해하지 못했다. 오늘 가사를 음미해 보니, 생각 없이 이정표를 따라 몰려가던 사람들이 그 길이 자기와 맞지 않는다는 것을 깨닫고, 뒤늦게 '속았으니 내 인생을 되돌려줘!'라고 하는데, 인생은 돌이킬 수 없으니 그저 즐기라는 것처럼 들린다.

속았다고 환불해 달라는 사람이나 이제 막 인생을 시작해 가는 사람 모두에게 '그냥 쇼를 즐기라'는 말은 의미심장하다. 바로 저 방향이라고 모두가 가리켜 왔던 길을 따라가느라 자기 인생을 살지 못하고 상당 부분 허비해 버린 사람에게는 그것도 인생으로 받아들이라고, 이제 얼마 남지 않은 시간이라도 즐기며 보내라고 말하는 것 같다. 또한 이제 인생의 막을 여는 사람에게는 인생의 선택권은 자신에게 있으니 두려워하지 말고 자기의 쇼, 즉 자신만의 인생을 찾아서 주체적으로 살라고 말하는 것으로 느꼈다.

'내가 아닌 존재가 되기 위한 노력'이 너무나 벅찬 일이라 심장이 터져버릴 것 같다는 가사가 공감된다.

나도 이 학생의 글을 공감하며 읽었다. 시험 성적 올리는 데 직진해 온 청년들에게 본격적인 진로 고민이 시작되면, 〈The Show〉의 가사처럼 인생의 갈림길 앞에서 한순간 멈춘 듯한 느낌이 든다. 어디로 가야 할지 모르겠고 혼자 결정하기 두려운데 겁먹은 티를 내기도 부끄럽다. 자기 같지 않은 사람이 되려고 달리는 건 너무 버거운 일이다.

자기 인생의 결정권을 자신이 갖고 있음을 잊어버린 듯, 남들이 정해놓은 모범답안을 따라가려는 모습도 보인다. 마치 쇼를 골라서 볼 수 있는 티켓을 갖고 있다는 걸 잊어버리고 있다가, 남들을 따라 원하지 않은 쇼를 보고 나서야 환불을 요구하는 관객처럼 말이다. 부모의 희망, 타인의 인정, 대세처럼 보이는 시류 등을 의식해 자신의 진로를 결정하는 데 주체성을 가져보지 못했거나 혼자만의 선택을 두려워하는 청년은 이런 경향이 강하다. 청년뿐 아니라 남들 사는 대로, 관습대로 따라 살다가 '지금까지 내 인생은 뭐지?'라는 생각이 든 중년이나 노년에게도 "내 인생 돌려줘!"와 같은 내면의 절규나 회한이 있을 것이다.

영화 〈머니볼〉에서 빌리 빈의 딸이 아빠에게 들려준 노래의 끝부분에는 "아빠는 루저야You're such a loser, dad."라는 말이 나온다. 보스턴 레드삭스 구단이 거액 연봉과 함께 제의한 영입을 거절하고, 꿈을 위해 가난한 구단에 남기로 한 빌리 빈의 선택을 보면 어떤 결정으로 손해를 보는 사람이라는 뜻의 '루저'가 맞기는 하다. 그러나 딸의 노래 역시 이렇게 끝난다. "그냥 쇼를 즐겨."

여덟 번째 휘게소에는 글 한 편이 걸려 있다. 밥벌이든, 자기실현이든, 식구를 위한 희생이든, 일하느라 수고한 사람들이여! 잠시 쉬면서, 서로, 그리고 스스로 위로하자.

일이란 기본적으로 나와 가족이 먹고살기 위한 활동이다. 그 과정에 내가 사랑하는 사람들과 공유하는 하루하루의 소박한 행복과 감사가 있다면 집 안팎에서 일하는 모두의 노력은 아름다울 뿐 아니라 지혜롭다.

여명은 생의 원비다-
밤이 걸어오고 다시 태양이 밝아오면
오늘하루 새로운 인생을
시작한다-
에디오피아 고원에서 하루의 시작은
먼길을 걸어 물을 길어오는것
이 물로 밥을 짓고 몸을 씻고
가축의 목을 축이리라-
짐을 진 발걸음은
무겁고 느리지만
이 삶의 무게에 사랑이 있고
희망이 있다면
기꺼이 그것을 감내할 힘이
생겨나느니
나는 하루하루 살아왔다-
감동해고
감사하고
감내하며

글씨: 박명규, 〈정헌 박명규 서예전〉, 서울대학교 박물관, 2021.
글: 박노해, 『하루』, 느린걸음, 2019.

● 이 글씨가 담긴 엽서를 선물해 주시고 게재를 허락해 주신 박명규 선생님께 감사드린다.

9장. 진로 선택

운명은 우연한 사건에서 비롯된다.
그 운명을 행운으로 만드는 건 자신에게 달렸다.

법조인에서 '경제인'으로

아버지는 초등학생이던 내게 장차 육군사관학교에 가면 어떻겠냐고 했다. 아버지보다 공부는 못했던 고등학교 동기가 육사를 나온 이후 최고 높은 자리까지 승승장구하는 걸 봤기 때문이었다. 나는 그럴 마음이 전혀 없었다.

고등학교에 입학할 때 내 장래 희망은 법조인이었다. 진로에 관해 별생각이 없는 상태에서 효도하고 싶은 마음에 부모님의 희망을 따른 것이었다. 그런데 고1 겨울방학 때 수학 공부에 재미가 붙으면서, 나는 경제학과에 가서 경제학자가 되겠다고 마음먹었다. 법학과나 경영학과는 왠지 내키지 않았는데, 지금 생각해 보면 내 가치관이 진로 가치와 그에 따른 진학 목표에 반영된 것 같다.

내가 희망 진로를 경제학자로 정한 것은 문과 중에서도 수학을 많이 쓴다고 하고, 노벨 경제학상도 있는 걸 보면 세상에 도움 되는 일을 하는 듯 보이기도 하고, 좀 멋있게도 느껴졌기 때문이다. 내 주변에 경제학과 출신이라고는 우리 학교 수학 선생님 한 분이 전부였으니 뭘 제대로 알고 경제학과에 가겠다고 한 것이 아님은 분명하다.

손글씨를 잘 쓴다고 중·고등학교 때 선생님들의 기록 업무를 숱하게 대신했던 나는 생활기록부 정리를 돕다가 담임 선생님들이 기록한 내 장래 희망란을 보게 됐다. 고1 때 '법조인'으로 기록됐던 장래 희망은 고2 때 체육 교사였던 담임 선생님에 의해 '경제인'으로 기록돼 있었다. 경제학과 진학을 희망한다고 써냈더니, 나를 미래에 재계를 움직이는 일원으로 만들어놓은 셈이다(지금까지 '한국경제인협회'는 그 건물에 다른 일로 가본 적이 있을 뿐이다).

진로 결정의 '계획된 우연'

본 적도 들어본 적도 없는 직업을 희망 진로로 갖기는 힘들다. 아는 사람 중에 있거나, TV, 인터넷, 신문, 책 등에서 봤거나, 누군가가 알려줬거나 추천해서 그 진로를 마음에 품게 되는 것이다. 이렇게 보면, 희망 진로는 매우 우연한 계기로 결정된다.

이처럼 우연한 사건이 진로의 선택과 결정에 미치는 영향을 진로상담 이론에서 '계획된 우연'이라는 모순적인 표현으로 개념화한 바 있다.[69] 우연한 기회가 계획되지 않고 찾아올 수도 있지만, 그 계기를 스스로 만들어 낼 때도 있으므로 우연에도 계획이 개입할 수 있다. 진로 탐색에 영감을 줄 수 있는 사건이나 정보의 원천에 눈과 귀를 막았거나 무심하게 스쳐 보내는 사람에게는 그러한 우연한 사건이 일어나기 어렵다. 우연한 사건을 기회로 인식하고 진로 개발에 유익하게 활용하려면 계획적이고 적극적인 탐색이 선행되어야 한다. 또한 계획되지 않고 일어났거나 계획적으로 탐색해서 벌어진 우연한 일들을 진로에 유리한 기회로 전환하려면 호기심, 인내심, 유연성, 낙관성, 위험 감수의 기술이 필요하다고 한다. 호기심은 새로운 학습 기회를 탐색하는 것, 인내심은 좌절해도 계속 노력하는 것, 유연성은 상황에 맞게 태도를 바꾸는 것, 낙관성은 새로운 기회를 긍정적인 가능성으로 보는 것, 위험 감수는 결과가 불확실하더라도 행동에 옮기는 것을 말한다. 같은 사건을 접하더라도 사람마다 다른 영향을 받는 것은 이런 기술의 차이라고 볼 수 있다.

계획되지 않았던 일이나 우연하게 얻은 영감이 진로에 큰 영향을 줄 수도 있다. 계획된 우연 개념을 발전시킨 크럼볼츠의 '우연학습이론'[70]에서는 진로 결정에 있어 우연성과 함께 개인의 능동성을 강조한다. 진로상담의 목표도 개인이 스스로 우연적 사건을 일으키거나 맞이하고, 발견한 기회를 진로 개발에 유리하게 활용하는 행동양식을 학습하도록 돕는 것으로 설정한다. 이런 행동양식에는 새로운 취미 갖기, 인턴십 지원, 학교 공동작업 참여 및 리더 역할 하기, 새로운 사람 만나기, 특강이나 행사 참여, 독서와 여행 등 다양한 활동이 포함되며, 이런 활동에 대한 적극적인 참여가 권장된다. 그래서 진로 탐색이 필요한 청소년기에는 학교 공부, 시험, 학원 숙제, 교과서와 문제집 등에만 매몰되지 않는 능동적인 체험 기회와 사색의 시간이 중요하다.

크럼볼츠는 계획하지 않고 예상치 못한 우연적 요소들이 진로에 도움이 되도록 관리하는 세 단계를 제시했다. 1단계, 계획하지 않은 일이 일어나기 전에는 경험할 수 있도록 미리 행동을 취한다. 다양한 활동을 능동적으로 탐색하여 적극적으로 참여하는 것이다. 2단계, 계획하지 않은 일이 일어나고 있는 동안에는 잠재적인 기회를 인식하기 위해 촉각을 세운다. 귀를 쫑긋 세우고 세밀하게 관찰하여 의미를 부여하고 메모도 하면서 자기에게 맞을지 생각해 보는 자세를 말한다. 3단계, 계획하지 않은 일이 끝난 후에는 진로에 도움이 되는 활동을 시작한다. 더 알아보고, 찾아가서 만나보고, 목표로 삼은 진로를 향해 단계적으로 준비하는 일이다.

'맹모삼천지교'의 진짜 교훈

맹자의 어머니는 어린 아들이 조용한 곳에서 공부하기를 바라며 공동묘지 근처에 살았다. 그러자 맹자는 보고 듣는 것이 상여와 곡소리뿐이라 늘 그 흉내만 냈다. 어머니는 여기는 자식 키울 곳이 못 된다고 생각해 시장 근처로 집을 옮겼다. 그러자 맹자는 상인들이 호객하고 흥정하는 흉내를 냈다. 어머니는 이곳도 자식 키울 곳이 아니라 생각해 다시 서당 근처로 집을 옮겼다. 맹자가 늘 글 읽는 흉내를 내는 걸 보고 맹자의 어머니는 여기야말로 자식의 배움에 적합한 곳이라 판단해 마침내 그곳에 정착했다.

　나는 전한 때의 학자 유향이 쓴 『열녀전』에 소개된 '맹모삼천지교'를 진로와 관련해 재해석해 보려 한다.

　먼저 사람의 성장에 있어서는 주위 환경이 중요하다는 가르침은 다시 강조할 필요가 없겠다. 주목할 점은 맹자의 어머니가 공부하라고 아이를 다그치기보다는 환경을 바꿈으로써 어린 맹자의 진로를 위대한 사상가의 길로 인도한 '계획된 우연'이다. 사람은 환경의 영향을 받지만 환경을 스스로 선택하는 행동은 능동적이며, 이것이 중요하다.

　다음으로, 맹자의 어머니가 처음부터 서당 근처에 살지 않은 것을 시행착오로 볼 수도 있지만, 그것이 어린 맹자에게 인간사의 다양한 측면들을 접하고 생각하도록 만들었을 수 있다. 공동묘지에서는 태어나면 누구나 죽는다는 사실을 가까이서 지켜봄으로써 삶을 진지하고 소중하게 여기게 됐을 것이다. 저잣거리에서는 시장 사람들이 살아가는 모습을 지켜봄으로써 평범한 삶의 치열함과 민생에 눈을 떴을 것이다. 그 후에 매진한 공부는 단순한 백면서생의 소일거리가 아니라 덕에 의한 왕도정치, 즉 민생의 보장에서 시작하여 도덕적인 교화로 완성되는 정치사상의 태동으로 이어졌을 것이다.

『맹자』(이루 하)에는 '영과후진盈科後進', 즉 "물은 구덩이를 만나면 그 구덩이를 채운 후에야 흘러간다."라는 말이 나온다. 이 말은 어린 맹자가 유한하고 치열한 삶의 모습을 지켜본 후에 인간과 세상을 위한 공부를 진지하고 구체적으로 할 수 있는 자세를 갖추고 공부에 정진할 수 있었을 것이라는 해석에도 적용될 수 있지 않을까?

맹모삼천지교를 자녀를 대치동과 같은 사교육 특구에서 키우려는 부모의 극성으로 해석한다면 너무 협소하게 본 것이다. 그보다는 자기를 둘러싼 환경과 사건을 다양한 배움의 기회로 삼으면서 삶과 진로를 결정해 나가는 모습으로 봐야 한다. 그리고 바꿀 수 있는 상황이라면 환경마저도 능동적으로 바꿔나가는 주체적인 모습에 주목해야 한다. 이것은 우연학습 이론에서 진로 결정요인들의 관계를 설명하면서, 유전적 특성이 환경 및 사건과 상호작용하면서 학습 경험을 만들어 내고, 그 결과 자신에게 맞는 진로를 선택하는 기술을 습득하게 된다고 묘사한 것과 상통한다.

'점 잇기'를 통해 만드는 진로

스마트폰의 세상을 연 스티브 잡스가 2005년 스탠포드대 졸업식에서 했던 명연설에는 진로와 관련된 뛰어난 통찰이 담겨 있다.

물론 제가 대학생이었을 때 미래를 내다보고 점들을 연결할 수는 없었습니다. 하지만 10년이 지나서 되돌아보니 매우 매우 분명해졌습니다. 즉, 여러분은 미래를 내다보고 점들을 연결할 수는 없습니다. 과거를 되돌아볼 때만 그 점들을 연결할 수 있지요.

따라서 지금의 점들이 여러분의 미래에 어떻게든 연결된다는 것을 믿어야 합니다. 여러분의 배짱, 운명, 삶, 업보 등 무엇이든지 그에 대한 믿음을 가져야 합니다.

왜냐하면 장래에 점들이 연결될 것이라 믿으면, 잘 닦인 길에서 벗어나더라도 여러분의 마음을 따를 수 있는 자신감이 생기기 때문입니다.

스티브 잡스는 이어질 줄 몰랐던 점들이 미래에 연결되면서 새로운 길을 만들어 낸 예로서 첫 번째 매킨토시 컴퓨터에 내장된 서체를 언급했다. 청년 시절 잡스는 리드 칼리지에 입학했지만 비싼 학비만큼의 가치를 느끼지 못해 자퇴했다. 그후 순수한 흥미 차원에서 자유롭게 청강한 캘리그래피 수업에서 그는 서체의 아름다움에 눈을 뜨게 됐다. 그것이 10년 후 내놓은 애플사 컴퓨터의 서체에 사용되었다.

새로운 경험으로 점들을 추가만 하기보다 기존의 경험을 통해 만들어진 점들을 연결하는 것이 더 중요하다. 기존에 해 오던 일이 싫어서 새로운 길을 찾고자 하는 사람이라면 지금까지와 완전히 다른 것을 배워야 한다는 강박을 가질 수도 있다. 그러나 싫어하는 일에서도 배울 수 있고, 그것이 나중에 어떻게 쓰일지 모른다. 코넬대 사회학자인 칼 필레머 교수가 1,000명이 넘는 각계각층의 70세 이상 사람들을 만나 오랜 경륜에서 얻은 지혜와 통찰을 정리한 책에도 그런 인터뷰가 나온다.

> 젊은 사람들에게 꼭 들려주고 싶은 중요한 말이 있다네. 어떤 일을 하든지, 그 일을 좋아하든 싫어하든 모든 일에서 배울 점이 있다는 거야. 거기서 배운 것들이 훗날 어떤 가치를 발휘할지는 아무도 몰라.[71]

진로 앞의 능동적 존재

장래 희망에 가장 큰 영향을 주는 사람은 누구일까? 예상할 수 있듯이 '부모'였다. 2012년 한국 진로 교육 지표조사에 의하면, 장래 희망에 가장 큰 영향을 미치는 사람으로 부모님을 꼽은 비율은 초등학생 54.9퍼센트, 중학생 48.7퍼센트, 고등학생 41.5퍼센트였다. TV 드라마 등 언론매체나 친구를 꼽은 비율은 각각 10퍼센트 이내였다. 진로에 있어 부모의 영향력이 압도적임을 알 수 있다.

청소년기에 진학이나 진로 선택에서 부모의 생각이나 바람이 중요하게 작용하는 것은 자연스럽다. 자기를 가장 잘 알고 가장 위하는 보호자이자 자기보다 더 많은 경험을 한 어른이기 때문이다. 그런데 부모에 의해 일방적으로 진로를 결정하면 두고두고 부모가 원망과 후회의 대상이 될 수 있다.

진로進路는 '앞으로 나아갈 길'이라는 뜻이다. 이를 진로眞
路, 즉 '참된 길'이라고 생각해 보면 어떨까? (소주 이름眞露에서
착안한 것 맞다.) 나를 나답게 하는 참된 길, 다른 누구도 아니고,
누군가가 바라는 모습에 맞춘 나도 아니고, 남에게 보이기 위
해 꾸민 나도 아닌, '참나'로서 걸어갈 수 있는 길이 진로다. 내
인생이다. 결과가 어떻든 내가 선택하고 내가 써 내려가야 내
가 주인공인 인생이다. 자기 스스로가 진로 앞의 능동적 존재
가 돼야 한다.

최근 "희망 직업이 없다."고 응답하는 학생의 비율이 증가
하는 추세다. 한국직업능력연구원의 진로교육 현황조사 결과,
희망 직업이 없다고 응답한 학생은 2019년, 2021년, 2022년
조사에서 초등학생이 12.8퍼센트, 20.9퍼센트, 19.3퍼센트,
중학생이 29.1퍼센트, 36.8퍼센트, 38.2퍼센트, 고등학생이
20.5퍼센트, 23.7퍼센트, 27.2퍼센트를 나타냈다.[72] 중학생의
진로 미확정 비율이 상대적으로 높다는 점도 알 수 있다. 중학
생들이 자유학기제나 자유학년제를 통해 진로 체험과 진로 고
민의 기회를 가진 후에 오히려 "저 이거 할래요!" 하고 결정하
는 비율이 많이 줄었다고 한다.[73]

이처럼 진로 탐색의 시간이 주어진 중학생에게서 초등학
생처럼 단순한 희망 사항을 넘어선 진로 고민이 진행된다는 점
을 알 수 있다. 고등학교에 가면 진로 고민이 성적과 대학 진학
이라는 당면과제에 밀려 있는 경우가 많다. 그러다 보니 이미

전공까지 선택한 대학생 때 본격적인 진로 고민이 이루어지곤
한다.

나를 찾아와 상담하는 학생들의 고민도 진로에 관한 내용
이 많다. 그동안 해온 것이 아까우니 지금의 전공을 계속할 것
인지, 아니면 더 유망해 보이거나 자기와 맞을 것 같은 다른 전
공으로 바꿀 것인지 고민한다. 혹은 대학원에 가서 전공 공부
를 더 할 것인지, 우선 취업해서 실무경력을 쌓고 돈을 벌 것인
지 고민한다. 때로는 해외 명문대에서 여름 계절학기를 수학
하는 시간을 어떻게 보낼 것인지도 고민한다. 의미와 진로를
우선하여 석학이 진행하는 어려운 과목을 골라 학업에 매진하
다 올 것인지, 재미와 경험을 우선하여 쉬운 과목을 골라 듣고
많은 시간을 놀이와 여행으로 보낼 것인지 고민한다. 간혹 백
지상태인 경우도 있지만, 찾아오는 학생들의 진로 고민은 갈
림길에서 어느 하나를 선택해야 한다고 생각하는 상황이 대부
분이다.

둘 중 하나를 택해야 할 때

갈림길 앞에서 어느 한쪽을 선뜻 선택하지 못하고 망설이
게 되는 이유는 무엇일까? 양쪽 모두 다른 쪽이 갖지 않은 장단
점이 있기 때문이다. 상세히 비교하여 장단점을 나열하기가 쉽
지 않더라도, 다른 쪽의 분명한 장점이 없다는 사실이 단점이
고, 다른 쪽의 분명한 단점이 없다는 사실이 장점일 수 있다.

　　이런 상황에서 어떤 선택과 행동을 하는지를 보면 그가 하수인지, 중수인지, 상수(고수)인지를 알 수 있다.[74]

　　먼저 하수는 스스로 선택하지 못하고 다른 사람에게 결정을 미룬다. 주로 부모가 단골 위임자다. 이렇게 하는 이유는 결정 자체가 힘든 것도 있지만, 그 후의 결과에 대한 책임을 타인에게 전가하고 싶은 나약한 마음 때문이다. 스스로 선택한 길이 아니기에 실행력이 떨어지고, 조금 힘들어지면 포기하거나 그 선택을 부추긴 사람을 원망하게 된다.

　　다음으로 중수는 스스로 결정까지는 한다. 그런데 자기가 선택하지 않은 다른 길에 대한 미련을 버리지 못하고 자꾸 뒤돌아본다. 선택한 길에서 일이 잘돼도 그때 다른 길을 택했더라면 더 낫지 않았을까 하며 다른 길을 선택해 성공한 사람을 부러워한다. 일이 잘되지 않았을 때 선택에 대한 후회는 물론이다.

　　마지막으로 상수는 스스로 결정한 것에 집중한다. 갈림길의 고민 자체가 한쪽을 금방 선택하기 어려울 만큼 각각 서로 다른 장단점이 있음을 의미하니, 자기가 선택한 쪽의 장점을 살리는 데 초점을 맞춘다. 집중하고 몰입하는 만큼 선택한 길에서 성공할 가능성도 커지고, 다른 길을 뒤돌아보지 않은 만큼 성공 후의 만족감도 높다. 그 정도 내공이라면 사실 어느 쪽을 선택했어도 상관없겠지만 자기 성정과 가치관에 맞는 길을 선택할 수 있다면 성공 후의 만족감이 더 오래 지속될 것이다.

　　혹시 상수의 태도가 자기합리화처럼 보이는가? 사람들은

과거에 자기가 한 말이나 선택, 행동 등에 그럴듯한 이유를 붙여 타인의 비난이나 자책감으로부터 자기를 보호하기 위해 자기합리화를 한다. 본질적으로 자기합리화는 과거지향적이고 과거의 자신에게 시선이 맞춰져 있다. 그러나 상수의 태도는 미래지향적이다. 자기합리화를 통해 마음이나 좀 편해지려고 자기 선택의 장점에 집중하는 게 아니라 잠재적인 장점을 미래의 현실로 실현하기 위해 지금부터 노력하는 것이다.

선택 상황에서 누구의 얘기도 듣지 않고 그냥 동전을 던져 결정하는 것이 상수라는 얘기를 하는 것이 아니다. 단지 정보가 부족해서 낭패를 보지는 않을 수준으로 알아보는 노력이 결정 전에 선행되어야 한다. 타인의 얘기가 내 진로를 결정하는 데 중심이 되어서는 안 되지만, 참고할 정보와 조언으로는 얼마든지 활용할 수 있다.

가지 않은 길

갈림길에서 한쪽 길만 선택해야 하는 심정은 진로 고민과 닮은 점이 있다.

〈가지 않은 길The Road Not Taken〉은 미국의 시인 로버트 프로스트Robert Frost(1874~1963)가 산책하다 썼다고 한다. 영문학자이자 『인연』을 쓴 수필가 피천득(1910~2007)이 번역했다. 여러 번역본이 있지만, 프로스트와 알고 지낸 사이였다는 피천득의 글이 내겐 와닿았다.

가지 않은 길

노란 숲속에 길이 두 갈래로 났었습니다.
나는 두 길을 다 가지 못하는 것을 안타깝게 생각하면서,
오랫동안 서서 한 길이 굽어 꺾여 내려간 데까지,
바라다볼 수 있는 데까지 멀리 바라다보았습니다.

그리고, 똑같이 아름다운 다른 길을 택했습니다.
그 길에는 풀이 더 있고 사람이 걸은 자취가 적어,
아마 더 걸어야 될 길이라고 나는 생각했던 게지요.
그 길을 걸으므로, 그 길도 거의 같아질 것이지만.

그날 아침 두 길에는
낙엽을 밟은 자취는 없었습니다.
아, 나는 다음 날을 위하여 한 길은 남겨두었습니다.
길은 길에 연하여 끝없으므로
내가 다시 돌아올 것을 의심하면서….

훗날에 훗날에 나는 어디선가
한숨을 쉬며 이야기할 것입니다.
숲속에 두 갈래 길이 있었다고,
나는 사람이 적게 간 길을 택하였다고,
그리고 그것 때문에 모든 것이 달라졌다고.

훗날 화자가 내쉬는 한숨은 어떤 의미일까? 가지 않은 길에 대
한 회한일 수 있다. 그러나 두 길을 다 갈 수 없는 상황에서 한 길
을 선택했을 때 포기해야 했던 다른 길이 주었을 보상, 즉 경제학
적 기회비용이 끝내 아쉬웠던 것으로만 해석하면 시의 맛이 떨
어진다. 어쩌면 갈림길 앞에서 망설였던 순간, 지금도 생생하게
기억나는 그 길의 풍경이 주는 아련함일 수도 있다. 그때 택했던
길이 결국 꽃길이었음이 밝혀진 후에도 젊은 날 고민했던 시간

을 떠올릴 때면 그때의 욕망, 번뇌, 낭만, 순진함, 치기, 객기, 두려움, 불안 등이 떠올라 아련한 법이다.

그런데 두 갈래로 나뉘었던 길은 다시 만나고 이어지고 교차하기도 한다. 2차원 평면 지도상의 갈림길이 아니라 3차원 고가도로나 지하도로와 같이 입체적으로 만나기도 한다. 물론 갈림길에 섰던 그때는 모른다. 스티브 잡스의 점 잇기처럼 되돌아봐야 길이 어떻게 갈렸고 어떻게 다시 이어졌는지 알게 된다.

100세 시대다. 인생이라는 여정의 향배는 한 번의 선택으로 끝나지 않는다. 용기 내어 스스로 선택한 길을 제대로 즐기며 열심히 걸어보자.

인간
관계와
행복

10장. 사랑의 세 가지 요소와 행복

**사랑이라 부르는 감정의 빛깔이 다양함을 알 때,
사랑함으로써 행복할 가능성도 커진다.**

봄날은 간다

"우리 헤어지자."

"… 내가 잘할게."

"헤어져."

"너 나 사랑하니?"

"……"

"어떻게 사랑이 변하니?"

영화 〈봄날은 간다〉(2001)의 유명한 대사다. 이별을 고한
은수에게 상우는 어떻게 사랑이 변하냐고 묻는다. 백설희의 옛
노래 〈봄날은 간다〉에서 꽃이 피면 같이 웃고 꽃이 지면 같이
울던 알뜰한 그 맹세에도 가버리는 봄날처럼, 그렇게 죽고 못

살던 사랑도 어느 순간 덧없이 지나가는 것일까?

나는 이 책의 취지에 맞게 '행복'의 관점에 초점을 맞춰 이성 간의 사랑에 대해 얘기해 보려고 한다. 우선 이성 간의 '사랑'이 무엇인지 생각해 봐야 한다. 불륜남의 "사랑에 빠진 게 죄는 아니잖아?"라는 말에도, 노부부의 "우린 평생 서로를 사랑했어요."라는 말에도, 사랑이 등장한다.

사랑의 3요소

사랑하는 사람에 대한 다양한 태도를 연구한 심리학자 로버트 스턴버그는 사랑이 열정, 친밀감, 헌신으로 구성되어 있다고 정리했다.[75]

'열정passion'은 사랑의 뜨거운 측면으로, 사랑하는 사람에 대한 육체적인 욕망을 갖게 만든다. 사랑하는 사람을 보면 흥분되고 떨어져 있으면 상사병이 나도록 하는 것이 열정이다.

'친밀감intimacy'은 사랑의 따뜻한 측면으로, 사랑하는 사람과의 정서적인 연결과 상호 지지를 의미한다. 서로의 비밀도 나누고 지켜주는 것이 친밀감이다.

'헌신commitment'은 사랑의 비교적 차가운 측면으로, 누군가를 사랑하기로 하고 그 사랑을 지키겠다는 선택이자 책임감이다. 어려움이 있더라도 관계를 유지하려는 이성적이고 인지적인 결심이 헌신이다.

이성 간의 '완전한 사랑'은 이 세 요소 모두를 균형 있게

사랑의 삼각형 이론

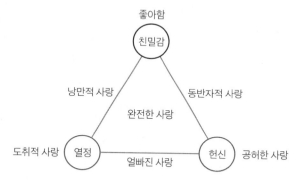

출처: Sternburg(1986).

포함한 것이고, 그런 만큼 이상적인 형태의 사랑이다. 사랑을 통해 얻을 수 있는 행복감 측면에서도 최고라고 할 수 있다. 그런데 세 요소 중 한 요소만 있고 다른 요소는 결핍된 사랑도 있다.

열정만 있는 '도취적 사랑'

열정만 있는 사랑은 '도취적 사랑infatuation'으로, 이성에 대한 욕구가 강한 시기의 첫사랑이나 풋사랑에서 흔하다. 이런 사랑에 빠졌을 때 느끼는 감정은 행복감이라기보다 흥분 또는 희열에 가깝다.

뇌의 화학물질 변화를 보더라도 그렇다. 열정적 사랑에 도취해 있을 때는 행복을 매개하고 안정감을 주는 세로토닌이 오히려 적게 분비되고, 중독, 강박장애, 신경과민과 관련된 도파민, 노르에피네프린은 과도하게 분비된다. 한시도 그 사람에 관한 생각을 놓지 못하는 상태는 마치 마약이나 도박에 중독된 것과 비슷하다. 사랑에 빠져 헤어 나오지 못하는 것은 그것이 행복을 주기 때문이 아니라 보상중추가 지나치게 활성화되어 있기 때문이다.

　　스페인의 철학자이자 문화비평가인 오르테가 이 가세트는 철학자로서는 드물게 이성 간의 사랑에 관한 철학 에세이를 내놓았다.[76] 그는 '사랑'을 "정상적인 사람에게서 일어나는 비정상적인 주목 상태", "사랑하는 대상이 나를 중심으로 내 주위를 도는 것이 아니라 내가 그 대상이 만든 궤도를 타는" 행위, 사랑하는 사람에게 무언가를 보여주고 싶은 절박함과 다급함을 갖고 집착하는 "대자연이 우리에게 부여한 시련" 등으로 표현했다. 또한 사랑은 "고통의 다른 말"이며, "대상을 향한 끊임없는 에너지"라는 것이다. 아침에 눈을 뜨면 생각나고, 잠자리에 들기 전에도 생각난다. 그야말로 한시도 생각을 놓을 수 없는 상태다. 이러한 사랑은 도취적 사랑에 가깝다.

　　미국의 행동주의 심리학자 벌허스 프레더릭 스키너는 손잡이를 누르면 먹이가 나오는 '스키너 상자' 안에 쥐를 가두고, 다음 네 가지 조건 중 어떤 조건에서 쥐가 손잡이를 더 많이 누르는지 실험했다.

① 손잡이를 누르는 것과 관계없이 일정한 시간 간격으로 먹이가 나온다.

② 손잡이를 누르는 것과 관계없이 불규칙한 간격으로 먹이가 나온다.

③ 손잡이를 누르면 반드시 먹이가 나온다.

④ 손잡이를 누르면 불확실하게 먹이가 나온다.

실험 결과에 의하면, 손잡이를 누르는 횟수는 ④〉③〉②〉① 순이었다. 즉, 손잡이를 누르는 것이 먹이가 나오는 것과 관계가 있을 때 더 많이 눌렀다. 그런데 손잡이를 누르면 반드시 먹이가 나올 때보다는 불확실하게 먹이가 나올 때 더 많이 눌러댔다.[77] 도박처럼 불확실한 보상이 탐닉을 유발하듯이, 도취적 사랑에 빠지면 반응을 예상할 수 없고 불확실한 보상을 주는 나쁜 이성에게서 잘 헤어 나오지 못하게 된다.

사람을 사귈 때 내 심장이 두근거리는지를 보는 사람도 있다. 설렘이 전혀 없으면 연애를 시작하기가 어렵다고 생각할 수도 있겠지만, 두근거림을 호감으로 착각할 수도 있다는 점을 알아야 한다.

컬럼비아대 실험연구팀이 젊은 남성들을 무작위로 나눠 높이 3미터밖에 안 되는 곳에 단단하게 설치된 고정 다리와 높이 70미터나 되는 곳에 설치된 좁은 폭의 출렁다리 중 하나를 건너게 했다. 이때, 건너편에서 온 젊은 여성 실험 도우미가 다리 중간에서 남성에게 설문조사를 하면서 자세한 것이 궁금하

194

면 연락하라고 전화번호를 줬다. 전화 걸 핑계를 준 것이다. 그랬더니 여성에게 전화를 걸어온 남성의 비율은 고정 다리가 12.5퍼센트인 데 비해 출렁다리는 50퍼센트 이상이었다. 흔들리는 출렁다리로 인한 심장의 두근거림과 신체적 각성 상태를 이성에게 느낀 호감으로 착각한 것이다(EBS 다큐멘터리로 소개된 실험에서도 실내 소개팅보다 놀이기구를 함께 탄 소개팅에서 커플이 된 확률이 더 높았다).

남녀 수천 쌍을 인터뷰한 미국 심리학자 아얄라 파인스는 두근거림이나 각성을 유발하는 극적인 상황에서 커플이 된 사례가 20퍼센트 이상임을 발견했다. 입학, 유학, 해외여행 등 새로운 상황 또는 부모의 죽음이나 실연과 같은 상실 상태에서 만난 이성에게 호감을 느끼는 것이다. 경찰에 포위된 상황에서 인질이 이성 납치범을 좋아하게 된 '스톡홀름 증후군'까지 가지 않더라도, 비일상적인 상황에서 만나는 이성에 대한 감정은 특별하다.

헌신만 있는 '공허한 사랑'

열정이나 친밀감 없이, 헌신만 있는 사랑은 '공허한 사랑 empty love'이다. 이런 사랑은 연민에서 출발하는 경우가 많다. 도저히 이 사람을 버려두면 안 될 것 같아서 책임을 지고 사랑하려는 결심을 한 셈이라 사랑이라기보다 책임감에 가깝다. 그렇게 하다가 사랑의 다른 요소가 싹트면 다행이지만, 일방적인 헌신만으로는 행복하기 어렵다.

물론 상호적 헌신은 심리적으로 안정감을 주어 불행의 요인인 불안감을 해소하는 데 도움이 된다. 헌신이 상호적일 때, 그리고 서로를 책임지겠다는 믿음이 굳건할 때는 질병이나 사고, 실직 등 혹시 모를 위험에 대비해 일종의 보험을 든 것처럼 든든함을 느낄 수 있다.

친밀감만 있는 '좋아함'

열정이나 헌신 없이, 친밀감만 있는 경우는 사랑이라기보다 '좋아함liking'에 가깝다. 그런데 이성인 친구가 연인으로 발전하는 경우는 꽤 많다.

캐나다 빅토리아대 심리학과 스틴슨 교수 연구팀은 1,900명의 연인을 대상으로 조사한 결과, 그중 66퍼센트의 커플이 친구 사이에서 발전했음을 발견했다. 또한 대학생 300명을 대상으로 한 최종 연구에서는 연애 시작 전에 평균 22개월을 친구 사이로 지낸다는 것을 발견했다. 친구로 지낸 기간이 이렇게 길다는 사실은 연애하기 전에는 순수한 친구였을 가능성이 있다는 뜻이다.[78]

이성끼리 친구가 될 수 있느냐는 논쟁도 있다. 심리학자 블레스케와 버스의 조사 결과, 이성인 친구와 스킨십이 가능한가에 대해 남자는 33퍼센트, 여자는 12퍼센트가 가능하다고 답했다. 남자가 여자보다 이성 친구와의 성교가 유익하다고 생각했다. 또한 친구였던 이성의 고백을 거절한 적이 있는가에 대해 남자는 14퍼센트, 여자는 28퍼센트가 '있다'고 답했다.[79]

그런데 우정에서 싹튼 사랑이 매우 흔하다는 사실은 친밀감이 사랑의 다른 두 요소를 배양하는 온상이 될 수 있다는 것을 의미한다. 이성이라고 생각해 본 적이 없는 친구라 해도 행복한 연인, 행복한 부부로 발전할 수도 있다.

다음으로 사랑의 세 요소 중 한 가지가 부족하고 두 가지만 있는 사랑도 있다.

열정과 헌신이 있는 '얼빠진 사랑'

친밀감이 부족하고 열정과 헌신이 있는 사랑은 '얼빠진 사랑fatuous love'이다. 서로를 충분히 알 시간도 부족했는데, 순식간에 열정이 타올라 '사고'를 치는 바람에 책임을 지기 위해 결혼하는 상황이 여기에 해당한다.

미국에서는 '속도위반 결혼'을 '샷건 매리지shotgun marriage'라고 부른다. 미혼 상태에서 임신한 딸의 부모가 상대방 남자를 총으로 위협해서 억지로 결혼시킨다는 의미다.

물론 얼빠진 사랑이 당사자 간의 열정조차 없이, 집안 간 계약, 정략, 관습 등에 의해 타의로 결혼한 경우보다는 나을 수 있다. 그런 경우에는 타의를 따라야 한다는 의무감이나 책임감밖에 없으므로 '공허한 사랑' 중에서도 공허하기 짝이 없다. 그렇게 살다가 친밀감이라도 제대로 자라면 다행이다.

친밀감과 헌신이 있는 '동반자적 사랑'

열정이 줄어들었지만, 친밀감과 헌신이 있는 사랑은 '동반자적 사랑companionate love'이다. 흔히 '정'과 '의리'로 산다고 하는 부부의 사랑이 이런 경우다.

그런데 이런 동반자적 사랑은 노년의 행복과 건강에 매우 중요하다. 개인들의 인생사 전체를 장기 추적하여 평생에 걸친 행복의 조건을 탐구했던 조지 베일런트 교수는 노년에 높은 수준의 정신적·육체적 건강과 행복을 유지하고 있는 사람들의 공통점을 발견했다. 그것은 부부가 해로하고 있는 경우였다. 동반자적 사랑이 평생의 삶에 미치는 긍정적인 효과를 말해준다.[80]

열정과 친밀감이 있는 '낭만적 사랑'

헌신은 없고 열정과 친밀감으로 충만한 사랑은 '낭만적 사랑romantic love'이다. 연애는 좋은데 결혼은 꺼리는 사람이 추구하는 사랑이다. 영화 〈봄날은 간다〉에서는 이런 관계를 원하는 돌싱녀 은수에게 상우가 결혼 이야기를 꺼내기 시작하면서 관계가 꼬인다.

낭만적 사랑은 불륜 남녀에게서도 많이 볼 수 있다. 소설 『안나 카레니나』, 영화 〈언페이스풀〉(2002) 등에서는 불륜 상대와의 낭만적 사랑이 비극적인 파국을 맞는다. 물론 사랑의 시작은 열정이 지배했다. 영화 〈화양연화〉(2000)에서는 이삿

날 이웃으로 만난 남녀가 서로에게 끌렸지만, 각자의 배우자처럼 불륜을 범해서는 안 된다는 경계심과 소심함이 이별을 택하게 했고, 지나간 일들은 희미한 기억으로만 남았다.

영화 〈우리도 사랑일까〉(2012)에서 마고는 자상한 남편 루와의 일상에서 권태를 느낀다. 그녀는 더는 뜨겁지 않은 남편과의 관계를 정리하고, 우연한 만남에서 인연이라고 생각하게 만들고 새로운 설렘을 안겨준 남자 대니얼에게 간다. 그러나 그 설렘도 다시 익숙함이 되는 걸 깨닫고, 마고는 후회한다.

그녀는 전남편 루에게 다시 돌아간다면 받아줄 수 있는지 조심스레 묻지만, 루는 이 염치없게 솔직한 마고에게 이렇게 말한다.

"살면서 당하는 일 중에 어떤 건 절대 안 잊혀."

익숙함에 속아 소중함을 잃지 말아야 한다. 앞서 공부했듯이 설렘(열정)만이 사랑은 아니다. 마고가 결혼생활의 선배들한테서 들었던 다음과 같은 얘기들은 부부 사이에 열정이 사그라진 것을 결핍으로 느끼는 이들에 대한 조언이다.

"새것도 결국 헌 것이 돼. 헌 것도 처음에는 새것이었지."
"인생에는 빈틈이 있게 마련이야. 그걸 미친놈처럼 일일이 다 메꿔가면서 살 순 없어."

사랑의 빛깔 변화

스턴버그에 의하면, 열정은 사랑이 시작된 초기에 급격하게 타오르지만 시간이 지나면서 점점 강도가 줄어든다. 반면 친밀감과 헌신은 시간이 지나면서 서서히 발전한다. 어느 시점 까지 관계가 지속되는가에 따라 세 요소의 비중이 다르다.

그런데 이것은 자동적인 변화가 아니고, 커플마다 양상이 다를 수 있다. 특히 이런 변화 가능성을 같이 의식하고 얼마나 노력하는지에 따라 달라진다. 사랑의 모습은 변한다. 특정 빛 깔의 사랑이 변하고 특정 온도의 사랑이 식는 것에 당황하거나 지레 겁먹지 말자. 게으른 사랑은 없다. 서로의 마음에 응답하 려는 의지와 노력으로 열정도 살려 나갈 수 있다.

'살다 보면 다 마찬가지다.' '콩깍지 탈피는 시간문제다.' '어차피 싸울 거 편하게 살려면 기선 제압이 중요하다.' '너무 잘해주면 나중에 힘들다.'처럼 결혼 선배들이 충고랍시고 해주

스턴버그 이론에서 시간에 따른 열정, 친밀감, 헌신의 강도 변화

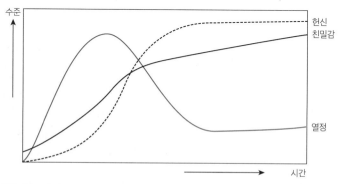

출처: Robert L. Crooks, Our Sexuality, 9th edition, Chapter 7. Fig. 7.2.

는 말들이 있다. 그런데 진짜 노년까지 행복하게 사는 부부는 다르다. 이렇게 살려면 배우자 탐색에만 힘을 다 빼지 말고, 결혼 이후에 관계를 소중하게 유지하고 성숙시키려는 노력이 이뤄져야 한다. 행복한 인생을 위한 최고수익률의 종신 보장 투자는 그 어떤 펀드나 부동산 투자도 아니고 배우자를 위하고 그의 마음을 다치지 않게 하는 것이다.

배우자의 선택 기준

그래도 내 '영혼의 짝soulmate'을 만나려면 무엇을 봐야 할까? 배우자 선택에서는 무엇보다 내가 어떤 사람인지를 아는 것이 최우선이다. 여러 조건보다는 내가 마지막까지 포기할 수 없는 것(내 아내의 표현으로는 '내릴 수 없는 깃발')이 무엇인지를 알아야 한다. 그 조건이 충족되지 않으면 다른 것이 좋아 보여도 재고하는 것이 바람직하다. 좋아하는 것이 같으면 관계가 잘 시작되지만, 싫어하는 것이 같을 때 관계가 오래 지속된다. 나머지는 자기 운명인데, 살다가 알게 되는 것도 있고, 살다 보면 외부요인에 의해 잘 풀리기도 안 풀리기도 한다.

내가 행복경제학 연구자로서 배우자 선택에 관해 줄 수 있는 조언은 서로의 가치관을 중요하게 보라는 것이다. 최고의 조합은 '같은 철학과 다른 스킬', 즉 가치관을 공유하면서 남녀가 서로 보완적인 역량을 가진 경우다. 굵직한 부분에서 의견 충돌 없이 한배를 타고 같이 원하는 방향으로 안전하게 항해하면서 배 안에서의 일상도 풍요로워진다.

짝이 있는 삶의 행복

소노 아야코의 소설 『행복이라는 이름의 불행』에는 "인간은 바보가 되기 위해 결혼한다"는 말이 나온다.[81]

"이거 정말 맛있지?"

"응."

"와! 저거 정말 멋있지?"

"응."

바보같이 들릴지도 모르지만 이렇게 맛있는 걸 먹을 때 같이 먹으며 느낌을 공유할 사람, 멋있는 걸 볼 때 같이 보면서 느낌을 공유할 사람이 있다는 것이 결혼생활의 수고로움을 감수할 만큼 행복한 일이라는 것이다. 그리고 그런 존재로서 배우자가 이상적인 것은, 부모, 형제, 그 어떤 친구보다 오랜 세월과 많은 시간을 함께 보내면서 같은 경험과 같은 감정을 공유할 수 있기 때문이다.

내가 오감으로 느끼는 것을 같이 느끼는지 언제든지 확인해 줄 수 있는 사람, "내가 보는 게 보이니? 내가 느끼는 게 느껴지니?"라고 물어볼 수 있는 존재가 내 동반자다. 함께해 온 세월과 함께 그 공동 경험과 공동 감정의 켜가 쌓여서 동반자적 사랑이 깊어진다.

리처드 이스털린은 배우자와 자녀가 건강과 더불어 행복

의 절대 조건에 포함되는 요소라고 결론 내렸다. 동거 후에 결혼은 행복의 상승을 가져오지만 적어도 2년 후에는 적응을 통해 행복이 다시 하락한다는 연구 결과도 있었는데, 이를 일반화하기에는 사람에 따른 차이가 매우 컸다. 또한 결혼 후 적응이 일어난 후에도 결혼 전 동거할 때의 행복 수준은 유지하여 혼자일 때보다 행복했다. 이혼이나 사별 후에 행복 수준이 하락하는 점도 배우자나 파트너가 있는 삶이 독신보다 행복함을 보여준다는 것이다.[82]

최근의 다른 연구에서도 독신보다는 배우자나 파트너가 있는 사람이 행복하고, 배우자나 파트너가 있는 경우에도 가장 친한 친구가 다른 사람이 아니라 바로 배우자나 파트너일 때 더 행복하다는 것을 발견했다. 또한 결혼생활은 50대에 행복감이 웅덩이처럼 하락하는 현상을 완화해 직장 스트레스와 노화 등에 따른 중년의 불행한 계곡을 덜 힘들게 건너도록 해주는 효과가 있었다.[83]

중요한 것은 우리가 살아갈 의지와 이유를 찾기 위해서는 어떤 빛깔의 것이든 사랑이나 사랑에 대한 기억이 필요하다는 점이다. 영화 〈그래비티〉(2013)에서 우주 공간의 유일한 생존자가 된 라이언 스톤 박사(산드라 블록 분)가 절망 속에서 지구로 되돌아갈 힘을 내기 위해 열심히 찾으려 했던 것은 사랑받은 기억이었다. 자기 삶에 의미를 주고, 자신을 지구와 연결하는 그 무엇이 사랑이었다.

우리처럼 작은 존재가 이 광대함을 견디는 방법은 오직 사랑
뿐이다. (『코스모스』의 저자 칼 세이건의 소설 및 영화 〈콘택트〉 중
에서)

　　또한 인간관계에서 사랑이 소중한 이유는 서로의 존재를
인식하게 만들기 때문이다. 아내는 내게 자주 이렇게 얘기한
다. "당신 눈에는 내가 보이지. 내 눈에는 당신이 보여." 그럴 때
마다 신기하다는 눈빛이다. 사랑은 누군가의 존재를 비로소 인
식하고, 그 모습 그대로 존중하며, 그를 이해하게 되거나 이해
하려고 노력하도록 만든다. 존재했지만 보지 못했던 존재가 내
눈에 비로소 보인다.

　　"나는 당신을 봅니다I see you."(영화 〈아바타〉의 나비족 인사말)

최단 문장, 최장 선고

열 번째 휘게소에서는 결혼의 의미에 관해 생각해 보자. 결혼식의 혼인 서약 때 주례는 다음과 같이 묻는다.

신랑 □□□은 신부 ○○○를 아내로 맞아 결혼 안에서 함께 살기로 맹세합니까? 신랑은 아내를 사랑하고 위하며, 좋은 때나 나쁜 때나, 부유한 때나 가난한 때나, 건강한 때나 아픈 때나 상관하지 않고 아내를 존중하고 지켜주며, 살아 가는 동안 오직 아내에게만 충실할 것을 약속합니까?

이 질문에 신랑이 "예I do."라고 대답하고 유사한 질문에 신부 역시 "예I do."라고 대답하면, 주례는 성혼선언문을 낭독하며 그들이 부부가 되었음을 하객들에게 알린다.

그런데 만약 이들의 결혼생활이 순탄하지 않은 걸 넘어 하루하루 감옥에서 지내는 것 같다면 "I do."의 무게는 종신형life sentence 선고와도 같다. 무기징역도 모범적인 수감생활을 하면 감형되기도 하는데, 결혼생활은 누구 하나가 죽거나 이혼하지 않는 한 종신까지 이어진다. 이혼에도 심리적·경제적·사회적 비용과 상당한 고통이 수반된다는 점을 감안하면 "I do."는 대단한 결심을 하고 뱉어야 하는 말이다.

　결혼은 판단력이 부족해서 하고, 이혼은 인내력이 부족해서 하고, 재혼은 기억력이 부족해서 한다는 우스갯소리가 있다. 이 말은 결혼생활은 행복할 수 없다고 생각하는 사람들 또는 결혼생활로 덕을 보고 있으면서도 혼자 사는 생활보다 서로 맞추고 눈치 볼 일도 많다며 푸념하는 사람들이 만들어 낸 것처럼 보인다.

　"I do."라는 최단 문장이 최장 선고가 될 수 있다. 그런데 혼인 서약 때 그렇게 하겠다고 맹세하고 약속한 내용을 실천하려고 노력했다면 결혼생활이 수감생활처럼 되지는 않았을 것이다. 그걸 지키려다 보니 수감생활이 되었다면 진정성이 없었거나 좀 힘든 사람과 결혼했을 수 있다. 후자라면 이것이 "I do."의 무게다. 물론 잘 만나서 서로 노력했다면 "I do."가 행복한 가정을 이루고 행복한 여생을 여는 열쇠가 될 수도 있다.

11장. 좋은 인간관계의 비결

힘들고 상처받는다고 혼자 지내기에는
좋은 인간관계가 주는 선물이 너무 크다.

오늘 저녁에 통화할 수 있어?

나의 친구 J는 가끔 이렇게 메시지를 보내온다. 나와 통화
하면서 살아갈 에너지를 충전한다는 친구는 내 존재가 이 세상
누군가에게는 힘이 된다는 걸 느끼게 해준다. 나에게도 그가
그렇다.

우리는 고3 때 같은 반이었다. 성격도, 체격도, 잘하는 것
도 달랐지만 서로 호감을 느꼈다. 그가 입대했을 때 나와 꾸준
히 주고받은 편지는 전역 기념 문집이 됐고, 내가 늦게 훈련병
이 됐을 때 그는 나와 강원도까지 동행해 줬다. 우리는 부산과
서울에서 서로의 결혼식 사회를 봤다. 내가 유학생활을 마치고
5년 만에 귀국하던 날, 그는 두 아들의 손에 환영 현수막을 들
려서 공항으로 마중을 나왔다. 그는 내 바쁜 삶을 안타까워하
면서도 이해했고, 우리가 만나는 시간과 장소를 내 일정에 맞

취주었다. 우리는 만나면 늘 같이 밥을 먹고, 헤어지기 전에 함께 사진을 찍고 간직해 왔다. 서울과 광주에 떨어져 살면서 자주 만나지 못하지만, 만남이나 연락의 빈도를 늘려야 한다는 부담은 느끼지 않으며, 서로를 최고의 벗으로 믿고 산다.

물론 우리는 아픔도 함께해 왔다. 그가 일이 잘 안돼서 어려워졌을 때, 내가 가족 일로 고민스러웠을 때 우리는 서로에게 도움을 청했고, 서로 주저 없이 응답하고 행동했다. 우리가 불과 20여 일 간격으로 둘 다 홀어머니를 여의었을 때, 황망과 비탄의 와중에도 곧바로 서로에게 부고를 전했다. 그는 우리 가족들 모두가 가족의 일원처럼 여기는 존재다.

진정한 친구는 인디언 격언처럼 '내 슬픔을 등에 지고 가는 자'다. 세상에 이런 존재가 한 명이라도 있다면, 한 톨의 우주 먼지 같은 인생이 덜 허무할 것이다. 그리고 오래 지속되는 행복감을 느낄 것이다.

친구와 우정에 관한 격언들을 내 경험에 비추어 곱씹어 본다. 그중에서 공감이 많이 가는 격언 몇 가지를 옮긴다.

친구라는 이름만큼 흔한 것이 없고, 진실한 친구만큼 진귀한 것도 없다. (장 드 라퐁텐, 프랑스 작가)

한 명의 진실한 친구는 천 명의 적이 우리를 불행하게 만드는 힘 이상으로 우리를 행복하게 만든다. (크리스토프 에셴바흐, 독일 지휘자 · 피아니스트)

친구는 나의 기쁨을 배로 하고 슬픔을 반으로 한다. (마르쿠스 툴리우스 키케로, 고대 로마 정치가 · 작가)

언제나 신뢰할 수 있는 친구를 만들라. 친구를 갖는다는 것은 또 하나의 인생을 갖는 것이다. (발타자르 그라시안, 스페인 작가)

다정한 벗을 찾기 위해서라면 천릿길도 멀지 않다. (레프 톨스토이, 러시아 사상가 · 작가)

소셜 미디어에 친구로 등록된 사람의 숫자가 적다고 슬퍼하거나 많다고 기뻐할 필요는 없다. 알고리즘이 알려줘서 축하 메시지를 보내온 100명보다 내 생일을 기억하고 연락해 준 1명이 소중할 수 있다. 진실한 친구가 주는 기쁨과 위로는 생각보다 크다. 다정한 친구를 만들고 우정을 지켜가기 위해 애쓰는 일은 평생의 행복을 위한 중요한 투자다.

풍요는 친구를 만들고, 역경은 친구를 시험한다. (페블릴리우스 시루스, 고대 로마 시인)

풍요 속에서는 친구들이 나를 알게 되고, 역경 속에서는 내가 친구를 알게 된다. (존 처튼 콜린스, 영국 문학평론가)

우정은 날개 없는 사랑이다. (조지 고든 바이런, 영국 시인)

"역경에 처했을 때 위선적인 친구와 파리는 사라진다."라는 스페인 속담이 있다. 우리 속담에도 "정승집 개가 죽으면 문상을 가도 정승이 죽으면 안 간다."라는 말이 있듯이 잘나가고 풍요로울 때 몰려드는 사람 중에는 꺾이고 어려워졌을 때 외면할 자도 있다. 역경은 자신이 단단해질 기회이기도 하지만, 진정한 친구가 누구인지 알게 되는 때이기도 하다. 뜨거웠던 연인도 열정이 식으면 떠나가는 일이 다반사이지만, 진정한 친구는 열정에 이끌린 관계가 아니기에 쉽게 떠나지 않는다. 그래서 바이런이 우정을 날개 없는 사랑이라고 했을 것이다.

우정은 술과 같은 것, 묵을수록 좋다. (폴란드 격언)

오랜 친구가 좋은 이유는 그들 앞에서 아무리 바보같이 보여도 그들은 날 바보로 보지 않기 때문이다. (랠프 왈도 에머슨, 미국 사상가 · 시인)

그 사람을 모르거든 그 벗을 보라. 사람은 서로 뜻이 맞는 사람을 벗으로 삼기 때문이다. (메난드로스, 고대 그리스 작가)

오래된 친구가 좋다고 하는 건 세월의 검증을 거쳤기 때문이다. 어릴 적 친구나 가까이 지냈던 학교 동창 모두를 지금까지 연락하고 만나는 경우는 드물다. 과거의 절친도 한때의 '시절 인연'이 되기도 한다. 필요나 우연에 의해 연을 이어가는 일도 있지만, 결국 자기와 성정이 맞는 사람과 오래 친구 관계를 유지하게 된다. 즉, 오래전에 알게 된 친구일수록 좋다기보다는 오랫동안 친구로 지낼 수 있었던 관계이기에 좋은 것이다. 앞으로 새로 만날 사람 중에도 진정한 친구가 될 수 있는 이는 얼마든지 있을 수 있다. 인생에서 진정한 친구라는 존재가 주는 행복감이 크기에 그런 친구를 갖기 위한 노력을 너무 미루는 것은 좋은 선택이 아니다.

예전 친구들을 만나면 그 시절로 돌아간 것만 같다. 오랜만에 만난 동창들과 학창 시절 선생님 흉도 다시 보고 그때 서로의 만행을 놀리다 보면, 그 시절의 바보 같았던 모습들이 슬슬 나오면서 시간여행의 동행자가 된다. 이렇게 무장해제를 시켜주는 오랜 친구들이 남의 시선을 의식해야 하는 사회생활의 해독제가 된다.

행복한 삶의 비결은 따뜻한 인간관계

1938년 하버드대 공중보건학부 알리 복 박사 연구팀은 건강하고 행복한 삶의 비결을 밝혀내기 위해 당시 만 19세였던 하버드대 2학년생 268명과 보스턴 빈민가 지역의 10대 후반 청소년 456명을 성인발달연구 대상으로 모집했다. 이후 724명의 삶을 정기적으로 추적·관찰해 왔다. 이들은 나중에 벽돌공, 변호사, 의사, 대통령(존 F. 케네디)이 되기도 하고, 알코올중독자가 되기도 했다. 연구팀은 단지 질문지만 주고받는 대신 직접 그들 집으로 찾아가 거실에서 대화하고, 그들의 건강, 재산, 인간관계, 종교, 정치 성향 등을 넓고 깊게 조사했다. 의료 기록과 재산 목록 등 자료를 수집하고 심층 면접을 했다. 자녀와 배우자 등 가족과도 대화했는데, 이후 이들도 연구 대상에 포함했다.

이러한 기념비적인 성인발달연구의 총책임자로 42년을 보냈던 하버드 의대 정신과 전문의 조지 베일런트 교수는 행복과 건강의 필수 조건으로 따뜻한 인간관계를 꼽았다. 연구 대상자들의 삶이 보여준 것 중 하나는 형제자매 간의 우애를 비롯한 친척, 친구, 스승 등과의 친밀한 관계가 충만한 삶의 중요한 원천이라는 사실이었다. 그는 "행복하고 건강하게 나이 드는 것을 결정짓는 것은 지적인 뛰어남이나 계급이 아니라 사회적 인간관계"였으며, "인생에서 가장 중요한 것은 바로 다른 사람들과의 관계"였다는 점을 알았다고 말했다.[84]

2005년부터 이 연구팀을 이끌고 있는 로버드 월딩어 하버드대 정신의학과 교수도 행복하고 건강한 삶을 만드는 가장 중요한 요인은 학벌도, 재산도, 명예도 아닌, 따뜻하고 의지할 수 있는 인간관계라고 보고했다.[85] 가족, 친구, 커뮤니티와 잘 연결되어 의지할 사람이 있을수록 삶의 만족도가 높고 더 건강했다. 따뜻한 인간관계를 가진 사람은 심혈관 질환, 당뇨병, 관절염 등 만성질환에 걸릴 확률이 낮고, 기억력과 면역력도 높게 유지됐다. 사회적으로 고립된 중년은 스트레스 호르몬과 염증 수치가 높았고 뇌 기능도 떨어졌다. 월딩어 교수는 좋은 인간관계가 스트레스 통제력을 높여서 건강과 수명에 도움이 된다고 추정했다.

　　연구 대상자의 80퍼센트 이상이 제2차 세계대전 참전자였다. 이 중 격렬한 전투를 경험한 사람은 살아 돌아온 후에도 만성적인 질병에 더 잘 걸렸고, 참가한 전투 규모가 작았거나 전투를 경험하지 않은 이들보다 일찍 사망했다. 그런데 전쟁의 정신적 충격으로부터 회복한 이들은 그 비결이 자기에게 편지를 보내준 친구와 동료 군인들 덕분이었다고 했다. 인간관계는 스트레스를 통제할 힘을 준다.

　　한편 연구팀은 사회적 관계를 맺은 사람의 수보다는 관계의 질이 중요하다는 점도 발견했다. 친구의 수보다 믿고 의지할 만한 친구가 있는지가 중요하다는 것이다. 관계의 질이 보장되지 않으면 무리 속에서도 외로울 수 있다. 또한 애정은 없고 다툼만 많은 결혼생활은 이혼해서 혼자 사는 것만 못했다. 소셜 미디어는 사람들과의 상호작용에 활용되면 행복감 향상에 도움이 되지만, 남이 올린 걸 보기만 하면 오히려 행복감을 낮출 수 있었다.

　　이처럼 인간관계는 행복과 건강에 매우 중요하지만 인간관계를 맺는 데 너무 부담을 가질 필요는 없다. 월딩어 교수는 일상에서 만나는 사람들에게 먼저, 가볍게 다가가는 것부터 시작해 보라고 권했다. 가게 주인, 버스 기사, 승강기에서 만난 이웃에게 웃으며 인사부터 해보라는 것이다. 부담 없이 서로 따뜻한 말을 주고받은 후에 느껴지는 기분 좋음도 서로의 스트레스를 줄여주고 면역력을 높여주고 있을지 모른다.

또라이 대처법

이처럼 좋은 인간관계는 행복감의 중요한 원천이지만, 타인이 고통의 진원지가 되기도 한다. 예컨대 자기 주위에 있는 특이한 사람 때문에 인간관계와 사회생활이 힘들 때가 있다. 혹시 주변에 '또라이' 같은 사람이 있는가?

또라이는 '생각이 모자라고 행동이 어리석은 사람'을 이르는 속어다. 또라이가 남에게 피해를 주지 않으면 머저리나 기인에 그치지만 남을 괴롭게 하면 현실 속 악당이 된다.

살다가 만나는 또라이는 피할 수 있으면 피하는 게 좋다. 그런데 피할 수 없는 상황이라면 골치가 좀 아프게 된다. 더욱이 직장 상사나 사수라면 여기서 밥벌이를 계속할 것인지 고민하게 된다. 그런 사람은 복도에서 마주치는 것도 불편하다. 이처럼 주변에 있는 또라이 때문에 사회생활이 힘들다면 어떻게 해야 할까? 피할 수 있으면 피하라고 했지만, 아무리 피해 다녀도 그런 사람은 어딘가에 꼭 있기 마련이다.

여기서 "나도 누군가에게는 또라이일 수 있다."라는 자기 성찰을 주문하지 않으련다. 물론 매우 성숙하고 필요한 자세이긴 하지만 인간관계로 당장 힘들어하는 사람에게 제일 먼저 할 수 있는 권고는 아니다.

일단 관심의 초점을 그 또라이에게 맞추지 말고 마음속으로라도 좀 무시해 보길 바란다. 이럴 때 떠올리면 인간관계의 고민과 압박감을 조금은 가볍게 하는 데 도움이 될 말들이 있다. "그러라 그래." "다 사연이 있겠지." "뭐, 사람은 다 다르니까."

다음 단계는 또라이를 포함해 자기와 다른 사람을 이해하기 위한 약간의 공부다. 여기서 이해는 인정, 수용, 화해, 존중 등의 어려운 후속 과제를 요구하기 위한 수순은 아니다. 성격, 성향, 태도가 다른 사람을 만날 수밖에 없는 사회적 동물로서 사회생활의 필수교양을 간단히라도 알자는 것이다.

대인 동기의 차이 이해

우선 사람에 따라 타인을 대하는 성향인 '대인 동기'가 다르다는 점을 알자.

타인에게 먼저 다가가는 '대인 접근 성향'의 사람이 있고, 다가오는 타인을 피하는 '대인 회피 성향'의 사람도 있고, 피하기보다 공격적 태도를 보이는 '대인 적대 성향'의 사람도 있다. 이러한 대인 동기는 선천적 기질, 욕구의 충족 경험, 부모와의 애착 경험, 목표 추구 방식 등에서의 차이로 인해 사람마다 다르게 나타난다.

특히 '애착 유형'의 차이를 아는 것은 자기 마음 같지 않은 사람을 이해하는 데 중요하다. 여기에는 안정 애착, 회피 애착, 불안 애착, 불안·회피 애착의 네 가지 유형이 있다.

안정 애착 유형은 새로운 관계를 맺는 데 거리낌이 없고 적당한 친밀감을 누릴 줄 안다. 상대방과 너무 친밀해질까 또는 멀어질까 걱정하지 않고 타인을 기본적으로 신뢰한다.

회피 애착 유형은 상대방과 너무 친해지는 것을 불편해하여 거리를 두려 하고 타인을 잘 믿지 않는다. 상처를 받는 것이 두려워 처음부터 애착 관계를 갖는 것을 꺼린다.

불안 애착 유형은 애착을 느끼는 상대의 관심과 애정을 잃을까 두려워하며 대부분의 정신적 에너지를 그 사람과의 관계에 소진한다. 이런 불안감에 따른 집착과 의심은 본인도 힘들게 하지만 상대를 질리게 할 수 있다.

불안·회피 애착 유형은 상대방이 다가오는 것이 불편해 거부하면서도 친밀하고 배타적인 관계를 갈망한다. 상대가 자기를 버릴 것이라는 불안과 의심이 있으며 이를 감추려고 자기 방어막을 세운다. 상대방을 매우 헷갈리게 하는 복잡한 유형이다.

자신은 이 중 어떤 유형에 가까운가? 동료, 친구, 연인 등과의 관계에서 자신이 어떤 감정을 느꼈고 관계가 어떤 식으로 진행됐는지 돌아보면 짐작할 수 있다. 인간관계가 수월하고 즐거운 것은 역시 안정 애착 유형이다.

그런데 애착 유형이 평생 그대로 지속될 가능성은 70~75퍼센트라고 한다. 정신건강의학과 윤홍균 원장은 안정 애착 유형이 되고 싶다면 주변에 안정 애착 유형의 사람들을 두고 그들의 사고와 언행을 배우라고 조언한다.[86]

이는 초등학교에 가서 고민 상담을 해준 EBS 연습생 펭수가 인간관계를 고민하는 한 초등학생에게 해준 말과도 통하는 조언이다. "부정적인 사람들은 도움이 안 돼요. 긍정적인 친구들과 얘기하세요."

'내면아이'의 발견과 치유

인간관계를 어렵게 하는 것이 성인이 된 후에도 내면에 남아 있는 유아기적 모습, 이른바 '내면아이' 때문인 경우도 있다.

어린 시절에 받고 싶었던 사랑, 관심, 인정 등이 결핍되어 생긴 욕구 불만과 상처가 무의식에 숨어 있다가 타인과의 관계에서 그때와 유사하다고 느끼는 상황이 오면 의심, 오해, 질투, 괴롭힘 등 미성숙한 대응으로 드러나는 것이다. 이런 사람을 만나면 혹시 본의 아니게 '내면아이'가 튀어나와서 생떼를 부리는 것은 아닌지 생각해 보면서 "다 사연이 있겠지."라고 읊조려 보자.

그런데 사실 '내면아이'가 남이 아닌 자기의 문제일 수도 있다. 관계에 어려움을 겪는 사람은 상대방에게 초점을 맞추고 문제의 원인도 바깥에서 찾는 경우가 많다. 상대방의 말이나 행동, 당시 상황 등에 골몰하기 쉬운데, 자기 속마음과 자기 시선, 그리고 그것에 영향을 주는 자기의 내면아이가 더 주요한 원인일 수도 있다.

**힘들어도 괜찮은 척, 뭐든지 잘하는 척하는 모습 뒤에는 상처
받은 아이가 숨어 있다.
사랑받고, 칭찬받고 싶어 하는 외로운 어린아이가.**[87]

자기 마음 같지 않은 사람이 세상에 너무 많다면, 유독 자
주 서운하고 상처를 잘 받는 편이라면, 자기의 내면아이를 치
유할 필요가 있다. 셀프 치유의 핵심은 내면아이에게 자신이
새로운 부모 역할을 해주는 것이다. 과거의 상처를 더듬어 자
기 안의 내면아이를 발견하여 인정하고, 상처 입었던 감정을
지금의 감정과 연결하고, 그 상처를 언어로 표현해 객관화하고
(내면아이 이름 짓기), 내면아이의 아픔을 공감하고 보듬어 스스
로 위로하고, 스스로에 대한 관점을 전환해 과거의 기억에 새
로운 의미를 부여하고, 마침내 관계를 변화시키는 것이 치유의
과정이다.[88]

자신이나 타인에 대해 '이래야 한다.'는 식의 당위적인 요
구를 마음속에 강하게 갖고 있을수록 대인관계에서 부적응이
나 갈등이 생길 가능성이 커진다. 자기는 결코 다른 사람에게
약점을 보여서는 안 되며, 내가 실수하거나 실언하면 다른 사
람들이 무시하거나 비난할 거라고 생각할 때 어떤 일이 일어날
까? 내가 이런 건 잘하지 못한다고, 이번 일은 실수했다고 '쿨
하게' 인정하면 넘어갈 수 있었는데, 그걸 인정하지 않으려다
보니 대화가 어색해지고 방어를 넘어 상대방에 대한 역공도 일
어난다.

또 사람들은 결코 나를 비판하거나 무시해서는 안 되며, 항상 나에게 친절하고 내 말에 관심을 가져야 하며, 진정한 친구라면 항상 내 편을 들어줘야 한다고 생각할 때 어떤 일이 일어날까? 나에 대한 어떤 부정적인 말에도 민감하게 반응하게 되고, 자기 기준에서 불친절하거나 무관심한 반응에는 상처를 받게 된다. 입을 닫고 상대방에 대한 마음의 문도 닫는다. 자기 기분을 풀어주기 전까지는.

이러한 요구는 사실 꼭 그래야 한다는 어떠한 이유도 근거도 없다는 점에서 비합리적인 신념이나 과도한 기대에 가깝다. 이런 요구를 마음속에 강하게 가진 것도 항상 다른 사람들로부터 인정과 칭찬을 받고 싶어 하는 내면아이 때문인 경우가 많다.

오스트리아의 심리학자 알프레드 아들러는 인간의 모든 행동은 상대역이 존재하는 대인관계에 포함되기에 인간관계만큼 중요한 것은 없다고 했다. 그리고 지금의 자신을 만든 것은 자신이며, 자신을 바꿀 수 있는 주체도 자신이라는 자기 결정성을 강조한다. 인간은 환경이나 과거에 일어난 사건의 단순한 희생자가 아니며, 스스로 운명을 창조할 힘을 갖고 있다는 것이다.[89] 이는 트라우마 이론처럼 과거의 부정적 경험이 현재의 퇴행적 행동의 원인이 된다고 생각한 지크문트 프로이트의 과거지향적인 원인론의 심리학과는 대조된다.

내면아이를 발견한 후에도 자기가 이런 내면아이를 갖게 된 건 전적으로 누구의 책임이고 자기는 무력한 희생자에 불과하다고 생각하면 탈출구를 찾기 어렵다. 매번 특정한 방식으로 반응해 인간관계를 어렵게 하는 자기의 행동은 과거의 일이 가져온 결과라기보다는 그렇게 반응하기로 하고 나의 상처를 알아주길 바라는 목적이 담겨 있기 때문일 수 있다.

그런데 모든 사람들이 내 마음을 알아줄 수 있는 건 아니다. 주변에 사람 10명이 있다면, 나와 성격이 잘 맞는 사람은 2명, 보통인 사람은 6~7명, 맞지 않는 사람은 1~2명 정도 있다고 한다. 나와 성격이 다른 1~2명에게조차 이해받고 사랑받아야 한다는 생각은 지나친 욕심이다. 모두에게 사랑받고 싶다는 생각이 환상에 불과하듯, 모두에게 미움받고 있다는 생각도 망상이다. 사람은 각자 자기 생각하기에도 바빠서 타인에게 큰 관심이 없다. 타인을 생각할 수밖에 없는 상황에서도 자기 생각을 놓지 못하는 것이 보통이다. 마음속 내면아이를 온전히 보듬어 줄 수 있는 존재도 결국 자기 자신이다.

'똑똑한' 이타주의자

남을 이용하고 이기적으로 행동하는 사람은 사회생활을 힘들게 만든다. 이런 사람이 직장 동료나 상사라면 울분이 터질 수 있다.

조직심리학자 애덤 그랜트 교수는 여러 가지 사례와 연구를 근거로 이기적인 사람이 얻는 것도 있지만 한계도 분명함을 지적했다.[90] 성공 사다리에서 자기 이익을 위해 남에게 받기만 하려는 '테이커taker'는 딱 받은 것만큼만 돌려주는 '매쳐 matcher'와 비슷한 수준으로 성공했다. 성공 사다리의 맨 아래 에는 남에게 퍼주기만 하는 '호구 기버giver'가 자리했다. 그런 데 성공 사다리의 꼭대기에 있는 존재는 남에게 먼저 조건 없 이 베풀고 양보하고 배려하면서 그것이 결국 자기에게도 이익 이 되도록 만드는 '현명한 기버'였다.

어떻게 테이커보다 기버가 더 큰 성공을 거둘 수 있었을 까? 현명한 기버는 테이커처럼 근시안적으로 자기 이름과 자 기 이익만 앞세우기보다 조직의 성공과 전체의 이익을 위해 노 력한다. 자기 이익과 출세를 위해 주변 사람들을 이용하는 테 이커와는 달리 현명한 기버는 주변 사람들을 배려하고 도와주 어 그의 편으로, 그의 팬으로 만든다. 자기 이미지를 생각하며 사회의 약자들에게 갑질도 하지 않는다.

또한 전체의 이익을 추구하면서도 자기의 이익과 긍정적 이미지에도 관심을 가진 덕분에 에너지를 유지하고 회복한다. 그렇게 성공한 기버는 더 오래 베풀고 세상에 더 많이 공헌할 수 있다.

> 똑똑한 이타주의자는 어리석은 이타주의자보다 덜 이타적일 지도 모르지만, 그들은 어리석은 이타주의자와 이기주의자보 다 더 바람직한 존재다. (허버트 사이먼, 미국 인지과학자, 노벨 경제학상 수상)

내가 한국인을 대상으로 한 실험 연구 자료를 분석하여 전략적 사고능력이 행복에 미치는 영향을 탐구한 논문에서 발견한 것도 이와 상통한다.[91] 다른 조건이 비슷하다면, 전략적 게임이론의 실험을 통해 측정한 전략적 사고능력이 높은 사람이 더 행복했다. 이때 전략적 사고능력은 다른 사람과 함께하는 게임에서 자기의 행동에 대한 타인의 반응을 고려해서 최적의 행동을 선택할 줄 아는 능력을 말한다. 만약 전략적 사고능력이 경제적 합리성을 대변하는 변수라고 한다면, 합리적인 사람일수록 행복도가 높았다고 볼 수 있다. 경제학 이론 모형에 등장해 온 합리적이고 이기적인 '경제적 인간homo economicus' 같은 존재일수록 자기의 효용(행복)을 극대화하는 데 성공하고 있기 때문일까?

그런데 심층 분석 결과, 전략적 사고능력이 높은 사람이 행복한 이유는 자기 이익만 추구해 더 적게 일하거나 더 많은 돈을 벌기 때문이 아니었다. 그보다는 전략적 사고능력이 높을수록 사교성과 호혜성으로 좋은 사회적 관계를 형성하여 사람의 마음을 얻기 때문이었다. 자신에게 잘못한 사람에게 보복하려는 부정적 상호성보다는 자신에게 잘해준 사람에게 보답하려는 긍정적 상호성이 전략적 사고능력과 행복의 관련성을 매개하는 고리였다. 즉, 행복의 고수는 재물 도둑이 아니라 마음 도둑이었다. 이런 점에서 자신의 이익을 중시하는 경제적 인간과 타인과의 관계 속에서 의지하며 살아가는 사회적 동물로서의 인간은 반드시 상충하는 것이 아닐 수 있다.

한편, 현명한 기버의 성공 비결이자 테이커의 자기 함정으로 중요하게 작용하는 것은 주변 사람들로부터 얻을 수 있는 '평판reputation'이다. 평판이 형성되는 통로 중 하나는 제3자에 대한 사람들 간의 뒷담화다. 그런데 뒷담화는 인간관계에 있어 가장 주의해야 할 것 중 하나이기도 하다.

뒷담화의 효과

뒷담화의 목적은 흔히 스트레스 해소와 복수다. 나를 화나게 만든 누군가를 다른 이에게 얘기하면서 스트레스가 좀 풀릴 때도 있다. 그러나 그를 비난하면서 자기 자신을 합리화하는 회로가 가동되어 더 열받을 수도 있다. 지금은 청년이 된 내 조카가 초등학생일 때 쓴 일기에 학교에서 친구와 다툰 얘기가 실려 있었다. 바른생활 어린이였던 조카라 친구와의 다툼은 예외적인 사건이기도 했다. 그날 일기의 마지막 문장이 인상적이었다. "이 글을 쓰면서 나는 더욱 화가 났다."

뒷담화는 그 사람을 좋지 않게 말하는 데 다른 이들이 동조하게 함으로써 간접적인 복수를 할 수 있게 한다. 그런데 스탠퍼드대 연구진이 실험을 통해 인간관계의 비밀을 밝혀낸 연구 결과를 보면 뒷담화를 하는 사람에게도 피해가 돌아왔다.[92]

누군가에게 제3자의 험담을 했을 때, 청자는 험담의 대상을 나쁘게 생각하게 된 동시에 화자에 대해서도 좋지 않은 인상을 받았다. 앞으로 이 사람이 혹시 자신에 대해서도 다른 사람에게 험담을 할 수 있지 않을까 하는 경계심을 갖게 된 것이다.

반면 제3자에 대한 칭찬을 했을 때는 청자가 칭찬의 대상을 좋게 생각하게 된 동시에 화자에 대해서도 좋은 인상을 받았다. 이 사람에게 잘하면 자신에 대해서도 다른 사람에게 좋은 얘기를 해줄 것 같다는 기대감이 생긴 것이다.

이렇게 볼 때, 결국 나쁜 평판은 자기가 아니더라도 많은 이들의 뒷담화를 통해 퍼질 테니 다른 사람 얘기는 가급적 좋은 것만 옮기는 편이 낫다. 특히 같은 조직 내에서 뒷담화를 많이 하는 사람들과 굳이 적극적으로 어울릴 필요는 없다. 대부분의 화는 입 밖으로 나온 말이 자초한다. 낮말은 새가 듣고 밤말은 쥐가 듣는다. 새와 쥐는 금방 말을 옮긴다.

외로움과 고독의 차이

이렇게 번거롭고 복잡한 인간관계의 비결을 공부하고 실천하려 애쓰지 말고 그냥 인간관계에서 벗어나서 혼자 편하게 사는 것이 더 행복하지 않을까?

그런데 혼자 있는 것은 양면성을 가진다. 혼자 있는 시간에 우리는 타인의 영향에서 벗어나 해방감을 느낄 수 있고, 주의집중이 잘 되어 생산성과 창조성이 높아지고, 사색과 성찰을 통해 자기 계발을 할 수 있다. 이렇게 사람들과의 접촉이 없는 상태에서 긍정적인 감정을 갖는 것은 고독을 즐기는 것이며, 일의 몰입에도 도움이 된다. 몰입이론의 대가인 심리학자 미하이 칙센트미하이 교수는 혼자 있는 것을 견디지 못하는 청소년은 창조적인 재능을 기르지 못한다고 지적한 바 있다.

어울림에서 배제되어 혼자가 되는 것은 정신적 고통과 신체적 건강 악화를 초래할 수 있다. 실험 참가자의 아바타가 나오는 컴퓨터 게임으로 공을 패스하는 놀이에서, 실험 설계자의 의도에 의해 다른 참가자들이 고의로 공을 주지 않고 따돌리자 참가자의 뇌는 극심한 신체적 고통을 느낄 때와 유사한 반응을 보였다. 심지어 아스피린 등 진통제에 진정 반응을 보일 정도였다.[93] 중범죄를 저지른 수감자를 독방에 가두는 것은 이유가 있다. 비자발적인 외로움은 고통을 수반한다.

한국 사회에서 청년이 느끼는 외로움도 꽤 큰 것으로 조사된다. 전국 만 18~34세 청년 2,041명을 대상으로 실시한 한국청소년정책연구원의 2021년 청년 사회·경제 실태조사 결과에서, 고립감이나 외로움을 느끼는 청년의 비율('드물게', '가끔', '항상'을 합친 비율)이 상당히 높았다. 청년의 55퍼센트는 친구 관계가 부족하다고 느꼈고, 48.3퍼센트는 의지할 수 있는 사람이 없다고 느꼈고, 42.4퍼센트는 더는 아무와도 가깝지 않다고 느꼈고, 38퍼센트는 혼자라고 느꼈고, 33.2퍼센트는 소외감을 느꼈고, 13.4퍼센트는 다른 사람들로부터 고립되어 있다고 느꼈다. 특히 다른 사람들로부터 고립되어 있다고 느낀 청년의 26.5퍼센트는 고립감을 느낀 기간이 1년 이상이라고 응답했다. 소셜 미디어로 많은 사람과 연결되어 있는 것 같지만, 실제로는 외로운 경우가 많은 것이다.

혼자 있는 것이 양면성을 갖듯 외로움loneliness과 고독 solitude은 구분할 필요가 있다. 외로움은 뭘 해보려는 의욕을 없애지만, 고독은 어떤 일에 몰입하는 데 도움을 준다. 외로움은 자기에게 의미 있는 인간관계가 없다는 상실감을 상기시키지만, 고독은 그런 관계를 이미 갖고 있다는 사실을 깨달으며 결핍감을 느끼지 않는다. 고독을 즐기면 산중 생활을 하는 '자연인'처럼 자연 세계에 동화되며 평화를 느끼고, 명상이나 묵언수행을 통해 생생한 존재감과 자아 성장도 느낄 수 있다. 슬기롭게 스스로 택한 혼자 있는 시간은 내향적 인간이 충전하는 시간이자, 높은 집중력과 몰입으로 지식과 내공을 축적하며 작품을 창조하는 시간이 될 수 있다.

철학자 니체도 "가끔은 고독을 청하라."고 권고했다. 마음은 혼자 쉬고 싶거나 다른 곳에 있는데 일 때문에 또는 서로 맞춰주느라 '몸 대주고 있는' 식의 인간관계에 지치기 쉬운 요즘 사람들에게도 적확한 조언이 아닐 수 없다.

사회적 필요에 의해 수많은 사람과 어울려 지내다 보면 인간관계 자체가 점점 번거로운 만남으로 전락해 버린다. 그럴 때는 잠시 동안 누구도 만나지 않고 고독의 시간을 보내는 것이 좋다. 그런 후에 다시 만나는 사람들의 온기는 뜻밖의 반가움과 설렘, 활력을 선사할 것이다.[94]

인간관계의 중용

혼자 있으니 편하긴 한데 외롭다. 사람들과 관계를 맺으니 좋기도 하지만 힘들고 상처받는다. 청년들이 인간관계에 관한 고민을 상담할 때 많이 털어놓는 말이기도 하다. 어떻게 해야 할까?

『인간이란 무엇인가』를 쓴 영국 경험주의 철학자 데이비드 흄은 철학이 '일상을 반성케 하여 이따금 생활 태도를 교정하는 것'에 지나지 않는다는 겸허한 태도를 견지했다. 그는 이성의 힘을 과신하며 완벽한 이론을 내세웠던 그 어떤 철학자보다 건강하고 낙천적이며 균형 잡힌 삶을 살았다.[95] 철학을 전공한 영국 작가 줄리언 바지니가 쓴 평전 『데이비드 흄』에는 자기의 인간관계에 대해서도 건강한 균형을 추구했던 흄의 태도가 묘사되어 있다.

> 흄은 고독과 친교를 모두 중시했던 사람이었고, 둘 중 무엇이 더 좋은지 갈등했던 것 같다. 그는 인간이 사회적 동물이라는 아리스토텔레스의 견해에 동의했기 때문에 "인간은 남들을 의식하지 않기를 바랄 수 없다. 인간이 겪을 수 있는 최고의 형벌은 완전한 고독이다"라고 썼다. 그러나 고독이 없는 것 역시 나쁘기는 마찬가지다. 특히 친교의 질을 장담할 수 없을 바에야 고독이 더 나은 법이다.[96]

결국 고독과 친교 사이의 '중용中庸'을 추구하되, 질이 나쁜 친교보다는 고독을 택하겠다는 태도다. 물론 애매한 줄타기는 자기 편의적이며, 매 상황에서의 선택에 대한 자기합리화에 그칠 수 있다. 그래서 덕으로서의 중용이 아닌 편의로서의 범용이 될 수도 있다. 줄리언 바지니도 중용의 맹신에 대한 경계를 잊지 않는다.

> 이러한 종류의 철학적 기질은 극단을 피하게 한다. "이편에서는 이러한 점, 저편에서는 저러한 점을" 보기 때문에 결국 중도적 입장에 서게 되는 것이다. 우리는 흄의 삶에서 다음과 같은 금언을 길어 올릴 수 있다. 중용 또한 중용으로 다스려야 한다. 즉 중용 또한 지나침이 있어서는 안 된다. 중용에 익숙해지다 보면 중용이 미덕이 아니라 해악이 되는 상황을 놓칠 수 있다. 중용을 맹신하는 것은 현 상태를 유지하려는 태도를 심화시키고, 급진적이고 근본적인 개혁을 지나치게 의심하는 태도를 낳는다.[97]

홍자성의 『채근담』을 국역하고 해설한 조지훈 시인의 서문에는 다음과 같은 말이 나온다. 채근담의 유익함을 묘사한 표현인데, 이 글귀에 인간관계의 중용에 관한 핵심이 다 들어 있다.[98]

> 뭇사람과 기꺼이 어울리되 그 더러움에는 물들지 않고, 드높은 경지에 뜻을 두어도 쓸쓸한 생각에 빠지지 않게 …

첫째는 사람들과의 친교를 기꺼워하되, 스스로 사리분별을 하여 부정하거나 불의한 짓에는 함부로 휩쓸리지 말라는 조언이다. 속칭 '낄끼빠빠(낄 때 끼고 빠질 때 빠져라)'라는 말도 모임이나 대화에서 눈치를 챙기라는 충고로만 여기지 말고, 인간관계에서 분별력을 갖고 주체적이고 윤리적으로 행동하라는 말로 되새기면 좋겠다.

둘째는 드높은 경지에 뜻을 두고 고독이라는 창조적이고 생산적인 시간을 즐기되, 외로움이라는 상실감에 빠지지 않도록 하라는 조언이다. 사회적 동물인 사람이 이런 고독의 시간을 버티는 수준을 넘어 만끽하는 경지에 이르려면 내면에 단단한 연결감이 필요하다. 연결감이란 지금 여기 같이 있지는 않지만 자기를 사랑하고 자기가 사랑하는 존재가 있다는 믿음 같은 것이다. 봉쇄수도원이나 절대고독을 느낄 수 있는 산중에서 홀로 수도하는 성직자도 자기가 믿는 절대자와의 연결감으로 인해 그 고독의 시간을 이겨내고 신비로운 정화와 기쁨을 체험하기도 한다.

끝으로 주의할 점은 자기의 대인 동기, 애착 유형, 내면아이의 성격, 유전적 기질과 성향에 따라 인간관계에 의식적으로 유념하고 노력해야 할 방향은 달라진다는 것이다. 사회생활의 중용을 위해서는 바람직한 균형점과 견주어 자기 위치를 파악해야 한다. 그리고 그 위치가 자신이 긴장과 이완을 오가면서도 감당해 내고 유지할 수 있는 범위에 속한 지점인지도 짚어봐야 한다. 모든 사람이 같은 모양으로 살 수는 없고, 그럴 필요도 없다.

저마다 자기가 외향적인지, 내향적인지, 피질 좌파인지, 피질 우파인지 등에 따라 각자 공명하는 대목이 다를 것이다. 얼핏 모순되는 조언들이 이 책에도 공존하고 있을 텐데 독자마다 밑줄 칠 부분이 다를 것이고, 달라야 한다.

『채근담』의 조지훈 시인 역자 서문에도 다음과 같은 말이 나온다.

한 가지 공식과 논리만으로 모든 사람을 꿰어맞추려 하지 않고 때와 자리와 사람에 따라 잘못되기 쉬운 약점을 지적함이니, 융통성 있는 현실 윤리는 병에 따라 처방을 달리하는 윤리이기 때문이다.

　열한 번째 휴게소에서는 잠시 의자에 앉아서 눈을 감고 자기
가 살아온 삶을 감사하는 마음으로 돌아보자. 생각나는 사람이
있다면 자신에게 '의미 있는 타인'인 그를 위해 '의미 있는 주말'
을 보낼 계획을 한번 세워보자.

　심리학자 마틴 셀리그먼은 2004년 TED 강연에서 행복한 삶
으로 즐거운 삶, 몰입하는 삶, 의미 있는 삶을 이야기했다. 그는
강연 중에 인간관계를 통한 행복한 삶의 실천 방법의 예로 '감사
방문'을 들었다. 청중들에게 하루를 내서 삶에서 아름다운 날을
아래와 같이 설계해 보라고 권했다.

　　"여러분 모두 지금 저와 함께 한번 해보도록 합시다. 눈을 감
　　아보세요. 여러분의 삶에서 아주 중요한 역할을 한 사람을 떠
　　올려 보세요. 여러분의 삶을 좋은 방향으로 바꾼 사람을 말하
　　는 거예요. 감사의 표시를 제대로 하지 못했던 분을 말합니

다. 그분은 살아 계신 분이라야 합니다. 그럼 이제 여러분, 눈을 뜨세요. 여러분 모두에게 그런 분이 있기를 바랍니다. 감사 방문을 배울 때 수행할 과제는 그분께 300단어 정도의 감사 편지를 쓰는 것입니다. 이곳에서 그분께 전화를 드리세요. 방문해도 되는지 여쭈어 보세요. 이유는 말하지 마시고 찾아가세요. 감사 편지를 읽으세요. 이렇게 하면 모든 사람이 눈물을 흘립니다. 우리가 알아낸 것은 이분들을 일주일 뒤, 한 달 뒤, 석 달 뒤에 조사했는데 모두 더 행복하고 덜 우울했다는 사실입니다."[99]

나는 살아오면서 숱하게 이사를 하며 애장했던 책들을 비롯해 많은 것을 과감히 정리했지만, 하나도 버리지 않고 지금껏 간직해 온 것이 있다. 바로 다른 사람들이 내게 손글씨로 써준 편지와 카드다. 이메일, 스마트폰 문자, 채팅창 등으로 전해진 컴퓨터 서체에는 담기지 않은, 글씨를 쓸 때의 그 사람의 마음이 느껴지는 것 같아 더욱 소중하다.

이 순간 나 자신도 눈을 감고 지금의 나로 이끌어 준 존재들을 떠올려 본다. 돌아가신 분도 계시고, 멀리 계신 분도 계신다. 더 늦기 전에 연락드려야겠다.

12장. 적당히 괜찮은 부모,
오늘도 행복한 가족

완벽한 부모가 돼야 한다는 강박의 이면에는
완벽한 아이를 바라는 욕망이 있다.

아이와 노는 행복

'행복하다'는 아이의 말은 부모에게 가장 큰 기쁨과 보람이다. "엄마 아빠도 행복해."라는 화답이 절로 나온다.

이 관계에서는 서로 사랑한다는 말 못지않게 자신의 행복을 고백하는 말이 듣는 사람을 행복하게 한다. 특히 부모는 아이가 행복하다고 말할 때 자기 인생에 적어도 한 가지 의미는 선명하게 부여하면서 안도감도 느낀다.

부모와 자녀는 촌수로도 가장 가까운 1촌이고 그 변함없는 도리는 천륜이라고도 한다. 자신이 아닌 타인 중에서는 서로가 가장 '의미 있는 타인significant others' 중 하나다. 행복에서 인간관계가 차지하는 막대한 비중을 고려하면, 인간관계 중 가장 원초적인 부모와 자녀의 관계는 행복 공부의 매우 중요한 주제가 될 수밖에 없다.

프린스턴대 연구진이 약 4,000명의 응답자에게 전날 했던 활동들을 모두 나열한 후에 각 활동에서 느낀 행복감의 점수를 0점에서 6점까지 매기게 했다. 뭘 했던 시간에 행복감이 가장 높았을까? 파티? 운동? 산책? 쇼핑? 독서나 여행? TV 시청? (여기서부터는 설마) 회사 근무? 학교 공부? 청소? 숙제?

응답을 종합하여 평균한 결과, 파티(5.24)부터 여행(4.02)까지는 4~5점대의 양호한 행복감을 주는 활동에 속했다. TV 시청(3.91)부터 숙제(2.71)까지는 평균 2~3점대의 비교적 낮은 행복감을 주는 활동에 속했다. 그렇다면 어떤 활동의 행복감이 가장 컸을까? 바로 '아이들과 놀기'(5.41)였다.

유튜버 '침착맨'(웹툰 작가명 '이말년', 본명 이병건)은 '딸 천재'라는 별명도 갖고 있다. 딸이 예뻐서 어쩔 줄 모르고 딸을 귀하게 모시는 '딸 바보' 부모들이 많은 요즘, 거꾸로 '딸 천재'를 자임한 것이다.

어린 딸과 쌀보리 게임을 하면서도 이 악물고 딸을 이기려는 아빠, 딸을 짓궂게 놀리며 약을 올리는 아빠, 딸을 귀여워하면서도 무관심한 듯, 막 대하는 듯하는 아빠의 모습은 딸에게 어쩔 줄 모르는 세상의 아빠들에게 그냥 편하게 해도 된다고 격려하는 것 같다. 이런 친구 같은 아빠, 아니 동생 같은 아빠가 어쩌면 아빠의 새로운 본보기일 수도 있다(물론 침착맨 말고도 이런 유쾌한 아빠들이 꽤 있다).

딸에게 "소영아, 너는 너무 행복한 것 같아. 조금만 덜 행복해야 할 것 같아."라고 말하는 침착맨과 어이없어 웃고 마는 그의 아내. 이들의 모습은 좋은 부모가 돼야 한다는 부담을 느끼는 젊은 부모, 예비 부모들을 격려해 주는 것 같다.

'완벽한 부모'에 대한 강박

요즘 젊은 부모들이 부담을 느낄 만도 하다. 각종 육아서와 육아방송은 완벽한 육아법을 보여준다. 일일이 보고 그대로 따라 하기에는 너무 벅차고 시간도 부족하다. TV 육아 상담 프로그램을 보면 아이의 이상 행동이 결국 부모의 잘못된 육아 때문이라고 말하는 것처럼 느껴지기도 한다.

소셜 미디어가 육아의 심리적 부담을 높이기도 한다. 장소, 패션, 음식, 분위기 등 '완벽한' 한 때를 담은 사진을 인스타그램에 올려 자랑하던 것이 해외 태교여행을 거쳐 육아까지 이어진다. 똑똑한 부모, 솜씨 좋은 '금손' 부모, 돈 걱정은 없어 보이는 부모가 아이를 위해 해준 것들을 자랑한다. 이를 본 평범한 부모는 자신감을 잃고 죄책감마저 느끼기도 한다.

한국 부모에게 부담을 주는 것으로 사교육 경쟁도 빼놓을 수 없다. 부모가 어떻게 하느냐에 따라 자녀가 진학할 대학의 서열이 상당히 달라진다고 믿는 분위기는 그 사실 여부와 상관없이 부모에게 엄청난 부담을 준다. 대치동 사교육, 극성스러운 상류층 학부모 문화가 자녀에 대한 부모 지원의 눈높이를 정해버렸다. 저 정도로 아이에게 해줄 수 없다면 아이를 낳지 않는 것이 낫다고 생각하게 만들기도 했다.

부모가 오직 치열한 교육 경쟁에서 자녀가 이기는 것에 초점을 맞추게 되면 부모와 자녀 사이에는 온전한 소통이 어려워진다. 1989년에 책과 영화로 만들어진 『행복은 성적순이 아니잖아요』는 이 한 문장의 유서를 남기고 자살한 중3 학생의 실화를 바탕으로 했다.

쉬는 시간에도 부모의 기대에 부응하려 죽어라 공부하는 전교 1등 은주는 공부 못하는 봉구와 친구가 되면서 처음으로 자유로움과 행복감을 느낀다. 그런데 다음 시험에서 7등으로 성적이 떨어져 풀이 죽은 채 집에 온 은주는 부모의 노골적인 실망과 차가운 눈초리에 상처받는다. 은주는 부모에게 조종당하며 자기 삶을 살지 못하는 현실에 절망하며 아파트 옥상에서 짧은 생을 마감한다. 은주의 유서는 이런 내용이었다.

> 난 로봇도 아니고, 인형도 아니고, 돌멩이처럼 감정이 없는 물건도 아니야.
> 난 공부를 해도 행복하지 않은데…
> 행복은 성적순이 아니잖아?
> 난 성적순이라는 올가미에 들어가 허우적거리며 살아가는 공부벌레야.
> 이렇게 살고 싶진 않아.
> 친구들, 선생님 안녕.
> 엄마 안녕.[100]

비단 이 사건뿐 아니라 고2 모범생의 분신자살 사건[101]도

부모의 기대가 아이에게 준 부담의 비극적 귀결이라 무척 안타까웠다. 넉넉하지 않은 형편임에도 아들을 위해 최선을 다해 뒷바라지하는 헌신적인 부모의 기대를 저버리고 싶지 않아 열심히 공부하는 착한 아이였다. 내신 성적은 최상위권이었지만 모의고사 점수가 잘 나오지 않자 친구에게 부모님이 해주시는 것에 비해 아무것도 하는 것이 없다는 자기 비하성 고백을 했다. 성적에 대한 부담과 우울감을 견디다 못해 "아빠, 학교 기숙사에서 나오면 안 될까요?" 하고 말했지만 아빠는 아이를 다독여서 택시를 태워 기숙사로 보냈다. 아이는 학교에 가지 않고 후미진 골목에서 자기 몸에 불을 붙였고, 사경을 헤매다 세상을 떠났다. 특히 착한 아이에게 부모의 기대와 헌신은 독이 되기도 한다.

이런 비극은 되풀이되고 있다. 2021년에도 시험을 앞두고 문제집을 사서 귀가하던 고3 학생이 실종 7일 만에 야산에서 숨진 채 발견됐다. 극단적 선택을 위한 도구를 직접 구매한 것으로 알려졌다.

학생과 학부모에게 성적은 돈과 비슷하다. 돈이 많으면 좋듯이 성적도 높으면 좋다. 그러나 돈이 전부가 아니듯 성적도 전부가 아니다. 그런데 돈이 전부인 것처럼, 성적이 전부인 것처럼 생각하는 사람도 있다. 그렇게 생각하고 행동하면 다른 중요한 것을 잃기 쉽다. 앞에서 '돈과 행복'을 공부할 때 이미 봤다.

2018년 초록우산어린이재단이 초중고 학생 571명을 조사한 결과, 가족과 대화하는 시간은 평일 기준으로 하루 평균 13분밖에 되지 않았다. 학원, 숙제 등 학교 밖 공부 시간이 190분이나 되는 것이 문제였을까? 그런데 TV나 스마트폰 등 각종 미디어 이용 시간이 84분이었으니 시간 부족만이 이유는 아니다. 거의 매일 자녀와 대화하는 부모의 비율은 53.7퍼센트로 OECD 국가 평균 70퍼센트에 훨씬 못 미쳤다. 이렇게 대화가 드물어진 가족은 서로 어려움을 털어놓고 기댈 수 있는 존재가 되지 못하고, 나중에 아이가 어른이 되면 부모와 더욱 소원해진다.

　　나는 학부모를 대상으로 강연할 때 김규항 교육 칼럼에서 발췌한 다음 대목을 나누곤 했다.[102]

　　사람이 미래를 계획하는 건 당연한 일이다. 이 살인적인 경쟁 체제에서 아이의 10년 후를 근심하는 것 또한 너무나 당연한 일이다. 그러나 인생은 바로 오늘이라는 것. 오늘을 생략한 채 얻을 수 있는 미래의 오늘은 없다는 걸 잊어선 안 된다.
　　오늘 아이가 마음껏 뛰어노는 걸 생략한다면 10년 후 아이는 몸도 마음도 병들어 있을 거라는 걸, 오늘 아이와 한가롭게 눈을 마주치며 대화하는 시간을 생략한다면 10년 후 완벽한 조건을 가진 아이는 나를 비즈니스 파트너처럼 바라볼 거라는 걸, 오늘 저녁 식구들이 소박한 집에 둘러앉아 단란하기를 생략한다면 10년 후 몇 배 큰 저택에서 식구들은 모두 서로에게 하숙생들일 거라는 걸 잊어선 안 된다.

'그래도 완벽한 조건의 아이와 몇 배 큰 저택을 위해서는 공부를 잘해야 하지 않을까? 그런 조건과 환경이라면 가족들이 나중에라도 행복할 수 있지 않을까?' 혹시 이렇게 생각하고 있지는 않은가? 그래서 지금은 아이가 일단 공부만 하게 하고 사교육도 최대로 시켜서 성적을 올리는 것이 최선이라고 생각하지는 않는가?[103]

학습법 가이드인 『공부를 공부하다』[104]의 공저자이자 사교육 컨설팅 경험이 풍부한 박재원 선생에 따르면, 대치동의 사교육 효과는 과장되어 있다. 그는 수능시험을 잘 보는 데는 학원보다 학생 특성이 중요함을 강조한다. 다양한 글을 빠르고 정확하게 읽어내고, 당황하더라도 빨리 평정을 찾는 학생이 수능과 같이 문해력과 사고력을 요하고 시간 제한이 있는 시험에 강하다는 것이다.

김지명 군은 2019학년도 수능에서 만점을 받고 서울의대에 정시로 수석 합격했다. 그는 중학교 3년 내내 백혈병과 싸웠고, 학원 대신 인터넷 강의를 활용해 공부했던 학생이었다. 초등학교 때 검사한 IQ는 110대로 평범했고, 추어탕 가게로 생계를 꾸려온 어머니는 공부를 못했다고 한다. 여담이지만, 그 아들에 그 어머니라고 생각하게 하는 기사도 났었다.

김 군 어머니는 "지명이가 의대에 간다니까 사람들이 '이제 아들이 돈 많이 벌어다 주겠네' 덕담하는데, 저는 그런 생각 없다"고 했다. "아들한테 '돈에 연연치 말고, 벌면 베풀고,

배운 기술로 네가 받은 것처럼 남 도우며 살라'고 하고 있어
요."[105]

교육경제학 실증 연구들, 사교육 시장과 이해관계가 없는
교육 전문가들의 말, 그리고 앞과 같은 사례 등을 종합하면, 부
모가 아무리 용을 써도 자녀를 서울의대 같은 데 보낼 확률은
지극히 낮고, 부모가 아무리 힘을 빼도 그런 곳에 갈 사람은 간
다. 속된 말로 '갈 놈 갈'이다. 그리고 늦게 피는 꽃, 대기만성형
인재도 많다. 대학에서 학과 수석 졸업자가 입학 성적은 평균
이하였던 경우도 드물지 않다.

슬기로운 양육법

부모의 양육방식이 아이의 미래를 결정할 만큼 중요하고
장기적인 영향을 미칠까?

서구의 정신의학과, 소아청소년과, 공중보건 전문가들과
대중매체는 '문제 아이'의 배후에는 '문제 부모'가 있다며, 양육
의 영향력을 강조해 왔다. 그런데 미국의 부부 인류학자인 로
버트 러바인 교수와 세라 러바인 박사는 저서 『부모는 중요하
지 않다』[106]에서 다양한 인류학적 관찰 연구를 통해 좀 다른 얘
기를 들려준다.

그들은 '과학적 양육 이론'이라는 이름으로 서구의 아동
발달 전문가들과 대중매체가 해온 조언이 충분한 근거 없이 부

모를 비난하고 협박하며 부담을 주고 있다고 지적한다. 세상을 넓게 보면 임신, 출산부터 영아, 유아, 후기아동기, 청소년기에 이르기까지 세계 각 지역의 부모들은 서구의 양육 이론과는 너무나도 다른 다양한 방식으로 아이를 낳고 아무런 문제 없이 잘 기르고 있다는 것이다. 서구의 양육 이론은 아동의 회복탄력성과 후기아동기나 청소년기에 일어날 변화의 가능성을 과소평가하고, 많은 반례가 있음에도 부모의 영향력을 절대화해 왔다고 비판한다. 이 책의 부제가 "(전문가와 매체가 권하는 양육 지침 때문에 자책하고 불안해했을) 미국 가족은 그냥 긴장을 풀어야 한다."인 것도 흥미롭다. 미국 부모들보다 어떤 면에서는 더 긴장하고 불안해했을 한국 부모들에게도 참고가 될 것이다.

한편 '완벽한 부모'가 돼야 한다는 강박은 '완벽한 아이'를 바라는 욕망에서 나온 것이기도 하다. 한국 사회에서 명문대와 선망하는 직종에 쏠린 교육 경쟁은 그 전쟁에 뛰어든 부모들의 고강도·고부담 양육 문화를 가져왔다. 출산을 포기하는 이유 중에는 이런 사회 환경에서 아이가 행복하지 않을 것이라는 예상도 있다.

부모와 자녀의 행복을 위해서는 양육에 있어 '완벽주의'보다 '최적주의'를 지향할 필요가 있다. 아이가 건강하게 성장하는 데 최적의 환경은 모든 것이 완벽하게 갖춰진 환경이 아니다. 나는 어릴 적에 갖고 놀 장난감이 많지 않았다. 그런데 그것이 오히려 일상의 평범한 재료나 폐품을 이용해 장난감을 만들어 보고, 벽지 무늬에서 새로운 형상을 찾아내는 등 상상력과 창의력을 기르는 기회가 됐다. 인위적으로라도 약간의 결핍을 주고 스스로 성장하도록 하는 것이 최적의 육아, 최적의 가정 교육일 수 있다.

그리고 '고정형' 사고방식보다 '성장형' 사고방식을 갖도록 하는 편이 좋다. 어릴 때부터 "우리 새끼, 누굴 닮아서 이렇게 똑똑하지."라고 칭찬하고, 좀 커서는 "애가 머리는 좋은데 공부를 안 해."라는 식으로 말하면, 아이는 자기 능력을 과신하거나 그를 부정당하고 싶지 않아 진짜 노력을 덜 하려고 한다. 선천적 지능과 재능을 칭찬받은 아이는 뭔가 어렵거나 잘못되었을 때 곧바로 자신을 의심한다. 열심히 했는데 그만큼 성적이 나오지 않으면 부끄러워하거나 구실을 찾게 만든다. 문제를 푼 머리를 칭찬하기보다 끈기를 발휘한 엉덩이를 칭찬해 주자. 그리고 시험을 못 봤더라도 열심히 했다면 격려해 주자. 그래야 다음에도 열심히 한다.

또한 아이의 인격이 아닌 '행동'에 대해서만 말하는 것이 좋다. 칭찬할 때는 아이의 특성과 성격이 아닌 노력과 성취에 대해서만 언급하자. 잘못을 타이를 때도 행동에 대해서만 지적해야 아이는 학습하면서 발전한다. 아이가 부모를 닮아 그 모양이라고 비난하는 것은 절대 금물이다. 바꿀 수 있는 걸 얘기해야 달라질 수 있다.

그런데 자녀교육에서 역시 가장 중요한 것은 '중용', 즉 지나친 간섭과 방관 사이의 적절한 균형이다. 과도한 기대와 관여도 해롭지만, 너무 무관심하고 방관적인 것도 세상에 불러낸

존재에 대한 직무유기다. 하버드대 긍정심리학자 탈 벤-샤햐
르는 『완벽의 추구』[107]에서 유복한 미국 중산층 가정에서 10대
자녀가 탈선하는 원인 중 1위가 부모의 잔소리라고 썼다. 평소
에는 바쁘다는 이유로 부모 역할을 해주지 않다가 자신의 부재
를 만회하기 위해 잔소리를 늘어놓는 부모가 너무 싫어 밖으로
나돈다는 것이다. 부모는 자기가 어떤 성향의 사람이며, 지금
까지 어떤 부모였는지 성찰해 보고, 중용을 향해 노력하는 것
이 중요하다.

사랑이 살린다

이러한 최적주의, 성장형 사고, 중용 등도 금과옥조와 같
은 육아법으로 받아들여 너무 집착하면 곤란하다. 완벽한 부모
보다 그냥 '적당히 괜찮은' 부모가 되어도 좋다. 적당히 괜찮다
는 말이 아이를 많이 사랑하지 않고 건성으로 대충 키우라는
뜻은 아니다. 육아법에 있어 강박을 갖지 않아도 된다는 것이
지, 사랑을 느끼게 해주는 건 무엇보다 중요하다.

TV 휴먼 다큐멘터리에서 본 독문학자 전영애 선생의 말
이 공감되며 가슴에 남았다. 이 노학자는 경기도 여주에서 홀
로 1만 제곱미터의 뜰과 서원을 가꾸어 방문객들에게 개방하
고 있다. 괴테 연구자인 그의 말이다.

"『파우스트』에도 나오는 구절입니다. 사람을 마지막 실족에

서 물러서게 하는 것, 마지막 걸음을 못 내디디게 뒤로 불러
들이는 것, 이게 유년 시절의 사랑의 기억이거든요. 애들은
많이 사랑해 줘야 합니다. 어렸을 때 받았던 그 절대적인 사
랑은 어디 가지 않거든요. 그게 몸에 남아 있어서 그 힘으로
사는 것 같아요."[108]

괴테는 죽기 2년 전에 인생이라는 것은 결국 "사랑이 살린
다Lieben belebt."라고 했다. 부모와 자녀 간에도 가장 중요한 건
사랑이다. 아이들은 믿고 기다려 주면 잘 크고, 걱정스럽다가
도 나중에 잘 풀릴 수 있다. 힘들 때도 사랑에 대한 기억과 믿
음이 있으면 잘 이겨낸다. 서로 간의 사랑과 믿음, 가족이 함께
하는 좋은 시간을 너무 미루지 않는 지혜로 '오늘도 행복한' 가
족을 만들자.

열두 번째 휘게소에는 청년들이 모여 있다.

청년들이 바라는 부모상에는 그들이 부모와 함께한 긍정적인 경험과 부모에게서 느낀 아쉬움에서 오는 바람이 섞여 있다. 그들에게 나중에 부모가 된다면 어떤 부모가 되고 싶냐고 물었다. 어떤 대답들이 나왔을까?

- 부부 사이가 좋고 자녀를 차별하지 않는 화목한 가정의 부모
- 자녀에게 모범이 되고 존경하고 신뢰할 수 있는 부모
- 대화에 열려 있고 자신의 부족함을 인정할 줄 아는 부모
- 스스로 판단할 수 있게 지켜봐 주는 부모
- 가족 간의 추억을 많이 만들고 기록하는 부모
- 사랑받고 있다고 느끼게 해주는 부모
- 이상적인 부모가 되려고 하지 않고 해줄 수 없는 부분을 인 정하는 부모

- 지나친 관심도 무관심도 아닌, 적절한 친밀성을 유지하는 부모
- 다양한 경험을 할 수 있게 해주는 부모
- 교과 외 성교육, 경제 관념, 예절 등 생활교육을 해주는 부모
- 믿음을 주고 믿어주는 부모
- 경제력이 풍부한 부모
- 하고 싶은 걸 찾게 도와줄 수 있는 부모
- 상처 주지 않는 부모
- 등대 같은 부모

표현까지 정확하게 겹치는 것을 제외했음에도, 다양성 속에 상당한 공통분모가 발견된다. 경쟁 사회에서 자녀의 경쟁력을 키우는 걸 지상과제로 삼고 있는 매니저 같은 부모는 보이지 않는다. 완벽한 부모보다 적당히 괜찮은 부모를 지향하는 청년들이 더 많아 보이는데, 그 이유는 행복한 가족을 바라기 때문일 것이다.

내 행복은
내가
높인다

13장. 나는 요즘 어디에 있나

미래를 위해 노력하면서 현재도 즐길 줄 아는 사람을
불행하게 할 수 있을까?

나는 요즘 행복한가

조용한 호숫가에 혼자 있다고 상상하자. 호흡을 가다듬고
잠시 눈을 감았다 떠본다. 이제 스스로에게 질문을 던져보자.

"나는 요즘 행복한가? 나는 잘살고 있는 것 같은가?"

구체적으로 아래 네 가지 중 요즘 내 상태와 가장 가까운
것은 무엇인가?

- 현재보다는 미래를 위해 애쓰며 살고 있다. (성취주의)
- 미래보다는 현재를 위해 즐기며 살고 있다. (쾌락주의)
- 현재도 없고 미래도 없는 것처럼 무기력하게 살고 있다.
  (허무주의)
- 현재도 즐겁고 미래에도 도움이 되도록 살고 있다. (행복)

행복을 진단하는 사분면(햄버거 모형)

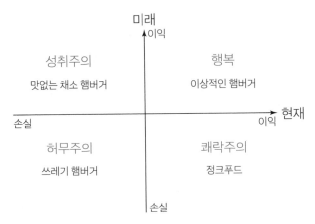

자료: 탈 벤-샤하르(2007).

하버드대 긍정심리학자 탈 벤-샤하르는 현재와 미래의 손익을 두 축으로 네 개의 사분면을 구분했다. 성취주의(2사분면), 쾌락주의(4사분면), 허무주의(3사분면), 행복(1사분면)을 종류가 다른 네 가지의 햄버거에 비유했다.

'성취주의'는 현재 손실과 미래 이익의 조합으로 '맛없는 채소 햄버거'에 비유할 수 있다. 맛은 없지만 건강을 생각해서 참고 견디는 생활이다. 현재 힘들게 일하면서 짧은 쉼에서 안도감을 느끼며 언젠가는 행복해질 것이라고 믿는다.

'쾌락주의'는 현재 이익과 미래 손실의 조합으로 '정크푸드'에 비유할 수 있다. 비만과 성인병 위험이 도사리는 미래를 생각하지 않는 탐욕과 무절제의 생활이다. 노력은 고통이며,

쾌락의 연속이 행복이라고 생각한다.

'허무주의'는 현재 손실과 미래 손실의 조합으로 '쓰레기 햄버거'에 비유할 수 있다. 맛도 없고 건강도 버리는 최악의 음식을 먹는 자포자기의 생활이다. 과거의 실패로 인해 학습된 무기력 때문에 행복을 포기하고, 삶에는 아무 의미가 없다며 체념한 상태다.

'행복'은 현재 이익과 미래 이익의 조합으로 '이상적인 햄버거'에 비유할 수 있다. 맛과 건강을 모두 챙기는 슬기로운 생활이다. 현재의 일상에서 행복감을 느끼면서 미래의 목표에 다가가고 있는 상태다.

탈 벤-샤하르는 "성취주의자는 미래의 노예로 살고, 쾌락주의자는 순간의 노예로 살고, 허무주의자는 과거의 노예로 산다."라는 말로 행복과 다른 사분면에 있는 상태를 요약했다.[109] 행복의 1사분면을 제외하면, 삶의 균형이 한쪽으로 쏠렸거나 무너진 상태다.

행복에서 멀어진 이유

그렇다면 왜 현재와 미래의 균형이 잡힌 행복한 생활을 하지 못하는 걸까?

미래를 위해 현재의 힘든 시간을 견디는 성취주의는 미덕일 수 있다. 미래의 행복한 시간을 그리며 현재를 희생하는 것이다. 근면, 성실, '열공' 등은 한국인에게 익숙한 가르침이다.

그런데 그런 습관이 몸에 배면 행복한 시간은 결국 오지 않거나 너무 빨리 지나가 버린다. 기다렸던 미래의 그 시간이 현재가 되어도, 또다시 해야 할 빼곡한 일들과 새로운 경쟁상대가 나타난다.

성취주의에 빠져 제대로 놀지 못하고 마음 편히 쉬지도 못하며 매일 바쁘게 쳇바퀴를 돌리는 사람들이 있다. 일을 끝내고 느끼는 안도감도 잠시일 뿐, 기다리고 있는 다른 일들과 일정 때문에 금세 불안해진다. 성공한 것 같지만 별로 행복하지는 않은 사람들이다. 미래의 이익을 바라며 하는 일이나 공부가 내재적인 즐거움은 없거나 고통스러울 만큼 자신을 쥐어짜야 할 때 현재에는 손실로 느끼게 되며, 탈진(번아웃)이나 일 중독 상태로 비화할 수 있다.

쾌락주의를 추구하면 미래에 대한 무지나 무시 속에 당장 즐거움을 쫓아 현재 행복감을 느낄 수는 있다. 낙천적이고 충동적이며 놀기 좋아하는 사람들에게 "현재를 즐기라"는 말은 불필요한 조언이다. 그런데 계산서는 곧 돌아온다. 현재의 이익이 미래의 손실을 초래한다는 점은 과식, 과소비, 늦잠 등의 경험뿐 아니라 게임, 술, 담배 등과 같이 중독이나 질병을 유발할 수 있는 것에 대한 탐닉이 초래한 결과를 통해 쉽게 알 수 있다.

계산서가 없는 공짜 쾌락이 주어진 경우에도 쾌락으로 점철된 삶은 역설적으로 행복을 느낄 수 있는 능력을 잃어버리게 한다. 바쁘게 일할 때는 주말의 늦잠이 꿀맛 같지만, 매일 늦잠

을 자도 되는 상황이 되면 이불 속에서 늦게 눈을 뜰 때 기분이
썩 좋지는 않다. 죽을 때까지 매 끼니를 최고급 호텔 뷔페에서
먹을 수 있는 평생 식사권을 선물 받은 사람은 이내 식사에서
즐거움을 느끼지 못한다. 〈오징어 게임〉의 오일남과 그의 갑부
고객들이 엽기적인 살인 게임을 기획하고 관전한 것도, 삶에서
쾌락만을 좇다가 도달한 참을 수 없는 무료함을 떨치기 위함이
었다.

　　허무주의는 과거의 실패로 인한 좌절에서 벗어나지 못하
고 자포자기한 상태에서 흔히 발견된다. 해봤는데 안 되더라는
학습된 무기력이 행동의 의지를 꺾어버린 경우다. 또는 미래의
목표가 스스로 선택한 것이 아니었거나, 좇다가 지친 경우에도
허무주의에 빠질 수 있다.

　　미래를 위한 노력은 물론 현재의 즐거움에도 허무주의가
도움이 되지 않는 이유는 무엇일까? 좌절감 때문에 아무것도
하고 싶지 않은 상태여서 자기를 위로하고 즐겁게 해줄 수 있
는 것에도 무관심할 수 있다. 또는 목표가 없기에 미래의 손실
이 의미 없게 느껴지면서도, 주변의 기대를 저버리는 부담과
미래에 대한 불안 때문에 현재도 즐겁지 않게 흘려보내고 있
을 수도 있다. 특별히 찾아보고 싶은 것도 없는데 그냥 스마트
폰을 만지며 하릴없이 시간을 보내다가 소셜 미디어 속 친구들
의 근황(절반 이상은 자랑)을 보며 착잡함과 불안감을 느끼곤 한
다. 그런데 스스로 뭔가를 할 용기나 엄두는 나지 않지 않고 잘
될 것 같지도 않다. 현재도 미래도 포기한 것 같은 무기력한 상

태다.

행복으로 가는 길

요즘 내가 있는 영역을 알았다면, 이제 어떻게 해야 할까?

자기가 성취주의 영역에 있다면, 지금 너무 피폐해져 있지 않은지, 몸의 아우성을 정신이 묵살하고 있지 않은지 돌아보자. 많은 돈과 시간을 들이지 않고 자기를 흡족하게 해주는 작은 호사를 찾아내 자신에게 선물하는 것도 좋다.

또한 지금 하는 일이나 공부가 그 자체로서 즐거움과 보람이라는 내적 보상을 그때그때 준다면 성취주의 영역에서 행복 영역으로 넘어갈 수 있다. 직업의 선택 기준으로 자기와 일의 궁합을 중시하라는 조언도 매일 이상적인 햄버거를 행복하게 먹기 위함이다(혹시 햄버거가 질린다면 다른 비유를 찾자).

자기가 쾌락주의 영역에 있다면, 요즘 손쉬운 즐거움만 추구하고 있지 않은지 돌아보자. 말초적인 쾌감은 그것을 유발한 자극이 사라지면 곧바로 소멸한다. 더욱이 같은 행위가 주는 자극에 대한 쾌감은 그 행위를 반복할 때마다 줄어들어 전과 같은 쾌락을 얻지 못하게 된다. 쉽고 빠른 자극을 계속 추구하면 뇌에서 보상과 관련된 화학물질인 도파민이 과다 분비되어 도파민 수용체가 손상되며, 이에 따라 자극이 쾌감을 가져오는 역치가 상승해 더 강한 자극을 요구한다.

열정이 주도한 격정적인 사랑이 식는 것도, 새로운 대상을 찾아 바람을 피우는 것도 적응으로 익숙해지는 것이 쾌감을 무디게 하기 때문이다. 식욕도 마찬가지여서 식도락가 중에는 까다로운 미식가 수준을 넘어 희한한 재료로 만든 기이하고 자극적인 음식을 찾는 몬도가네에 이르는 사람도 있다.

　요컨대 외부 자극에 의한 쾌락은 큰 노력이 필요 없지만, 계속해서 쾌감을 얻으려면 수위를 높이거나 새로운 자극을 찾아야 한다. 중독에 의해 문제가 생길 수도 있고, 탐닉의 원천인 외부 자극이 마약과 같이 돈이 많이 들거나 불법적일 때는 패가망신하거나 죽음에 이를 수도 있다.

　자기가 즐거움을 얻고 있는 원천이 그런 위험성이 있는 것이 아니면 다행이다. 다만 미래의 손실을 생각하지 않고 빠져 있다면 절제는 안 되고 있다고 봐야 한다. '나 그때 뭐 했지.' 하고 후회할 날이 머지않아 올 수 있다. 어릴 적에 읽은 개미와 베짱이 이야기, 아기 돼지 3형제 이야기를 특히 피질 좌파는 상기해야 한다.

　자신은 미래만 생각하며 살 수는 없고 현재의 행복도 중요하다고 생각해서(지극히 타당한 생각이다!) 즐거움을 찾고자 한다면 어떻게 해야 할까? 손쉬운 쾌락만 추구하지 말고 노력을 통해 얻는 만족감을 경험하길 권한다. 취미로 하는 외국어, 스포츠, 악기, 공예 등은 쉽게 도달하는 쾌락보다는 노력이 필요할 수 있다. 그러나 그렇게 얻은 성과는 쉽게 사라지지 않고 평생의 만족감을 높여주는 자산이 된다.

　"즐길 수 없는 자가 쾌락을 추구한다."라는 철학자 니체의 말을 들어보자.

> 무슨 일에든 열중하지 못하고 노는 것에만 정신이 팔린 사람은
> 쾌락만을 탐닉하는 듯 보인다. 쾌락에 젖어 더 큰 자극을, 더
> 큰 환락을 추구하는 타락한 이로 보인다. 그러나 그는 무슨 일
> 을 해도 진정으로 즐겁지 않으며, 조금의 재미도 느낄 수 없기
> 에 끊임없이 쾌락을 갈구하는지 모른다. 달리 말해 그 사람은
> 진정 즐거운 일을 아직 만나지도, 발견하지도 못한 것이다.[110]

허무주의 영역에 있다면, 시간을 그냥 흘려보내는 생활에
서 벗어나 새로운 목표를 설정해 본다. 그 목표는 자신에 대한
냉정한 평가와 함께 발전 가능성에 대한 희망과 의지도 결합해
스스로 세운 것이어야 한다. 많은 이들이 몰려가니까 나도 해
볼까 하는 생각으로 뛰어들면 또다시 방황하며 허무주의에 빠
질 수 있다.

행복한 사람들은 특별히 시간이 많고 능력이 뛰어나서 현
재와 미래의 이익을 모두 챙기고 있는 게 아니다. 그들은 자기
만의 목표를 세우고 정진하고 있기에 타인과의 비교나 타인의
시선으로부터 느끼는 압박감이 덜하다. 또한 매일의 일상에서
사소한 즐거움과 기쁨을 놓치지 않고 발견한다.

2016년, 행복에 관한 생각을 많이 하던 때에 열차 안에서
우연히 배우 최불암 님을 만났다. 용기를 내어 질문 하나를 적
은 종이를 들고 가 인사를 드렸다. 경험과 경륜에서 나온 행복

에 관한 지혜를 얻고자 함이었는데, 종이를 받아 든 즉시 일필 휘지로 질문에 대한 답을 적어주셨다. 미래를 위해 현재를 희생하고 있다고 생각하는 사람들에게도 현재 행복감을 느낄 수 있다고 일깨워 주는 것 같다.

허봉암 선생님께서 생각하시는 '행복'은 무엇입니까?

행복 ?!
행복은 추구해서
    얻어지는 것은 아니고
뜸뜸이 발견하는데
    있는 것 아닐까 ?

허봉암
2016
10.17

어느 책에서 이런 구절을 읽었다. "최고의 사치는 계절의 변화를 느끼며 사는 것이다." 나는 이 말에 공감한다. 아무리 바쁘고 고되더라도 하루 중 잠깐만 짬을 내어 햇볕을 쬐고 계절을 느껴보자. 반복되는 일상이 단조롭게 느껴지겠지만, 자연의 시계는 결코 어제와 같은 오늘을 내놓지 않는다.

비록 돈은 없었지만, 햇빛 찬란하게 빛나는 시간과 여름날을 마음껏 누렸다는 점에서 나는 부자였다. (월든 호숫가에 오두막을 짓고 살았던 헨리 데이비드 소로의 『월든』 중에서)

지금 자신이 어느 사분면에 있다고 느껴지는가? 대부분 시기에 따라 다른 사분면에 속해본 경험이 있을 것이다. 성취주의자로 살았던 시기가 있었을 것이고, 쾌락주의자처럼 보낸 때가 있었을 것이고, 허무주의자로 변했던 시기도 있었을 것이다. 그리고 하루하루 행복을 느끼며 지냈던 시기도 있었을 것이다. 그때 어떤 생각과 행동을 했는지, 어떻게 그 상태에서 벗어나 다른 상태로 갈 수 있었는지 떠올리자.

우리에게는 행복의 사분면으로 갈 힘과 지혜가 있다. 볕을 쬐고 걸으면서 생각해 보자.

고민 상담소

열세 번째 휴게소의 익명의 고민 상담소에 이런 안내문이 붙어 있다.

"어떤 고민이든지 말해보세요. 여러 사람이 당신의 고민을 듣고, 누군가 당신의 고민에 대해 조언을 해줄 겁니다. 당신은 그들이 누구인지 모르고, 그들도 당신이 누구인지 모릅니다. 조언이 마음에 와닿으면 고맙다는 인사만 남기세요."

코로나19 사태로 온라인 수업을 하는 동안 〈행복의 조건〉 수업도 온라인 플랫폼에 둥지를 틀었다. 원탁이 놓인 강의실에서 행복에 관한 다양한 주제로 토론하고 참여하며 활발히 진행되던 수업은 모니터 속의 작은 화면으로만 참여자의 얼굴을 볼 수 있는 사이버 공간으로 옮겨갔다. 행복 수업도 소통, 협업, 발표, 참여의 위기에 몰렸다.

그런데 위기는 기회라고 하지 않았나! 나는 조별 과제 대신 매 수업 후 자정까지 그날의 수업 주제와 관련된 '행복 노트'를 수업 게시판에 올리는 개인 숙제를 부여했다. 그리고 학생들의 글 속에서 현자의 지혜를 자주 발견했다. 그 지혜는 또래 학생들에게 공감과 위로와 실질적인 도움을 주고 있었다.

나는 학생들 각자가 가진 고민을 이 행복 수업 공동체에서 자유롭게 풀어낼 수 있다면 좋겠다고 생각했다. 그래서 '행복 노트 현자와의 만남'이라고 이름 붙인 집단 상담 시간을 기획했다. 평소에는 카메라를 켜서 자기 모습을 동료들에게 보여주라고 하지만, 집단 상담이 시작되기 직전에 모두 카메라를 끄고 이름 대신 닉네임을 쓰게 해서 익명성을 보장했다. 고민을 털어놓는 학생이든, 답을 해주는 학생이든 마음을 편하게 해주고 싶어서였다. 학생들은 채팅창에서 전체에게 보내는 글을 써서 발신함으로써 고민과 조언을 공유했다.

다음은 2021년 1학기 〈행복의 조건〉 수업에서 진행된 첫 번째 현자와의 만남(2021. 4. 27.) 중 일부다. 대학 중간고사를 마치고 진로에 관한 행복 수업을 한 후여서 학업이나 진로와 관련된 고민이 많았다. (현장감을 위해 발신 시각을 표시했다.)

14:46:52   발신자 쿼카 : 공부를 계속 안 하다 보니까 이제는
            공부하려고 해도 어떻게 하는지 잘 모르겠어요.

14:48:57   발신자 풍뎅이 : 이번 첫 시험을 거하게 말아먹었
            는데 이걸 이겨낼 방법이 있을까요?

14:48:58   발신자 미스트 : 요즘 의욕도 의지도 많이 사라져
            서 왜 공부를 하고 열심히 살고 있는 건지 의문이

들더라구요. 다른 분들은 무엇을 위해 공부를 하시는지 궁금합니다.

14:49:07 발신자 포카리스웨트 : 저는 앞으로 졸업할 때까지 제가 하고 싶은 연구를 찾을 수 있을지, 공부를 끝없이 잘 할 수 있을지 잘 모르겠습니다. 고등학교 때는 일단 대학에 와서 공부하면서 찾아보면 되겠지라고 생각했는데 대학에 와서도 아직 하고 싶은 게 뭔지도 모르겠고, 공부를 하면 할수록 저와는 잘 맞지 않는 것만 같은 생각이 계속 듭니다. 주변 친구들은 하고 싶은 공부가 있고, 공부하는 것에 재미를 느낀다고 하는데 저는 아직 그렇지 않아서 불안감 속에서 방황하고 있는 것 같습니다. ㅜㅜ

(아래 내용은 포카리스웨트의 질문에 대한 답글이다.)

14:52:48 발신자 살쾡이 : 포카리스웨트 님께, 저도 같은 상황입니다. ㅜㅜ 실험도, 모델링도 재미가 없어서 고민입니다. 그래서 이번 방학엔 과학 쪽이 아닌 분야에서 인턴을 해볼 계획입니다. 고민하는 것보다는 뭐라도 해보는 게 좋은 것 같아요.

14:53:32 발신자 코알라 : 포카리스웨트 님께, 저도 과거에 계속하고 싶은 공부가 있었고, 그것도 재미있었

지만, 시간이 지날수록 재미도 떨어지고 회의감이 들더라고요. 공부나 연구라는 것은 능력, 열정과 재미로만 하는 것이 아니라 결국 끝까지 버티는 사람이 한다는 말을 어디선가 들었던 것 같습니다. 공부와 맞지 않는다는 생각은 아직 잘 맞는 분야를 찾지 못해서 그럴 수도 있어요! 아직 인생 초년이신데, 조급해하시지 않아도 언젠간 찾을 수 있을 겁니다.

14:53:44 발신자 냠냠 : 포카리스웨트 님께, 하고 싶은 공부를 찾는 게 전부가 아닐 수 있을 것 같습니다. 학창 시절부터 공부를 해왔지만, 진정으로 우리가 원하는 것을 더는 교육 커리큘럼에서 찾을 수 없을지도 모르죠! 저 같은 경우는 공부에 대해 강박관념을 가지고 있어서 포카리스웨트 님과 비슷하게 대학원 진학이나 연구원으로서의 미래의 나의 모습에 대해서 많은 고민을 가지고 있었지만, 공부에서 한걸음 떨어져서 나의 미래를 바라보니까 훨씬 마음의 안정을 찾을 수 있었습니다. 포카리스웨트 님도 그러길 바라요!

14:53:59 발신자 보라 : 포카리스웨트 님께, 저도 비슷한 고민을 계속했던 것 같습니다. 주변 친구들은 뚜렷하게 하고 싶은 것이 있는데 저만 없는 것 같은 불안함이 들기도 했습니다. 꼭 공부가 아니더라도

다양한 활동에 참여하면서 본인이 어떤 것을 할 때 즐거운지 찾아보는 것도 좋을 것 같아요. 그리고 하고 싶은 공부라고 생각했는데도 여전히 재미없게 느껴질 때도 많은 것 같아요. 너무 불안하게만 생각하지 마시고 좋아하는 것을 찾아가는 과정을 즐겨보시는 것도 좋을 것 같습니다!

14:57:51 발신자 자허블 : 포카리스웨트 님께, 저 또한 많이 고민했고, 지금도 여전히 하고 있어요. 좋아하고 잘하는 일을 찾는 것은 정말 어려운 일인 것 같아요. 와중에 제가 느낀 점은 포카리스웨트 님처럼 계속 고민하는 것이 정말 멋지고 중요하다는 거예요. 불안감이 바로 사라지지는 않겠지만, 그 불안감은 분명 본인께 좋은 거름이 될 거예요!

두 번째 현자와의 만남(2021. 5. 25.)은 인간관계에 관한 행복 수업 후에 이루어졌다. 다음은 그 가운데 한 학생의 질문과 그에 대한 답글이다.

14:42:21 발신자 Flow : 약 1년 전에 고등학교 때 친했던 친구와 한순간에 카톡으로 잠수 손절을 당했습니다. 당시 그 친구가 그렇게 생각한 이유는 이해할 수 있었고 저도 그걸 듣고 제 행동을 고치려고 노력했습니다. 그 친구와의 관계가 끝났다는 것은 받

아들일 수 있었으나 이후 잠수 손절에 대한 불안감을 항상 느끼게 되었습니다. 다른 친한 친구들이 제 메시지를 늦게 보거나 읽고 답장하지 않을 때의 불안감이나 스트레스가 매우 큰 상태입니다. 어떻게 하면 이런 상태에서 벗어날 수 있을까요?

14:45:18 발신자 리코타 : Flow 님께, 음... Flow 님께 상당히 트라우마가 된 사건일 것 같아요. ㅜㅜ

14:46:08 발신자 버팔로윙먹고싶다 : Flow 님께, 그 친구가 그렇게 행동한 것이 머리로는 이해가 가지만 Flow 님 마음은 그렇지 못한 모양이네요.

14:46:09 발신자 ㅇㅇ : Flow 님께, 답장을 기다리는 대신 그 시간에 다른 일에 Flow(몰입)를 해보는 것은 어떨까요?

14:46:12 발신자 사과 : Flow 님께, 그 경험에서 배운 점도 있으실 거고 그 후로 조심하게 되었으니 더 좋은 사람이 될 수 있었던 기회라고 생각하세요!

14:46:33 발신자 버팔로윙먹고싶다 : Flow 님께, 사람은 살다 보면 입장이 바뀔 일이 생기게 되는데요. 어떤 일을 당한 사람이 나중에 그 일을 하게 되거나 그 일을 하는 심리를 이해하게 되기도 한답니다.

14:47:14 발신자 사과 : Flow 님께, 카톡을 할 때 생각보다 답장을 바로 하지 않는 편인 사람도 많고 그렇다고 그때마다 스트레스를 받으면 너무 힘드니까 사

람마다 성향이 다르구나~라고 생각하고 넘겨보
세요!

14:47:51   발신자 롸 : Flow 님께, 제가 잠수 손절을 하거나
당한 적이 있는 것은 아니지만, 기본적으로 어떤
사람이 저에게 실망해서 떠나갈까 봐 불안하고,
오히려 새로운 사람과 친해지는 걸 꺼렸던 시기가
있었습니다. ㅜㅜ 카톡 보내놓고 답장이 안 오면
불안했고요. 사실 저 혼자만의 힘으로 이겨낸 건
아니지만, 주변에 저와 제일 깊은 관계의 사람들
은 저를 떠나지 않을 것이란 확신을 가진 뒤에야
이런 마음이 조금 사라졌습니다. 저는 저를 떠나
지 않을 사람들을 생각하면서 그 시기를 버틴 것
같습니다.

14:47:54   발신자 고라니 : Flow 님께, 솔직하게 다른 친구들
에게 그 이야기를 하면 마음이 조금 편해지지 않
을까요?

14:48:13   발신자 오구모구 : Flow 님께, 다른 일에 집중해서
카톡 자체를 잊는 건 어떨까요?

14:48:24   발신자 아스파라거스 : Flow 님께, 잠수 손절을 했
던 사람으로서 저는 손절을 바로 하지는 않아요.
무엇무엇이 불편했고 고쳐달라고 세 번 정도는 이
야기하고 그래도 고쳐지지 않으면 손절하는 편
이에요. 그래서 그 정도는 사람마다 다르겠지만

Flow 님께서 평소에 상대방이 불편함을 표시하는 것을 잘 캐치하시면 괜찮을 거예요. 갑자기 잠수 손절을 하는 사람은 없을 거예요. 그때의 충격이 너무 크셨던 모양이지만 너무 신경 쓰지 않았으면 좋겠습니다.

14:48:53   발신자 둘리 : Flow 님께, 사실 카톡 답 하나하나 에 신경 쓰는 것도 문제지만 그런 걸 신경 쓰는 게 상대에게 티가 나면 부담스러울 수도 있을 거 같 아요. 그렇다면 더 악순환이 되지 않을까요? 자신 에게 집중하는 시간을 가지며 남들에게 휘둘리지 않으려 노력해 보는 것도 좋을 거 같아요.

14:49:10   발신자 버팔로윙먹고싶다 : Flow 님께, 충분히 트 라우마가 될 만한 일이었다고 저는 생각하고, 그 트라우마 때문에 손절에 대한 불신과 불안이 쉽게 사라지지는 않을 거예요.

14:49:38   발신자 가나다 : Flow 님께, 연락할 때 상대방이 늦게 대답하거나 무시하더라도 너는 나라는 훌륭 한 존재한테 답장할 기회를 놓친 거야~라는 마음 가짐을 가져보는 건 어떨까요?

14:50:12   발신자 청사과 : Flow 님께, 아마 SNS를 통해 소 통하는 많은 사람이 그러한 종류의 불안감을 자주 느껴봤을 것으로 생각합니다. SNS의 특성상 서로 소통하고 있다 하더라도 동일한 시간, 동일한 위

치에서 이루어지지 않기 때문에 근본적인 단절감을 떨쳐내기 어렵기 때문이죠. 혹시 그러한 불안감이 친하거나, 친해지고 싶은 사람과의 소통과정에서 빈번히 일어난다면, 전화 통화 같은 새로운 소통 방법을 이용해 보는 것이 도움이 될 수 있지 않을까요?

14:50:55 　발신자 대만 카스테라 : Flow 님께, 인간관계에 있어서 Flow 님의 경우처럼 한쪽의 입장에서는 갑작스럽게 변화가 생기면 불안을 느끼고, 그 충격이 크다면 트라우마로도 남을 수 있을 것 같아요. 어떤 잘못을 해서 문제가 되었는지, 그 잘못을 본인의 것으로 생각하셔서 고치고 계시는지와는 별개의 문제로, 뻔한 이야기지만 카톡 그 자체에는 꽤 많은 사람이 신경을 쓰지 않으니 주변 사람들 자체에 더 집중하는 게 도움이 될 수 있을 것 같아요! 힘내시길 바라요! 다른 분이 이야기해 주신 대로 한동안 카톡 사용을 줄이고 다른 방식으로 다른 사람들과 소통하는 방법도 괜찮을 것 같아요.

14:53:43 　발신자 꿀 : Flow 님께, 서로 맞지 않는 경우 멀어지는 것은 자연스러운 현상이니까 잠수 손절을 당한 것 또한 자연스러운 현상이라고 생각하시면 좋을 것 같습니다. 초등학교 때 굉장히 친했던 친구와 현재 연락을 안 하는 경우가 매우 많은 것처럼

요. 그리고 모든 사람은 각기 다른 가치관을 가지고 있으니까 잠수 손절을 한 친구를 개별화하려 노력하시면 좋을 것 같아요.

14:58:42 발신자 Flow : 많은 분께서 여러 의견을 주셨는데 하나하나 천천히 읽어보면서 치유되는 느낌이 들었습니다. 감사합니다.

다음은 세 번째 현자와의 만남(2021. 6. 8.)에서 나왔던 고민 가운데 일부다. 두 번의 익명 상담 경험을 통해 마음을 더 열게 된 학생들이 더 다양하고 솔직한 고민을 올렸다.

14:48:56 발신자 레블 : 커가면서 남에게 관심을 가지지 않는 건강한 개인주의가 옳다고 생각했습니다. 그런데 이번에 수업을 들으면서 타인에게 관심을 기울이고 사회성을 기르는 것이 더 옳다는 가르침을 받은 것처럼 느꼈습니다. 타인에게 어느 정도의 관심을 기울이는 것이 옳은지 알고 싶습니다.

14:49:33 발신자 청사과 : 계획적인 삶을 살고 싶은 학생입니다. 혹시 저 같은 분이 있다면 어느 정도까지의 미래를 계획하시며 살아가고 있으신지 묻고 싶습니다.

14:50:03 발신자 Homme : 전부터 사랑하는 사람과 결혼해서 행복하게 사는 게 인생의 목표였습니다. 그런

데 경력단절과 같은 여러 이유로 결혼율도 낮아질 뿐더러 비혼주의와 같이 결혼에 반대하는 분들이 많아지는 것 같습니다. 학우분들은 결혼에 대해 현재 어떻게 생각하시는지 궁금합니다.

14:50:20 발신자 커피 : 성적이 나오는 시험 같은 경우에 항상 회피하려고 합니다. 열심히 했을 때 성적이 안 나오는 경우가 너무 무서워서 차라리 열심히 안 하고 성적을 받는 게 낫지 않냐는 생각도 하고. 실제로 그렇게 행동한 여러 결과에 대해서는 '노력하지 않았으니까, 노력하면 될 거야.'라는 말도 안 되는 자기 위안을 삼습니다. 이런 성격이 저 자신에게 스트레스를 주기에 고치고 싶은데 어떻게 바뀔 수 있을지에 대해서 조언해 주시면 감사하겠습니다.

14:50:26 발신자 핑크 : 자신이 무엇을 해야 행복해지는지 잘 알고 계시는가요? 그리고 행복하지 않은 상황에서도 행복을 찾을 수 있는 방법이 있으신가요? 저에겐 특별한 방법이랄 게 없는데 다른 분들의 경우에는 행복해질 수 있는 조건이 있는지, 저와 비슷하신 분들이 많으신지 궁금합니다.

14:50:41 발신자 차돌 : 저는 그동안 현자와의 만남을 통해 내 고민이 나만의 것이 아님에 위로받기도 했습니다. 이기적인 생각인 것을 알지만, 저는 타인에게

는 큰 위로가 되어주지 못합니다. 해결방안이 명확히 있는데 그걸 행하지 않아서 힘들어하는 경우나, 같은 일로 힘들다고 징징대는 경우엔 별로 해 줄 말이 없고, 솔직히 공감도 가지 않습니다. 어떻게 하면 위로를 잘할 수 있을까요?

14:53:25 발신자 모구모구 : 다른 사람이 잘 되는 것을 보면서 진심으로 축하해 줘야 하는데 제 심보가 뒤틀리고, 이기적인 저는 겉으로는 축하해 주지만 진심으로 기뻐해 줄 수 없는 것 같습니다. 심지어 저와 같은 상황에 있다가 더 나아진 사람을 보면 질투를 느끼기도 합니다. 저도 이러면 안 되는 것을 알아 속상하고 그런 생각이 들 때마다 저 자신이 혐오스러워지는데 어떻게 하면 이 열등감에서 벗어날 수 있을까요?

14:53:39 발신자 피아노 : 안녕하세요! 저는 요즘 현재가 너무나 빨리 사라질 것 같아 슬픈 마음이 듭니다. 현재 상황에서 행복을 많이 찾고 있고 또 행복을 느끼고 있는데, 미래가 기대되기는 하지만 지나가 버릴 현재에 미련이 많이 남습니다. 현재 얻는 행복을 미래에 느낄 수 없을 것 같은 그런 생각이 드는데, 어떻게 마음을 먹어야 이런 슬픔을 줄일 수 있을까요?

여러분은 이들에게 어떤 답을 주고 싶은가?

나는 가능하면 학생들의 고민 하나하나에 대해 간단한 답변이라도 해주고 수업을 마치려고 애썼다. 나는 익명의 집단 상담 수업 중 유일하게 익명성을 깨고 채팅 대신 마이크로 조용히 얘기했는데, 용기를 낸 학생에 대한 고마움과 그의 고민을 소중히 여기는 마음을 전하고 싶어서였다. 즉문즉답 형식의 내 조언이 큰 도움이 됐다는 수업 후기도 올라왔지만, 사실 내가 가장 의지했던 건 또래 학생들이 먼저 올린 답글이었다. 나는 채팅창으로 가장 좋은 참고서들을 얼른 보고, 이에 내 경험과 행복에 관한 이론을 간결하게 보태서 고민하는 청년의 마음을 슬쩍 어루만져 주었을 뿐이다.

고민하는 이와 인생의 시기와 처지가 비슷할 때 그 고민을 가장 잘 이해하고 공감해 줄 수 있다. 같은 고민을 다른 이도 하고 있거나 했던 걸 알게 되는 것만으로도 위로받는다.

물론 현실적인 출구를 찾는 데는 더 많은 경험과 정보가 필요할 수 있다. 그래서 우리는 행복을 공부하고 때로 우리 주변의 현자를 찾는다. 그 현자는 생각보다 가까이 있을 수 있다. 『논어』에도 '삼인행필유아사三人行必有我師'라고, "사람이 셋이 모이면 그 가운데 반드시 나의 스승이 될 만한 사람이 있다."라는 말이 나온다. 그리고 여러 사람이 지혜를 모으면 한 사람의 현자보다 나을 때도 있다. "보잘것없는 구두장이라도 셋이 모이면 제갈량보다 낫다."라는 중국 속담도 그래서 나왔을 것이다.

14장. 행복에도 습관이 무섭다

행복에서 멀어지는 습관을 갖고
행복을 바라는 건 자기 모순이다.

행복에서 멀어지게 하는 습관들

"습관이라는 게 무서운 거더군."

혼성밴드 롤러코스터의 데뷔앨범 곡 〈습관Bye Bye〉에 있는
가사다. 행복에서 멀어지게 하는 습관에는 여러 가지가 있다. 남
과 비교하는 습관, 남의 시선을 지나치게 신경 쓰는 습관, 감사하
지 않는 습관, 자존감이 약한 상태에서 자존심을 세우려는 습관,
걱정을 너무 많이 하는 습관 …. 이 중 남과 비교하고 남의 시선
을 지나치게 신경 쓰는 습관이 행복에 미치는 영향은 15장에서
자세히 다룰 것이다. 여기서는 나머지 습관들을 생각해 보자.

감사하지 않는 습관

감사하지 않는 습관은 행복을 저해하는 치명적인 요인이다.

우선 고마워할 줄 모르는 사람에게는 다시 뭘 해주고 싶지 않아 사람들이 떠난다. 혈연 등 떠날 수 없는 관계라 하더라도 마음이 멀어진다. 또한 잘된 일을 뭐든지 당연한 것으로 여기는 사람은 일이 잘되지 않았을 때는 쉽게 분노한다. 분노는 행복과 거리가 먼 감정이다.

햇볕에도, 비에도 감사하다고 표현해 보자. 틀면 나오는 수돗물에도, 기다리면 오는 전철에도, 공짜로 쓸 수 있는 공공화장실에도 자주 감사하다고 생각하자. 당연한 것 같지만 당연하지 않은 것이 너무 많다. 감사를 잊은 사람에게 지속될 수 있는 행복은 없다. 감사가 습관이 되면 어떤 상황에서도 행복할 수 있는 여지가 있다. 자기가 잘해서 잘됐더라도 운이 좋았다고, 운도 따랐다고 겸손하게 얘기할 때 행복도 느끼고 사람도 얻는다.

고맙다는 말은 아무리 많이 해도 모자람이 없는 말이다. 혹시 내가 고마움을 잘 느끼지 못하는 '무감사증'인 것 같다면, 매사에 그래도 고마운 부분을 생각해 내는 연습을 해보자.

행복마을 동사섭 수련에서 용타 스님은 '나지사' 명상법을 권한다. 나를 화나게 했거나 나와 갈등을 빚은 사람에 대한 분노를 다스리고 마음을 평화롭게 관리하는 방법이다. '구나', '겠지', '감사'로 이어져 '나지사' 명상이다.

나 …하는구나.

지 그럴만한 사정이 있겠지.

사 그래도 이만하니 감사하다.

첫 번째 단계로 화가 나거나 갈등이 생긴 상황을 관찰자의 눈으로 감정이나 판단을 섞지 않고 객관적으로 담담하게 정리한다(예: 직장 선배가 이번에도 내 인사를 외면하고 지나쳐 무안하고 화가 난 상황에서 '저 선배가 내 인사를 또 씹었구나.' 하고 정리한다).

두 번째 단계로 상대방이 왜 그랬을까를 생각해 보고 사정을 헤아린다. 이해가 가지 않더라도 그럴 만한 사정, 사연, 이유가 있을 것이라 여긴다. 앞서 공부했듯이 사람은 각기 다르다(예: 저 선배가 나도 모르는 사정으로 대인 기피 성향이 있거나 내 어딘가가 부담스러웠을 수도 있겠지).

그리고 세 번째 단계로 더 나쁜 상황이 일어났거나 그로 인해 더 나쁜 결과가 초래됐을 수도 있는데, 그래도 지금 이 정도여서 감사하다고 생각한다(예: 그래도 저 선배가 어디서 내 험담을 하는 것 같지는 않으니 감사하다. 그래도 저 선배가 내 직속 상사가 아니어서 감사하다. 그래도 내가 사회생활의 기본에 따라 계속 인사하는 결기를 가진 사람인 것이 감사하다).* 최대한 감사하게 생각할 수 있는 부분들을 찾아내자. 이것이 감사 연습이다.

● 이 마지막 감사는 아들러 심리학의 '과제의 분리'에 해당한다. 조직생활에서 인사는 구성원들 간의 기본적인 과제인데, 남이 그의 과제를 하는지에 너무 연연하지 말고 자기 과제를 하면 된다는 뜻이다. 즉, 남의 과제와 자기 과제를 분리하고, 남의 과제 수행에는 간섭하지 말자는 것이다. 자기에 대한 모든 타인의 인정을 바라는 욕구에서 벗어나는 것이 인간관계를 자유롭게 만드는 출발점이다. (기시미 이치로·고가 후미타케 지음, 전경아 옮김, 『미움받을 용기』, 인플루엔셜, 2013.)

자존심을 세우려는 습관

자존감이 약한 상태에서 자존심을 세우려는 습관도 인간관계나 일상생활에서 마음 다칠 일을 자주 만든다.

자존감, 즉 자아존중감은 스스로의 가치를 긍정적으로 판단하고, 자기의 능력을 믿으며, 주변 상황에 자신이 영향을 미칠 수 있고 통제할 수 있다고 믿는 것이다. 자존감과 유사하게 자존심도 자기를 존중하고 높이 평가하는 것이다. 그러나 자기가 자신을 확고하게 존중하는 자존감과 달리, 자존심은 상대방에게 자기 가치에 대한 평가를 맡기고, 그 평가에서 만족감을 얻는다. 따라서 자존감은 스스로 키울 수 있지만, 자존심은 남이 세워줘야 한다. 상대방이 자기를 무시한다고 느끼면 자존심이 무너진다. 자존심을 충족시켜 행복감을 느끼려는 것은 자기 방의 유일한 조명 스위치를 남의 손에 넘겨준 것과 비슷하다. 남이 불을 켜주어야 기분이 밝아지고, 남이 불을 끄면 기분이 어두워지는 형국이다.

참고로 자부심도 자존감과 구분할 필요가 있다. 자부심은 좋은 성과를 거두었을 때 느끼는 긍정적인 자기 평가라는 점에서, 성과와 관계없이 평생 이어질 수 있는 자존감과 다르다. 가령 나이가 들며 실력이 전성기 같지 않을 때 전성기에 가졌던 자부심은 낮아질 수 있어도 자존감은 사라지지 않는다.

그렇다면 자존감은 어떻게 높일 수 있을까? 실로 수많은 조언이 있지만, 나는 자기 자신을 '남과 구별되는 전체'로서 스스로 존중하는지 돌아보고, 그렇지 않았다면 지금부터 그렇게 하라고 권하고 싶다.

물론 여러 면에서 부족하고 결함이 있는 자기 자신에 대한 객관화도 필요하다. 이는 성숙한 성찰의 자세이고 발전을 위해 노력하는 데 도움이 된다. 그러나 자아에 대한 미성숙한 객관화는 자신을 상점의 물건처럼 대상화하고 특성을 조각조각 해체해서 조각별로 타인과 비교하는 습관으로 귀결될 수 있다. 특히 자기가 갖지 못한 것에 초점을 맞추면 열등감, 자기 비하, 질투심, 경계심이 촉발된다.

『자신감의 힘』을 쓴 브라이언 트레이시에 의하면, 성인의 98퍼센트가 열등감에 사로잡혀 있으며, 평생 단점만 신경 쓰고 이를 보완하는 데 인생을 낭비한다.[111] 세상에 단점이 없는 사람은 없으며, 이를 소화하는 방법에 차이가 있을 뿐이다. 또한 성공한 사람과 그렇지 못한 사람의 지능에는 별로 차이가 없으며, 같은 능력을 인지하는 자신감의 차이가 있을 뿐이라고 한다.

나는 '나'라는 존재의 유일성 때문에라도 그 전체로서 개별적으로 인식해야 할 존재이자 인식되어야 할 대상이다. '나'라는 존재는 특성별로 조각조각 해체된 요소들의 조합이 아니다.

타인에 대해서도 마찬가지다. 타인을 사랑한다는 것은 타인을 개별화시킨 전체로 받아들이는 것이다. 내가 누군가를 사랑한다면 그의 전체를 사랑하는 것이지 그의 어떤 특성만 골라서 사랑하는 것이 아니다.

사랑은 타인에 대해 '주관적'이 되는 것이며, 주관적이 된다는 것은 그 사람을 '유일자'로 보고 '개별화'하는 것이다. (쇠렌 키르케고르, 덴마크 철학자)

걱정을 너무 많이 하는 습관

걱정이 너무 많은 것도 행복할 수 있는 시간을 줄여 놓는다.

'걱정도 팔자'라는 말이 있는데, 걱정이 없을 수는 없다. 어쩌면 걱정이 많은 사람들 덕분에 세상은 더 안전해지고, 미래 세대를 위한 배려를 조금 더 실천하게 되는지도 모른다.

사실 원초적인 뇌는 본능적으로 공포와 불안을 감지한다. 대뇌 안쪽에 분포한 뇌간의 편도체와 시상하부에서 담당하는 이런 부정적인 정서와 긴장이 있어야 위험을 감지하고 생존에 필요한 행동을 할 수 있다. 포유류에게는 이 뇌간 바깥으로 감정의 뇌인 대뇌변연계가 입혀졌고, 고등 포유류인 인간에게는 그 바깥으로 생각의 뇌인 대뇌피질이 두껍게 입혀져 뇌가 커졌다.

뇌에서 긍정적 정서를 담당하는 영역은 원초적 뇌간에서 먼 대뇌피질 바깥쪽에 위치한다. 이는 긍정적 정서를 가지려면 후천적인 노력이 필요하다는 것을 뜻한다. 즉, 공포와 불안은 별다른 노력 없이도 자연스럽게 발생하지만, 긍정적인 마음은 의식적으로 노력할 때 강화된다는 것이다.

이처럼 걱정은 자발적인 행동이 아니라 나도 모르게 생기는 것이라서 어쩔 수 없는 일로 느껴질 수도 있다. 그런데 걱정

을 하는 것이 습관인 경우가 많다. 걱정하던 문제가 해결(일어
나지 않았거나 해결책을 시행해서 마무리)되면, 또 다른 문제를 떠
올려서 걱정하기 시작하는 식이다. '걱정 총량의 법칙'이라고
할까.

'대부분의 걱정이 필요 없는 이유'라고 알려진 도식이 있
다. 일단 삶에 특별한 문제가 없다면 걱정하지 않아도 된다. 혹
시 무슨 문제가 있을 때는 그에 대해 할 수 있는 게 있는지 자
문해 보고, 할 수 있는 게 있다면 그걸 하면 된다. 만약 할 수 있
는 게 없다면 걱정한다고 결과가 달라질 게 없으니 구태여 걱
정하지 말자는 것이다. 결국 대응할 수 있는 문제는 걱정할 필
요가 없고, 대응할 수 없는 문제는 걱정해도 소용없으니 걱정
할 필요가 없다.

이와 같은 얘기가 단순히 말장난일까? 실제로 사람들이
어떤 일을 놓고 걱정하고 있는지를 보면 그렇지 않다는 점을
알 수 있다. 사람들이 걱정했던 미래의 일들이 어떤 성격이었
는지를 조사한 펜실베이니아주립대 심리학과 토머스 보커벡
교수팀의 연구를 보자.[112] 이 연구의 조사 결과에 따르면, 걱정
거리의 79퍼센트는 실제로 일어나지 않았고, 16퍼센트는 미리
준비하면 대처할 수 있는 것이었다. 즉, 어떻게 할 수 없는 일에
대한 걱정이 현실이 된 경우는 단 5퍼센트에 불과했다. 이는
사람의 힘으로는 막기 힘든 일이므로 걱정해도 소용없는 것이
었다.

그런데 왜 사람들은 어떻게 할 수 없는 일에도 걱정을 할

까? 한 가지 이유는 걱정하고 있으면 넋 놓고 있는 것보다 죄의 식이 덜하기 때문이다. 그리고 더 흔한 이유는 걱정하는 것이 습관이 됐기 때문이다.

불안의 시대에 어떻게 걱정이 없겠냐고? 아들러 심리학을 대중화해 온 기시미 이치로는 불안이라는 감정을 좀 다르게 보라고 한다. 인간관계, 일, 학업, 돈벌이, 건강, 노화, 죽음 등 삶의 전반에 우리를 불안하게 하는 요소들이 포진해 있다. 그런데 "특정 현상이나 상황에 대한 반응인 공포와 달리, 아직 일어나지 않은 일에 대해 느끼는 감정인 불안은 실체가 없다"는 것이다.

이런 불안의 실체를 찾아 깊이 들어가다 보면 결국 마주하게

대부분의 걱정이 필요 없는 이유

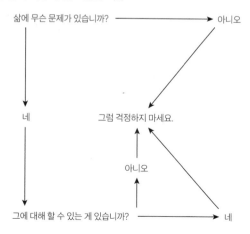

되는 건 감당하기 버거운 인생의 과제를 회피하고 싶은 마음
이다. 그런데 그 인생의 과제라는 것도 결국 주변과 세상에
자신의 존재를 인정받기 위해 우리가 스스로에게 낸 숙제일
뿐이다. 숙제를 낸 것도, 숙제를 해내지 못할까 봐 불안해하
는 것도 우리 자신인 셈이다. … 그러나 인생의 과제는 누구
에 의해 규정된 것인가? 인생의 과제가 삶에 있어 정말 필수
불가결한가? … 정해진 인생의 과제는 없으며, 당신이 생각
하는 인생의 과제를 완성하지 못했더라도, 살아 있는 것만으
로도 누구나 세상에 기여하고 있는 것이다![113]

그러니 걱정하지 말자. 걱정도 습관이다. 행복한 습관은
아니다. 롤러코스터의 노래 〈습관〉은 이렇게 끝난다.

안녕 이제 그만 너를 보내야지
그건 너무 어려운 얘기
바이 바이

행복과 멀어지게 하는 습관들을 이제 그만 보내자. 지금껏
습관처럼 그래왔던 이에게는 어려운 얘기겠지만, 그래도 바이
바이. 그러려면 비슷한 상황에서 예전과 달리 생각하고 행동하
기를 반복해야 한다. 그래서 늘 가까이 있는 행복을 발견할 수
있는 새로운 습관을 내 것으로 만들어야 한다. 그러면 성격이
바뀌고 삶도 바뀔 것이다.

행동이 습관을 낳고, 습관은 성격을 낳고, 성격은 운명을 낳는다. (찰스 리드, 영국 소설가·극작가)

걱정 관리소

저 멀리 입구에 '걱정 관리소 ― 걱정하지 말고 들어오세요.'라는 팻말이 붙은 방이 있다. 어떻게 걱정을 관리한다는 걸까? 이상한 곳은 아닌지 걱정되기도 하지만, 호기심에 들어가 본다. 요즘 여러 가지 일로 걱정을 자주 하던 차였다.

문을 열고 들어가니 아무도 없다. 먼발치로 보니 맨 안쪽 중앙에 관리소장이 쓰는 것 같은 책상 뒤의 의자도 비어 있다. 사람이 올 때까지 입구 쪽의 접객 소파에 앉아 기다려 보기로 한다.

긴 소파 탁자에 뚜껑이 덮인 대나무 바구니가 하나 놓여 있다. 뚜껑 위에 메모 하나가 보인다.

"걱정하지 말고 편하게 열어보세요. 당신의 걱정을 가져가 줄 거예요."

판도라 상자를 여는 듯 조심스레 뚜껑을 열어본다. 바구니 안에는 접어놓은 3단 양산처럼 작고 길쭉한 인형 6개가 들어 있다. 언젠가 책에서 읽었던 '걱정 인형'이다![114]

걱정 인형은 마야 문명이 태동한 과테말라에서 전해졌다. 아이가 걱정이나 두려움으로 잠을 못 잘 때 부모가 몇 개의 걱정 인형을 나무 상자나 천 가방에 넣어서 아이에게 선물한다. 아이는 잠자리에 들기 전 하루에 하나씩 걱정 인형을 꺼내 자기 걱정을 인형에게 말하고 베개 밑에 넣어둔다. 그러면 부모가 들어와 그 인형을 치워버린다. 부모는 아이에게 다음과 같이 얘기한다.

"네 걱정은 아까 그 인형이 가져갔어. 이제부터 그 인형이 걱정을 대신 해줄 거야."

부모에게도 말할 수 없었던 걱정을 걱정 인형이 가져갔다는 아이의 믿음이 실제로 걱정을 없애준다. 이 걱정 인형은 실제로 상담센터나 병원에서 아이들의 불안심리나 수면장애 치료에 이용되기도 한다.

'나도 어렸다면 걱정 인형에게 내 걱정을 맡겨봤을 텐데…'라고 생각하고 있는데, 상자 뚜껑 안쪽에 적힌 글이 눈에 띈다.

"걱정 인형은 권장 나이가 정해져 있지 않습니다. 믿고 가져가세요. 선물로 드립니다."

작은 횡재를 만난 듯한 반가움과 기대감으로 상자를 챙긴다. '오! 오늘 밤에 걱정 인형 하나가 내 걱정 하나를 가져가리라.'

걱정 인형 상자 옆에는 하루 24시간의 일과를 기록하게 되어 있는 큰 종이가 한 장 놓여 있다. 맨 위에 다음과 같은 안내문이 적혀 있다.

"당신의 어제 일과를 시간 단위로 장소까지 기록하고, 그 시간에 그곳에서 당신이 했던 걱정을 최대한 복기해서 써보세요."

어제 눈 뜨고 나서 무슨 생각을 했지? 아침에 출근하면서 무슨 걱정을 했지? 오전 일과 중에는 무슨 걱정을 했지? …? …? …? 밤에 잠자리에 들면서는 무슨 걱정을 했지?

이렇게 복기하다 보니 정말 걱정하지 않은 시간이 별로 없었 다는 생각이 든다. 그리고 하루가 지난 이 시점에서 돌아보니 좀 쓸데없는 걱정도 있었던 것 같다. 그저께 휴일에 미용실에 다녀 와 직장 사람들의 반응을 걱정한 것도 있었는데, 허탈하게도 사 람들은 무엇이 달라졌는지도 인지하지 못했다.

그런데 그런 불필요했던 걱정이 아니고 지금도 내게서 떠나지 않는 걱정은 어떻게 할 것인가? 기록지 하단에는 이런 지시문이 적혀 있다.

"지금도, 앞으로도 쉽게 떠나지 않을 듯한 걱정이 있다면, 이제 걱정을 할 시간과 장소를 정해봅시다. 매일 정해놓은 시간과 장 소에서만 그 걱정을 하고, 정해둔 시간과 장소가 아닌데 걱정이 떠오르면 '지금 여기는 아니야. 그 시간에 거기서 실컷 해줄게. 기다려.'라고 스스로에게 얘기합시다."

이 말대로 해볼까? 가령 '매일 아침 욕실에서 샤워할 때'와 같 이 걱정하는 시간과 장소를 정해두면 그 시간 외에는 걱정으로 부터 자유로워지는 데 도움이 될 것 같다. 마치 걱정 인형에게 내 걱정을 맡기듯이, 특정 시간대의 특정 장소에 있는 나에게만 내 걱정을 맡기는 것이다. 아침에 욕실에서 샤워할 때 걱정하는 걸 잊어버렸더라도 나쁠 게 없을 것이다. 해도 된다는 것이지 해야 한다는 건 아니니까.

걱정하는 시간과 장소를 밤에 잠자기 전 침대로 정하는 건 숙면에 좋지 않겠다는 생각이 든다. 그때는 오히려 모든 걸 내려놓고 쉬는 게 좋겠다. 혹시라도 걱정이 밀려오는 걸 느끼면 머릿속으로 나를 지켜줄 방어막을 칠 것이다. 단단하고 촘촘하게 밀폐되는 두꺼운 철문을 내리는 것을 상상하면서 걱정이라는 불청객의 유입을 막을 것이다. 그리고 이제 내겐 걱정 인형도 있지 않은가.

걱정 관리소에 들어와서 혼자서도 꽤 소득이 있었던 것 같아서 기분이 좋아졌다. 그만 나서려다 걱정 관리소장을 만나지 못하고 가는 게 좀 아쉬워 소장의 책상으로 다가갔다. 감사 쪽지라도 남기고 싶었다. 그런데 책상에 놓인 명패의 이름을 보고 깜짝 놀랐다. 걱정 관리소장은 바로 나였다. 내 걱정을 다스리는 주체는 결국 나 자신이다.

15장. 비교성향과 행복

남과 비교해서 발전할 수도 있고
불행해질 수도 있다.

귀하는 남과 비교하는 게 얼마나 중요합니까?

"엄마, 나 100점 맞았어!"

"잘했네! 너 말고 100점 또 있어?"

그냥 잘했다고 기뻐하면 안 될까? 하지만 그러려고 애쓰는 부모조차 내심 궁금할 것이다. 점수보다 등수가 중요한 사회에 살다 보니 혼자만 특별히 뛰어나야 안심이 된다. 비교성향, 비교심리, 사회적 비교…. 어떻게 부르든, 자기 자신을 다른 사람들과 비교하는 성향 또는 심리를 말한다.

흔히 우리가 비교하는 건 물질적인 것들이다. 그런 것들이 비물질적인 것보다 눈에 잘 보이고, 비교할 수 있는 금액으로 측정되며, 소비행태로 관찰되기 때문이다. 평범한 사람들이 가장 보편적으로 욕망하는 것이 물질, 대표적으로 돈이라서 그런

점도 있다. 물질적인 비교 대상을 뭉뚱그려 생활 수준이라고
해보자. 그리고 다음 질문을 보자.

> 귀하는 주변 사람들과 생활 수준을 비교하는 것이 얼마나 중
> 요하다고 생각하십니까?
> ① 전혀 중요하지 않다. (1점)
> ② 중요하지 않은 편이다. (2점)
> ③ 보통이다. (3점)
> ④ 중요한 편이다. (4점)
> ⑤ 매우 중요하다. (5점)

사람마다 다를 이런 비교성향의 강도가 행복감에는 어
떤 영향을 미칠까? 나는 한국인의 비교성향과 행복의 관계를
탐구하기 위해 2013년 10~11월에 전국의 성인(20~69세) 남
녀 3,000명을 대상으로 설문조사를 하면서 위와 같은 5점 척
도 질문을 했다.[137] 결과는 전혀 중요하지 않다 5퍼센트, 중요하
지 않은 편이다 20퍼센트, 보통이다 39.4퍼센트, 중요한 편이
다 32.3퍼센트, 매우 중요하다 3.3퍼센트의 비율로 나왔다. 즉,
25퍼센트 응답자를 제외한 나머지는 타인과의 비교에 신경을
쓰고 있다는 것이며, 35.6퍼센트는 비교가 중요하다고 분명히
밝힌 것이다.

비교성향이 강한 사람은 자기 것이 올라도 남보다 뒤진
것(절대적 상승, 상대적 열위)보다는 자기 것이 내려도 남보다는

앞선 것(절대적 하락, 상대적 우위)을 더 선호한다. 다음 질문을 보자.

> 귀하의 연봉과 남들의 연봉이 다음 중 어떤 조합인 상황을 더 원하십니까? (단, 화폐 가치는 모든 상황에서 같습니다.)
> ① 상황 A: 귀하는 5,000만 원, 남들은 2,500만 원
> ② 상황 B: 귀하는 1억 원, 남들은 2억 원

화폐 가치가 같으므로, 상황 A보다는 상황 B에서 자기 연봉으로 누릴 수 있는 생활 수준이 두 배 더 여유 있다. 그런데 상황 B에서는 배가 부르면서도, 남들 연봉을 보면 배가 아프다. 배가 고픈 건 참아도 배가 아픈 건 못 참는다는 말이 있긴 하지만, 실제로 사람들이 상황 B를 택할까? 설문조사 결과, 내 연봉이 절대적 수준에서 높은 상황 B보다 상대적으로 높은 상황 A를 택한 사람이 57.6퍼센트로 절반을 넘었다.

그 외에도 유사한 선택 상황, 즉 절대적으로 더 나은 것을 원하는지 아니면 상대적으로 우위를 갖길 원하는지를 다양한 것들에 대해 질문해 봤다. 그랬더니 상사로부터 칭찬을 받은 횟수, 지능지수, 집 근처 공원에 대한 정부 투자액, 외모의 매력도, 면접 때 입은 정장 가격 등에서도 상황 A와 같은 상대적 우위를 선호하는 비율이 더 높게 나타났다.

그런데 앞에서 5점 척도로 구분한 비교성향의 강도는 소득, 외모, 칭찬받은 횟수, 지능지수 등 다양한 대상에 대한 상

대적 우위 선호와 밀접한 관련이 있었다. 즉, 5점 척도 비교성향이 강할수록 모든 대상에 대해 절대적 웰빙보다는 상대적 우위를 선택하는 확률이 높게 나타났다. 비교성향이 꽤 타당성과 일관성이 높은 척도임을 알 수 있다.

어떤 사람의 비교성향이 강한가?

일반적으로 집단주의 문화의 동아시아인은 자아를 사회적 관계 속에서 정의한다. 한국인의 통상적인 자기소개가 자기는 무엇을 좋아하고 어떤 성격인지보다는 소속(학교나 직장, 때로는 직위도 언급), 사는 곳, 가족관계 등으로 시작한다는 점에서도 느낄 수 있다. 동아시아인은 개인의 독립과 자율성을 중시하는 문화를 가진 서구인에 비해 타인을 의식하고 타인과 비교하는 경향이 강하다.[138] 더욱이 존댓말이 없고 직장에서 '잭' '린다' 등 이름을 부르는 구미 문화권과 달리, 상하관계에서 규범적으로 존댓말을 사용하고 과장님, 부장님 등 직위로 부르는 우리 문화에서는 지위 경쟁과 비교에 더 민감할 수 있다.

한국인은 전근대적 신분제가 일거에 철폐된 후 계층을 초월한 교육열과 학교의 상대평가 체제 속에서 비교성향이 더욱 높아졌을 것으로 보인다. 단독으로 하는 게임과 경쟁을 벌이는 게임을 통해 개인의 비교성향을 파악해 본 모의도박실험에서 자기 몫에만 관심을 보인 미국인에 비해 한국인은 경쟁자와 비교한 상대적인 몫에 더 관심을 보이는 것으로 드러났다.[139]

내가 수행한 설문조사 결과, 한국인 중에서도 5점 척도 비교성향은 젊은 층, 여성, 자녀가 있는 사람, 고소득층이 상대적으로 강했다. 20~60대 연령대 가운데 20대의 비교성향이 가장 강하게 나타났는데 그 이유는 무엇일까? 20대는 또래와 성적과 진학 결과를 비교하던 학창 시절의 관성이 남아 있고, 취업후 직장까지 비교하게 되는 시기다. 미래가 불확실하고 진로고민도 많아서 승승장구하는 주변 친구들의 소식에 영향을 많이 받고 속으로 질투심과 불안감이 엄습할 때다.

거주지역별로는 전국에서 서울 강남 3구 지역에 사는 사람의 비교성향이 가장 강했다. 문만 열고 나가면 외제 차와 명품 가방이 많이 보이는 곳에 살면 자연스레 비교성향이 강해지기 마련이다. 또는 소득이 같더라도 비교성향이 강한 사람이 그런 지역에 살고 싶어서 들어와 사는 것일 수도 있다.

결국 서울 강남에 거주하며 자녀가 있는 고소득층 젊은 여성의 비교성향이 가장 강하다고 볼 수 있다. 강남 고소득층 젊은 '타이거 맘'들이 주도하는 열띤 자녀교육 경쟁이 비교성향과 맥을 같이 하는 것으로 보인다.

재력과 과시적 소비를 높이는 비교성향

비교성향이 강해서 얻게 되는 좋은 점은 없을까? 중요한게 있다. 바로 돈벌이다. 소득 변수를 제외하고 나이, 성별, 학력, 지역 등을 통제하여 소득 창출 잠재력이 비슷한 사람들끼리 비교했을 때, 비교성향이 강할수록 경제적으로 더 '잘나가는' 경향을 보였다.

5점 척도 비교성향이 1점 높을수록 취업자의 월평균 소득은 28.9퍼센트나 높았으며, 학생과 노인을 포함한 전체 응답자의 연간 소득(장학금과 공공부조 포함)도 15.3퍼센트 높았다. 다른 가구원의 소득을 포함한 총 가구소득은 비교성향 1점 상승에 대해 2.5퍼센트 높은 데 그쳤으나, 부동산은 22퍼센트, 금융자산은 20.7퍼센트 높았다.

그 비결은 무엇일까? 비교성향이 강한 사람은 삶에서 일을 중시하고 경쟁적 환경에서 전력투구하는 경향이 강했다. 그들은 성과주의 보수체계에서 상대적으로 강한 노동 강도로 일하는 비율이 높았다. 또한 더 높은 수익을 위해 더 큰 위험을 감수하는 성향이 높았고, 실제로 도박하는 비율도 높았다. 그리고 목표를 위해 다른 가치를 희생하는 경향이 강했는데, 이것도 부의 축적에 도움을 주었을 것이다.

한편 비교성향이 강한 사람은 빚을 지면서도 높은 수준의 소비생활을 하려는 과소비 경향이 강했다. 실제로 5점 척도 비교성향이 1점 높을수록 주당 쇼핑 시간이 9.2퍼센트 증가하고, 가구 수준의 월평균 총소비지출은 5.1퍼센트 증가했으며, 승용차나 고가의 전자제품 등 타인에게 과시할 수 있는 '지위재positional good'의 성격이 강한 내구재에 대한 연간 소비지출은 41.7퍼센트나 증가했다. 식비의 경우, 비교성향이 1점 높을 때마다 외식을 제외한 식비는 4.1퍼센트 증가한 데 비해 외식비는 10.1퍼센트 증가하는 것으로 나타나, 집에서 먹는 밥보다 레스토랑 식사가 과시적 소비의 대상이 된다는 것도 확인해 주었다.

건강과 행복을 저해하는 비교성향

이처럼 비교성향이 강할수록 물질적으로는 우위에 있었지만, 여기에는 대가가 따랐다. 비교성향이 강할수록 지난 1년간 입원 경험 비율이 높았고, 건강 습관에서도 음주하는 비율이 높고 규칙적으로 운동하는 비율은 낮았다. 더욱이 비교성향이 강할 때 불안감, 스트레스, 우울증, 불면증, 고독감이 높았고, 사소한 걱정부터 실패감, 식욕부진 등을 포함한 종합적인 정신 건강 지수도 현저하게 나쁜 것으로 드러났다.

자연스러운 귀결로, 비교성향이 강한 사람은 행복감과 삶의 만족도가 낮았다. 경제력 상승에 따른 행복 증진 효과를 비교성향의 부정적 효과가 압도한 셈이다. 0점(매우 불행)~10점(매우 행복)으로 평가된 현재의 전반적인 행복감은 5점 척도 비교성향이 1점 높을수록 0.237점 낮아지는 것으로 추정됐다. 연간 가구소득이 100만 원 증가할 때 전반적 행복감이 0.012점 상승하는 것으로 추정된 결과와 비교할 때, 5점 척도 비교성향의 1점 상승은 약 2,000만 원의 소득 감소가 행복감에 미치는 악영향에 맞먹었다. 더욱이 비교성향이 강할수록 1년 전과 비교할 때 올해 행복해졌다는 비율이 낮았고 불행해졌다는 비율은 훨씬 높았다.

이스털린의 역설(6장 참조)에 대한 한 가지 설명이 사회적 비교였듯이, 응답자가 주변 사람들의 생활 수준을 자기보다 높게 평가할수록 행복감이 낮다는 점이 확인된 것이다. 그런데 자신의 상대적인 생활 수준이 비슷한 정도로 낮더라도 비교성향이 강할수록 행복감에 미치는 부정적인 영향이 강하게 나타났다. 즉, 상대적 박탈감은 비교성향에 비례하여 크게 느끼게 된다는 것이다.

한편 현재 느끼는 행복감 변수를 보완해 줄 수 있는 주관적 웰빙 지표인 삶에 대한 만족도(1~5점) 변수를 사용했을 때도 비교성향의 악영향이 뚜렷했다. 비교성향이 강할수록 삶 전반에 대한 만족도뿐 아니라 여가활동, 배우자 및 기타 가족과의 관계, 친구 관계, 거주지역, 직업, 현재 경제 상태 등 삶에 대한 만족도를 구성하는 요소들에 대한 만족도가 모두 낮았다. 참고로 각 구성 요소가 삶에 대한 전반적인 만족도에 미치는 영향의 상대적인 비중을 분석한 결과, 비교성향이 강할수록 경제 상태에 높은 가중치를 두고(평균적인 사람들도 경제 상태에 대한 가중치가 가장 높지만, 비교성향이 강한 사람은 더욱 높은 가중치를 부여) 친구 관계에는 낮은 가중치를 두는 것으로 드러났다.

비교의 온상, 소셜 미디어

근간에는 한국 사회에서 소셜 미디어가 비교를 더욱 자극하고 있다. 젊은 세대가 많이 사용하는 인스타그램은 남들에게 보여주고 싶은 사진을 곧바로 올리는 방식으로 인기를 끌었다. 실시간 보여주기에 최적화된 이 소셜 미디어에 대한 관심도는 구글 트렌드 검색('인스타그램' 또는 '인스타' 검색) 지수 기준으로 2017년 이후 급상승세를 기록하며 기존의 페이스북(또는 '페북') 등에 관한 관심을 올라섰다. 다른 소셜 미디어 대비 인스타그램에 대한 관심도를 지역별로 보면 서울특별시가 1위였고, 그 뒤로는 제주특별자치도와 큰 광역시들이 이었다. 젊은 이들이 많은 곳, 그리고 그들이 보여주고 싶은 이른바 '핫플'이 많은 곳에서 보여주기가 많이 일어나고 있는 것을 짐작할 수 있다.

　소셜 미디어 사용자 중에는 시시때때로 신변잡기와 사진을 올리며 남의 관심을 끌고 싶어 하는 사람도 많다. 이런 행위에도 비교심리가 작용한다. 자기 계정의 팔로워가 몇 명인지, 친구로 연결된 이가 몇 명인지, 유튜버라면 자기 콘텐츠의 구독자가 몇 명인지 다른 사람과 비교한다. 끊임없이 스마트폰을 들여다보며 반응이 없으면 실망하고, 댓글의 내용에 일희일비한다. 삶의 주인이 자신인지, 남의 시선인지 분간이 가지 않을 때도 있다.

　이런 소셜 미디어에는 멋진 곳에서 예쁜 옷을 입고 맛있는 것을 먹으며 심혈을 기울여 찍은 사진들 가운데서도 고르고 또 고른 A컷이 주로 올라온다. 이런 사진들을 보고 있으면 남들은 자기보다 훨씬 풍요롭게 사는 것 같다. 사회적 비교에도 위를 처다보는 상향비교가 있고 아래를 내려다보는 하향비교가 있는데, 소셜 미디어는 상향비교를 부채질한다. 가뜩이나 뭐 하나 확정된 것이 없어 불안하고 주변의 성취가 상대적 박탈감으로 이어지는 청년들에게 소셜 미디어는 행복감을 갉아먹기 쉽다. 친구가 자랑삼아 올린 게시물에 '좋아요(♥)'를 누르고 나왔지만 마음은 어딘가 '안 좋아요' '슬퍼요'다.

상향비교와 하향비교

상향비교가 상대적 박탈감을 유발한다면, 행복을 위해 하향비교는 괜찮을까? 한국, 일본, 중국 등 동아시아권에서는 자신을 남들과 비교하는 성향이 높을수록 행복도가 낮았는데, 미국은 그렇지 않았다. 그 이유는 무엇일까?

미국의 한 대학에서 교수가 시험 채점을 마친 후 중국 출신 학생과 미국 태생 학생으로 구성된 235명의 실험 참가 학생들에게 다른 학생들의 답안지와 성적을 볼 수 있는 기회를 줬다.[140] 이때, 자기보다 잘한 학생들 답안지를 볼 것인지 자기보다 못한 학생들 답안지를 볼 것인지를 선택하게 했다. 연구 목적은 성장 환경과 문화가 비교성향에 미치는 영향을 보고자 함이었다. 중국 출신 학생은 집단주의 가치관이 상대적으로 강했고, 미국 태생 학생은 개인주의 가치관이 상대적으로 강했다. 다른 학생의 답안지를 볼 기회를 준 것은 어느 쪽의 비교성향이 강한지, 또 어느 쪽이 상향비교를 통한 자기 발전을 더 추구하는지를 보기 위함이었다.

　　이 실험에서 다른 학생의 성적을 보겠다는 비율은 미국 태생 학생보다 중국 출신 학생에게서 높게 나타나 집단주의 문화에서 일반적으로 비교하려는 욕구가 크다는 점을 보여줬다. 또한 다른 학생 성적을 보겠다고 한 경우, 자기보다 잘한 학생들 것을 보겠다고 선택한 비율도 중국 출신 학생에게서 높게 나타났다. 중국처럼 집단주의 문화가 강한 동아시아권 학생들이 상향비교로 발전을 위한 자극을 택했다면, 미국 학생들은 하향비교로 기분이 좋아지는 쪽을 택한 경우가 상대적으로 많았다.

　　동양에서도 행복을 위해서는 상향비교보다 하향비교를 하라는 충고가 있었다. 〈'기려도' 경심'騎驢圖' 鏡心〉은 나귀를 타고 가는 화자가 앞에 가는 준마 탄 이를 부러워하다가 뒤에 오는 수레꾼을 보고 위안을 얻는 내용의 시다.

> 그는 좋은 말을 탔고 나는 나귀를 탔구나
> 곰곰이 생각해 보니 내가 그보다 못하네
> 머리를 돌려 또 수레를 미는 사람을 보니
> 위에 비하면 모자란데 아래로는 남음이 있네

　　그런데 하향비교는 일종의 '정신 승리'가 아닐까? 그럴 수도 있다. 또한 알게 모르게 하향비교의 대상이 된 사람에 대한 존중이 부족하다고 볼 수도 있다.

　　그러나 하향비교가 현재 자기 상황을 객관적으로 인식하

려는 노력의 일환이라면, 그래서 상향비교만으로 과도하게 낮 잡은 자기 인식을 바로잡는 과정이라면, 오히려 부당한 비교의 시정일 수 있다. 더욱이 자기가 가진 것에 감사하고 자기보다 힘겹게 사는 사람에게 사려 깊은 도움을 주게 되는 계기가 된 다면 성숙한 것이기도 하다. 준거집단을 더 넓혀서, 지구상에 서 함께 살아가는 호모 사피엔스로서 많은 사람이 지금 어떻게 살고 있는지 생각해 보자.

비교 바꾸기

부당한 비교를 바로잡는 핵심은 다원성에 대한 인식이다. 길고 짧은 건 대봐야 안다는 말이 있다. 그런데 왜 길이로만 평 가하는가? 낚시꾼끼리도 같은 어종이라야 길이를 재며 성과를 겨룬다. 늘 길이로만 비교하면, 흔한 갈치 대신 귀한 다금바리 잡은 사람이 섭섭하다.

사람은 아주 다양한 속성을 가진 존재다. 학창 시절, 학생 들을 1등부터 꼴등까지 줄 세운 것은 단지 성적순으로 잰 결과 일 뿐이다. 내 고교 졸업 20주년과 30주년 기념행사 때 큰 후원 자를 자임한 동기회장들, 퇴근 후와 주말을 가장 행복하게 보 내고 있는 이들은 공부 잘해서 명문대에 간 친구들이 아니었 다. 공부는 못했지만 자수성가하여 사업체를 일군 동기도 있 다. 누구나 남보다 낫거나 최소한 덜 못하는 특기나 매력을 가 지고 있다.

상향비교를 많이 하거나 상향비교를 자극하는 집단에서 벗어나는 것도 한 방법이다. 소셜 미디어나 정기 모임에서 갑자기 나가버리기 쉽지 않다면, 자기가 그런 분위기 속에 있다가 영향을 받았다는 사실을 상기하는 것도 도움이 될 수 있다. 아, '내가 지금 이렇게 벼락거지 기분이 드는 건 상향비교 회로가 팽팽 돌았기 때문이구나.' 하고 알아차리는 것이다. 그리고 대개 그런 분위기 속의 승자는 원탑밖에 없다는 것도 기억하자. 나머지는 거의 다 집에 와서 '이불킥'이다.

군이 비교한다면 남들하고 비교하는 대신 자기 자신과 비교하는 것이 낫다. 단, 이때도 좋았던 시절과 상향비교만 하고 있으면 우울해질 수 있다. 지금보다 못했던 시절과 비교하면 지금 자기 상태가, 자기 실력이 괜찮은 것이다. 그래서 남보다 못해도 실망해서 그만두지 않고, 자신의 긍정적 변화와 성장에 기뻐하면서 계속 노력할 수 있다.

혹시 노화 등으로 지금보다 갈수록 안 좋아질 것 같다면, '지금이 그나마 남은 인생에서 가장 좋은 때구나, 감사하고 만끽해야 할 때구나.'라고 생각할 수 있다. 이것은 현재와 앞으로의 행동에 긍정적인 영향을 준다는 점에서, 과거를 미화해 현재에 안주하는 '정신 승리'라기보다 '긍정적 사고'다.

발전을 위한 상향비교?

그래도 어리거나 젊을 때 발전을 위해서는 자기보다 나은 이를 바라보는 상향비교를 해야 하지 않느냐고? 그럴 수 있다. "너보다 나은 친구를 사귀어라. 그래야 발전이 있다."라는 말은 부모들의 단골 훈육 지침이었다.

그런데 발전이란 무엇을 말하는가? 물질적인 면의 발전이라면 이미 연구 결과를 통해 확인했듯이 상향비교를 하면서 애써서 얻는 것도 있지만 잃는 것도 많다.

나는 한창 비교성향이 강할 나이인 대학생들에게 다른 사람들과 자주 비교하게 되는 것이 무엇인지 물어보았다. 많이 언급된 순서대로 '능력, 실력, 성적, 학점, 외모, 배려심, 가치관, 공부량, 특기, 인간관계, …'와 같은 답들이 나왔다.

능력과 실력, 성적과 학점 등은 대학생의 특성이 반영된 응답이다. 나는 우수한 이들이 몰려 있는 곳일수록 상향비교로 인해 자존감이 떨어지고 스트레스가 커진다는 사실을 학생들에게 자주 상기시킨다. 최고의 이공계 수재가 모이는 미국 매사추세츠공대MIT의 자살률이 유독 높아 1학년 과정을 절대평가로 바꾼 이유기도 하다(성적을 Pass와 Non-Pass로만 부여하고, Non-Pass는 수강 기록에서 지워준다). 학생들을 능력에 따라 끊어서 같은 수의 인원을 각 학교에 모아놓는다고 가정했을 때, 능력의 분포가 정규분포라면 오른쪽 꼬리로 갈수록, 즉 최상위권 대학일수록 학생들 간 능력 편차가 크기 마련이다.

그럴 때 나는 얘기한다. 능력 분포의 오른쪽 꼬리 끝에 있는 천재는 먼저 지나가게 놓아주라고, 그리고 그 천재를 인정하고 그와 동료인 걸 시대의 행운으로 여기라고 말이다. 여기서 「천재와 싸워 이기는 방법」으로 알려진 이현세 만화가의 칼럼이 소환된다.[141] 그 일부를 옮겨본다.

새 학기가 열리면 이 천재들과 싸워서 이기는 방법을 학생들에게 꼭 강의한다. 그것은 천재들과 절대로 정면승부를 하지 말라는 것이다. 천재를 만나면 먼저 보내주는 것이 상책이다. 그러면 상처 입을 필요가 없다.

...

이처럼 천재를 먼저 보내놓고 10년이든 20년이든 자신이 할 수 있다는 생각으로 하루하루를 꾸준히 걷다 보면 어느 날 멈춰버린 그 천재를 추월해서 지나가는 자신을 보게 된다. 산다는 것은 긴긴 세월에 걸쳐 하는 장거리 승부이지 절대로 단거리 승부가 아니다.

...

가끔 지구력 있는 천재도 있다. 그런 천재는 존재하는 것만으로도 축복이고 보는 것만으로도 감사하다. 그런 천재들은 너무나 많은 즐거움과 혜택을 우리에게 주고 우리들의 갈 길을 제시해 준다. 나는 그런 천재들과 동시대를 산다는 것만 해도 가슴 벅차게 행복하다.

나 같은 사람은 그저 잠들기 전에 한 장의 그림만 더 그리면 된다. 해지기 전에 딱 한 걸음만 더 걷다 보면 어느 날 나 자신이 바라던 모습과 만나게 될 것이다. 그것이 정상이든, 산 중턱이든 내가 원하는 것은 내가 바라던 만큼만 있으면 되는 것이다.

그룹 '들국화'에서 베이스기타를 맡았던 최성원은 그의 솔로 2집에 〈행복의 열쇠〉라는 자작곡을 담았다.

> 어깨가 처진 그대여, 고개를 숙인 그대여
> 그렇게 괴로워해도 그대는 소중한 사람
> 세상엔 여러 사람들, 저마다 잘난 사람들
> 날마다 CF 속엔 모두가 행복한 사람
> 하지만 외로워 마요, 그대는 이 우주 안에
> 누구와도 바꿀 수 없는 그대만의 세상 있잖아
> (후렴)*
>
> 우리는 어릴 적부터 그렇게 배워만 왔지
> 남보다 잘났어야만 칭찬을 받았었나 봐
> 공부는 재밌는 건데 왜인지 힘겨워했고
> 인생은 즐거운 건데 왜인지 어렵게 됐지
> 이제는 눈을 떠봐요, 그대는 이 우주 안에
> 누구도 견줄 수 없는 그대만의 세상 있잖아
> (후렴)

자신은 어떤 것을 남들과 자주 비교해 왔는가? 그런 비교가 자기에게 어떤 영향을 줘왔는가? 비교에서 좀 벗어나고 싶

---

* 일부러 가사를 적어놓지 않은 후렴구에 노래 만든이가 말하는 '비교'의 의미, 우리의 권리, 그리고 '행복의 열쇠'가 나온다. 노래를 들으며 후렴구 가사를 확인해 보자. https://youtu.be/53YBSw-w35s

은가? 어떻게 하면 되겠는가?

'남들 좇아가기' 탈출법

열다섯 번째 휴게소에는 자꾸 상향비교를 하게 되는 심리 때문에 힘들어하는 사람을 위한 상담소가 있다. 처음엔 누구나 다 그런 줄 알았는데, 가족에게서 너무 질투하고 모방하는 것 아니냐는 말을 듣고 유독 심하다는 걸 깨달았다. 상담소에 들어가는 걸 남이 볼까 봐 주위를 살피고 얼른 들어간다.

먼저 상담소장은 상향비교가 사람들 속에 살아가는 인간의 자연스러운 심리이고, 여러 문화권에 존재한다고 말한다. "사돈이 땅을 사면 배가 아프다."라든지 "뱁새가 황새 따라가다 가랑이가 찢어진다."라는 한국 속담을 얘기하며, 중국 대도시에도 소위 '왕서방 따라잡기' 유행이 있다고 한다.

그런데 이런 사회적 비교가 동아시아에만 있는 건 아니고, 개인주의 문화가 강한 미국 사회에도 있다고 한다. 영어에도 "이웃집 잔디가 더 푸르게 보인다."라든가 "이웃집 존스 가족 좇아가기keeping up with the Joneses"라는 말이 있는 것처럼, 그들도 상향비교 대상을 따라 하는 행태를 보인다는 것이다.

소장은 가상의 상향비교 대상을 존스네라고 하고, 다음과 같은 순서로 생각해 보자고 조언한다.[142]

1. 무엇이 자기를 존스네의 가진 것이나 행동에 반응하게 했는 지 생각해 보자. (경력 좌절, 낮은 자존감, 사생활, 힘든 어린 시절 등)

2. 자기가 어떤 측면을 맞추거나 좇아가려 했는지 생각해 보자. (많은 돈, 완벽한 결혼, 완벽한 아이들, 훌륭한 경력 등)

3. 자기가 부러워한 존스네 삶의 여러 측면을 몇 가지 현실들로 쪼개서 생각해 보자. (알고 보면 자기가 부러워했던 경제력, 결혼, 아이들, 경력 등이 실제 완벽하지는 않을 것이다.)

4. 좇아가려는 집착이 자기 삶에 미치는 영향을 생각해 보자. (정신 건강까지 해치는 좁은 초점에서 벗어나자.)

5. 자기의 개인적인 목표들과 이뤄온 것들을 숙고해 보자. (원래 가졌던 꿈은 무엇이었고, 실제 아무것도 한 것이 없는지 생각해 보자.)

6. 최악의 시나리오를 생각하고 거기서 다시 출발하자. (존스네를 좇아서 크게 질렀을 때 모든 면이 지금보다 나을까? 감당이 안 돼서 후회하지는 않을까?)

7. 자기가 좋아하는 것을 한껏 해보자. (새로운 요리, 주말 자원봉사, 밤에 글쓰기, 아이들 공부 봐주기 등)

8. 자기가 베풀 수 있는 것을 주변에 나누자. (도와주고, 얘기를

들어주고, 원하는 조언을 해주자. 존스네도 그들을 따라 하는 이웃
보다 그런 품위 있는 이웃을 훨씬 존경할 것이다.)

소장의 조언대로 실천해 봐야겠다고 생각하며 인사하고 상담
소를 나오려는데 소장이 내 뒤통수에 던진 질문에 가슴이 뜨끔
했다.
"혹시 SNS 많이 하세요?"

16장. 행복 실천력의 비결

긍정적으로 사고하고, 환경을 바꾸어 적응하고,
꾸준히 실천하여 습관으로 만드는 일은 언제 시작해야 할까?

두 번째 인생의 시작

누구에게나 두 개의 인생이 주어진다. 두 번째 인생은 삶이
한 번뿐이라는 것을 깨달았을 때 시작된다.

영화 〈어벤져스〉 시리즈의 '로키' 역을 맡은 배우 톰 히들
스턴은 런던 지하철 벽에 쓰여 있던 이 문장(원래 공자 말씀)에
전율하여 자기 좌우명으로 삼았다고 한다. 지금까지의 인생이
별로 행복하지 않았다면 오늘부터라도 두 번째 인생을 행복하
게 시작해 봐야 하지 않겠나!

인생은 한 번뿐이라고 모두 '욜로YOLO: You Only Live Once'
족처럼 현재를 즐기는 것을 최우선시하며 살 필요는 없다. 자

기 성정에 맞게 살아야 한다. 그리고 현재의 즐거움도 중요하지만 미래를 위한 준비도 병행해야 13장에서 본 '이상적인 햄버거'의 행복을 누릴 수 있다.

우리는 앞에서 사랑, 가족, 돈, 일, 사회생활, 습관 등 행복의 요인들에 관해 이미 꽤 공부했다. 그런데 이렇게 새롭게 알게 된 것만으로 큰 의미가 있을까?

김훈 작가는 그의 서재를 찾은 기자와의 인터뷰에서 이렇게 말했다.

> "자꾸만 사람들이 책을 읽으라, 책을 읽으라 하잖아요. 그게
> 틀린 말은 아닌데… 저는 이렇게 생각해요. 『근사록』이라는
> 책을 보면 '공자의 논어를 읽어서, 읽기 전과 읽은 후나 그 인
> 간이 똑같다면 구태여 읽을 필요는 없다.'라는 이야기가 나와
> 요. 그러니 다독이냐 정독이냐, 일 년에 몇 권을 읽느냐, 이런
> 것은 별 의미 없는 것이지요. 책을 읽는다는 것보다도 그 책
> 을 어떻게 받아들여서 나 자신을 어떻게 개조시키느냐는 게
> 훨씬 더 중요한 문제죠."[115]

행복한 인생을 새롭게 시작하는 데도 행복 공부는 보조적인 수단으로 필요하고, 그 공부를 자기의 행복한 삶으로 구현해 주는 것은 결국 스스로의 변화다. 이런 변화를 위한 실천력을 '행복 실천력'이라고 부르기로 하자.

행복 실천력을 위한 긍정적 사고

내가 지스트에서 해온 〈행복의 조건〉 수업은 행복에 관한 다양한 지식을 전달하고 서로의 경험과 생각을 토론, 글 나눔, 조별 과제 발표, 익명의 집단 상담 등으로 공유하는 방식이었다. 그런데 학기 말 수업 소감과 강의평가 때 자신의 인생을 바꾼 수업이었다는 학생도 있었고, 수업만 열심히 들으면 행복해질 줄 알았는데 그렇지는 않았다는 학생도 있었다. 결국 행복해지기 위해서는 행복에 대해 얼마나 알게 됐는가보다 변화를 위해 얼마나 실천했는지가 관건이다.

행복 실천력은 행복에 관한 '지식'을 바탕으로 긍정적인 '사고'를 장착하고 의식적으로 '행동'에 옮길 때 길러진다. 행복에 관한 지식이 필요한 이유는 행복과 거리가 먼 방향으로 생각하고 행동하는 것을 방지하기 위해서다. 앞서 '행복의 3대 결정요인'에서 살펴보았듯 지속적인 행복감의 결정요인 중 40퍼센트를 차지했던 것이 '자발적 행동'이었다.

그런데 지금은 별로 행동할 '기분'이 아니라고? 기분은 날씨와 비슷하다. 맑기도 하고 흐리기도 하고 비가 내리기도 한다. 또 기분은 날씨처럼 내가 어떻게 할 수 없기도 하다. 내 안에서 생겨나는 것인데 내가 마음대로 할 수 없다. 그러나 행동은 내가 선택할 수 있다. 기분이 조금 흐리더라도 그걸 알아채고, 기분을 전환하는 데 도움이 됐던 행동이 무엇이었는지 떠올려 보고 그 행동을 할 수 있다.

그리고 궂은 날씨에도 외출할 수 있게 해주는 우산처럼

'긍정적 사고'를 장착하면, 나쁜 기분도 어느새 긍정적인 방향으로 돌려놓을 수 있다. 심지어 비를 몸으로 느끼며 살아 있음에 감사하는 경지에 오를 수도 있다. 어떤 사람은 비를 느끼지만 다른 사람들은 단지 비에 젖는다.

스톡데일 역설의 교훈

지금 현실이 너무 힘들고 앞이 안 보이는 상황이라면 어떻게 긍정적으로 사고할 수 있을까?

1965년부터 7년 동안 북베트남의 악명 높은 포로수용소에 잡혀 있었던 제임스 스톡데일에게서 배울 점이 있다. 수용소에서 제일 먼저 사망한 포로는 비관주의자들이었다. 그들은 풀려날 거라고 기대하지 않았고, 고문으로 점철된 현실에 절망하며 사망했다. 그다음으로 죽은 이들은 근거 없는 희망을 품었던 비현실적인 낙관주의자들이었다. 그들은 첫 성탄절에는 수용소에서 석방될 거라고 기대했다가, 성탄절이 그냥 지나가자 다음 성탄절까지는 석방될 거라고 기대했다. 섣부른 낙관과 기대가 거듭 좌절되자 크게 상심하여 사망했다.

스톡데일은 긍정적인 현실주의자였다. 그는 "쉽게 풀려나지 못할 것임을 깨닫고 장기간 버티어야 한다는 각오로 하루하루를 보냈다."라고 회고했다. 엄연한 현실을 직시한 가운데, 언젠가는 고국의 가족에게 돌아갈 거라는 믿음과 희망을 잃지 않았다. 막연한 낙관주의보다 긍정적인 현실주의가 힘을 발휘한

이 사례는 경영컨설턴트 겸 유명 작가인 짐 콜린스에 의해 '스톡데일 역설'이라고 명명됐다.

　통제 가능한 상황에서는 문제 해결적인 대처를 많이 하고, 통제 불가능한 상황에서는 현실을 수용하는 태도가 긍정적인 현실주의다. 포로 석방 날짜처럼 내가 통제할 수 없는 것에 매달리지 않고, 하루하루를 어떤 마음으로 어떻게 보낼지와 같이 내가 통제할 수 있는 것에 노력하는 태도다.

　신이시여, 바꿀 수 없는 것을 평온하게 받아들이는 은혜를 주시고, 바꿔야 하는 것을 바꾸는 용기를 주소서. 그리고 이 두 가지를 분별할 수 있는 지혜를 허락하소서. (라인홀트 니버, 「평온을 비는 기도」)

　'긍정'이라는 말 자체가 현실에 대한 수'긍'과 인'정'을 내포하고 있다고 보면 좋겠다. 행복을 향한 긍정적 사고는 지금의 힘든 현실을 부정하거나 외면하지 않고 인정하되, 그 안에서 좋은 면을 찾고 좋은 방향으로 생각하는 것이다. 그래야 현재와 미래에 모두 도움 되는 행동을 할 수 있다.

긍정적 사고와 '정신 승리'

　혹시 긍정적으로 사고하는 것이 이른바 '정신 승리'가 아닌지 물을 수도 있겠다. 나는 긍정적 사고와 정신 승리를 구분하고 싶다. 둘은 행복 실천력 면에서 다르다.

긍정적 사고는 더 행복한 내일에 대한 희망과 변화 의지를 갖고 오늘 행동하도록 만든다. 긍정적 사고는 시선의 방향이 미래를 향하고 현재의 행동에 동력을 제공한다. 긍정적 사고를 바탕으로 한 행복 실천력은 역동적이다. 변화를 추구하고, 좋은 습관을 만들고, 이를 위해 행동의 첫걸음을 뗀다.

반면 정신 승리는 시선의 방향이 과거를 향하고 현재를 위안하는 데 초점이 맞춰져 있다. '정신 승리'가 '경기나 경합에서 겨루어 패배하였으나 자책감에서 벗어나기 위하여 자기는 지지 않았다고 정당화하는 것'(국립국어원 누리집 사전)으로 정의된 것에서도 알 수 있다. 이처럼 정신 승리는 지금보다 나은 미래를 위한 변화를 지향하는 대신, 지금도 좋다며 현재 상태에 머무르려는 자기 합리화가 될 수 있다.

그런데 사실 나는 '정신 승리'라는 말이 조롱이나 폄하의 의도가 담긴 부정적인 표현으로만 사용될 이유는 없다고 생각한다. 어쩌면 진정으로 '정신 승리'조차 하지 못하는 사람들의 시기가 들어 있을지도 모른다. 정신 승리에 성공한 사람은 행복하다고 느낄 수 있다. 적어도 그 합리화를 깨는 환경 변화나 정보 습득이 일어나기 전까지는.

'현타' 후 만만디의 변화

가족들이 보는 나는 매사에 서두르거나 행동이 재빠르지

않은 '만만디'였다. 나는 고등학교 1학년 2학기를 마칠 때까지 독하게 공부해 본 적이 없었다. 낙관적이고 느긋한 대뇌피질 좌파의 특성에 미루는 버릇까지 더해져 전 과목을 다 공부하고 시험을 본 적이 거의 없었다. 철 지난 영화를 두 편 연속 보여주는 재상영관 바지사장의 아들을 친구로 둔 덕분에, 공짜 표로 영화도 숱하게 보러 다녔다. 그러다 고1 기말고사에서 한심한 성적을 받고 내 꿈과는 거리가 너무 먼 현실을 자각했다. 소위 '현실 자각 타임', 즉 '현타'가 온 것이다.

고1 겨울방학이 마지막 골든 타임이라 생각해 공부 환경을 바꾸기로 했다. 집에서 멀리 떨어진 동네에 사시던 이모 댁 근처의 독서실에 다니기 시작했다. 연년생인 이종사촌 형과 함께 독서실에 다니겠다고 하니 이모도 반가워하셨다. 밥 먹으러 오가는 시간이 휴식이었고 그 외에는 공부만 했다. 친구들은 이미 다 있는 수학 참고서도 그때서야 처음 사서 1학년 첫 단원부터 새로 공부했다. 요즘 같은 선행학습 시대가 아니었지만, 공부 좀 한다는 학생들은 2학년 과정을 예습하고 있을 고1 겨울방학에 난 1학년 과정을 처음부터 다시 시작한 것이다. '늦었을 때가 가장 빠른 때'라는 말은 미래를 위한 행동의 시점으로 내일보다는 오늘이 빠르다는 뜻이다. 우스갯소리로 '늦었을 때가 늦었을 때'라는 말도 있는데, 이건 엄연한 현실 인식이며 그렇기에 지금까지 실천해 보지 않은 수준의 행동력이 필요하다는 뜻이다. 나는 그런 높은 수준의 행동력을 실천하기 시작했다.

난생처음 주 단위, 일 단위, 시간 단위로 짠 학습 계획이 지켜지자 짜릿한 성취감을 느꼈다. 내가 다녔던 독서실은 전직 교사 부부가 운영하는 곳이었는데, 아침에 입실할 때 독해 연습을 위한 영어 문단이 복사된 종이가 출입구 관리대에 비치되어 있었다. 독해를 마치고 나름의 번역을 종이에 적어서 제출하면 다른 영어 문단이 복사된 그다음 종이를 가져갈 수 있었다. 나는 매일 일정한 시간에 빠짐없이 번역을 제출하고 그다음 것을 가져갔다. 어느 날, 영어 선생님이셨던 독서실 주인 아주머니가 내게 말했다.

"이렇게 매일 열심히 하는 걸 보니, 우리 학생은 다음에 어떤 목표라도 이룰 수 있을 것 같네요."

어떤 대상에 대한 긍정적인 기대와 관심이 그 대상의 행동력에 좋은 영향을 미쳐 실제로 바랐던 일이 이루어진다는 '피그말리온 효과'가 내게 일어났다. 겨울방학이 끝나고 고등학교 2학년에 올라간 나는 다른 수준의 학생이 되어 있었다. 그 후로는 내가 짠 모든 계획을 실천하는 게 더 수월해졌다. 희망했던 진학 목표와 진로 목표도 어렵지 않게 달성했다.

13장의 '햄버거 모형' 사분면으로 보면, 나는 쾌락주의자 (내지는 적당주의자) 비슷하게 지내다가 충격적인 성적을 받고 허무주의에 빠질 뻔했다. 결과적으로 내가 이동한 사분면은 성취주의라기보다 행복이었다. 왜냐하면 겨울방학 내내 이어진 독서실 생활에서 나는 현재를 희생하고 있다는 생각보다는 잘게 쪼개진 학습 목표를 달성하는 가운데 자주 희열감을 느꼈기 때문이다. 저녁을 먹으러 이모 댁에 돌아와서 당시 인기 있던 TV 만화영화(〈모래요정 바람돌이〉)를 저녁 먹는 동안만 보고, 다시 독서실로 향하면서 만화영화 주제가를 흥얼거리는 것도 즐거웠다. 공부도 건빵처럼 텁텁하기만 하지 않고 구수하고 오래 씹으면 단맛도 느껴진다는 걸 알게 됐다. 건빵 사이에 가끔 들어 있는 별사탕 같은 TV 시청은 재상영관 소극장에서 몇 시간 죽치면서 공짜 영화 두 편을 몰아서 보던 때 이상으로 달콤했다.

실천력을 높이는 환경 조성

이처럼 최고의 변화는 환경을 바꾸는 데서 시작한다. 내가 고1 겨울방학을 전과 같은 환경에서 보냈다면 그런 변화는 없었을 것이다.

본인과 주변인의 삶의 궤적에서 환경의 영향력을 실감한 작가 벤저민 하디도 『최고의 변화는 어디서 시작되는가』[116]에서 목표 달성을 위해 환경이 매우 중요하다는 점을 강조한다. 목표에 전념하려면 환경에 일종의 강제 기능을 넣어 긍정적 스트레스를 주면서 몰입할 수 있는 상황을 만들라는 것이다. 기존의 환경에서 의지를 발휘하는 것보다 바뀐 환경에 적응하는 게 쉽다. 문제의 원인을 '자기 자신'에서 '환경'으로 옮길 필요가 있다는 것이다.

당신이 환경을 만들지 않으면 환경이 당신을 만들 것이다.
(벤저민 하디, 미국 작가 · 유력 블로거)

더 행복한 두 번째 삶을 살기 위해서도 불필요한 물건과 주의 분산 요인, 나쁜 선택지를 없애고, 자신에게 괴로움을 주는 부정적인 사람은 멀리하는 게 좋다. 그리고 때로는 자신을 몰아붙일 필요도 있다. 얼마나 빨리 달릴 수 있는 차인지는 가속페달을 제대로 밟아보기 전에는 모른다.

나도 몰랐다. 초등학교 때 방학 숙제였던 일기는 매번 개학 전날 몰아서 쓰던 나였다(날씨 기록이 고역이었다). 방학이 시작되면 늘 만들던 원 모양의 일일 시간 계획표는 만들었던 날의 뿌듯함 말고는 아무 의미가 없었다. 그랬던 내가 실천력을 극대화할 수 있는 환경 속에서 그런 변화를 이뤄낼 수 있었다. 고1 겨울방학의 경험은 성적 이상의 것을 남겼다. 자아효능감, 즉 나 스스로 상황을 극복하고 내게 주어진 과제를 성공적으로 해낼 수 있다는 신념과 기대를 높인 것이다. 이처럼 자아효능감이 높아지면 스스로 삶을 통제하고 있고, 나의 행동과 선택이 삶을 결정한다고 믿게 된다.

꾸준한 실천을 위한 습관 형성

일시적인 목표는 누구나 어렵지 않게 달성할 수 있지만, 중요한 목표는 꾸준한 실천을 요구할 때가 많다.

주 3~4회 이상 운동하기를 목표로 삼았다고 해보자. 운동을 싫어했던 사람이 꾸준하게 운동하는 건 쉽지 않다. 개인 트레이너를 고용해 강제할 수 있지만 돈이 꽤 들고, 혼자서 하고 싶을 수도 있다. 이럴 때는 내가 왜 운동하기를 어려워하는지 생각해 보고 해결 방법을 찾자. 운동이 재미없을 때는 재미 요소를 넣거나 다른 보상(좋아하는 TV 프로그램은 러닝머신 위에서만 실컷 보기)을 결합하자. 운동을 하기에 너무 버겁거나 시간이 충분하지 않을 때는 욕심을 버리고 조금이라도 하자. 행동하지 않는 단골 핑계가 완벽주의다. 최대한 운동의 장벽과 핑계를 없애는 환경을 조성해야 한다. 운동을 다녀온 직후에 다음 운동에 필요한 준비물을 미리 챙겨놓는 것도 좋은 방법이다.

운동하면서 가장 어려운 건 체육관에 오는 것입니다.
당신은 방금 그걸 해냈습니다.
지금부터는 쉬운 걸 해보겠습니다.
(어느 헬스장 입구에 있는 글귀)

꾸준한 실천을 위해서는 습관을 만드는 것이 중요하다. 행복과 성공의 항로에서 습관은 제트기류 같은 것이다. 예컨대 한국에서 미국에 갈 때는 제트기류가 순풍이 되어 비행기를 3시간 일찍 도착하게 해주지만 반대 방향으로 갈 때는 제트기류라는 역풍을 피해 북극항로로 돌아가야 해서 시간이 더 걸린다. 이처럼 어떤 습관인지가 목표 달성을 쉽게도 어렵게도 한다.

습관을 만드는 데에는 간단한 원칙이 도움이 된다. 주 3~4회 운동하겠다는 목표를 지키려면, 달력에 운동한 날과 하지 않은 날을 각각 O, X로 표시하면서 다음과 같은 원칙을 세우고 지켜보는 것이다.

"이틀 연속 X가 되지 않게 한다!"

그냥 지금부터 하자

더 행복한 삶을 위한 행동은 오늘의 작은 첫걸음에서 시작한다. "JUST DO IT(그냥 해)." 카피로 유명한 나이키 사의 포스터에는 이런 문장도 있다. "YESTERDAY YOU SAID TOMORROW(어제 당신은 내일부터 한다고 했다)."

오늘 미루면 계속 미루게 된다. 일단 시작하자.

강을 건너는 방법은 강을 건너는 것이다. (인디언 추장 제로니모, 아파치 최후의 전사)

『조용히 다가오는 나의 죽음』[117]의 저자 소 알로이시오 몬시뇰 신부는 머리말에 이 문장을 옮기며 "이 지혜에 따르면 책을 쓰는 방법은 책을 쓰는 것입니다."라고 했다. 책을 써야겠다는 생각은 오래전부터 했지만 어떻게 쓸지, 무슨 내용을 담을지, 왜 써야 할지 생각하느라 미루어 왔다는 것이다. 그러다가

"오늘 아침, 그냥 강에 뛰어들어 강이 나를 이끌고 가는 대로 내버려 두자는 마음으로 책을 쓰기로" 했다고 한다.

59세에 루게릭병을 진단받은 소 신부는 성대 근육까지 마비되어 목소리도 꺼져갔지만 죽기 9일 전까지 녹음을 통해 책을 썼다. 그는 임박한 죽음에 굴하지 않고 한국 고아와 빈곤 아동을 위해 시작한 '소년의 집'과 '소녀의 집' 사업을 남미로 확대했고 책도 남겼다. 죽어서도 타인의 행복에 도움이 되기를 바랐던 마음이 있었기 때문이다.

머지않아 죽을 것이라는 절망적인 현실을 받아들여야 하는 환자도 긍정적인 사고를 할 수 있을까? 성직자도 아니고, 두 번째 인생을 행복하게 살기에는 남은 날이 없다고 생각하는 평범한 사람이라면 길이 안 보이지 않을까?

그런데 확장된 자아를 가슴에 품을 수 있다면 생의 마지막까지도 행복 실천력을 발휘할 수 있다. 후손이나 내가 속한 사회의 행복을 나의 행복으로 여긴다면 내가 없더라도 나로 인해 조금 더 나아진 미래에 대한 희망을 품을 수 있다. 그렇기에 마지막까지 작은 일이라도 삶에 의미를 더하는 실천을 할 수 있는 것이다.

행복한 '몰입'의 조건

실천력을 키우면서 행복감을 높이는 데는 어떤 일에 시간 가는 줄 모르고 집중하게 만드는 '몰입flow'의 경험이 큰 도움이 된다. 미래를 위해 노력하면서도 그 과정에서 기쁨을 얻는 방법이다. 다음에서 몰입을 위한 조건들을 짚어보고, 몰입을 경험하며 내공을 높여가는 원리를 간단히 살펴보자.

몰입 이론의 대가였던 미국의 심리학자 미하이 칙센트미하이 교수는 "지금 하는 일에 몰입하는 순간 삶이 변화한다."라는 말로 몰입의 힘을 표현했다.[118] 무기력하게 엎드려 있던 사람도 몰입의 대상을 찾아 고도의 집중력을 발휘하여 몰입을 경험하면 살아 있는 기쁨을 느끼면서 삶을 숭고하게 여기게 된다.

몰입은 자의식이 사라질 만큼 심취한 상태를 말한다. 마음먹은 의도나 그 실행을 방해하는 불안, 분노, 공포 등 의식의 무질서 상태에서 벗어나 목표에 주의가 집중되면서 질서 있게 구성된 상태다. 생각과 행동이 합일된 상태에서 일에 집중하기 때문에 정신적 역량을 몰입 대상에 온전히 쏟을 수 있다.

몰입을 경험하기 위해서는 목표가 명확하고 완성할 수 있는 과제라야 하며, 걱정이나 좌절감이 없어야 한다. 또한 즐거운 경험이며 즉각적인 피드백이 주어질수록 시간 가는 줄 모르고 그 일에 몰입하게 된다. 컴퓨터 게임을 할 때 밤을 새우게 되는 이유도 게임이 명확한 목표부터 즉각적인 피드백(점수)까지 몰입의 요소들을 갖추고 있기 때문이다.

만약 공부하면서 몰입을 경험하고 싶다면, 학습 목표를 명확하게 설정하고, 완수할 수 있는 계획을 세우고, 중간중간 문제 풀이를 통해 피드백을 얻으며, 학습에 재미의 요소를 넣어보면 좋다.

몰입을 위해서는 일의 난이도와 자기 능력 사이에 적당한 긴장이 필요하다는 점도 명심해야 한다. 공부든 취미든, 배워서 수행하는 모든 걸 과제라고 보면, 과제에는 수준에 따른 단계가 있다. 나의 능력이 수행 과제의 수준보다 낮으면 불안을 느끼고, 높으면 권태를 느낀다. 두 경우 모두 과제를 수행하는 과정에서 몰입을 느끼기 어렵다.

과제 수준이 자기 능력에서 크게 벗어나지 않는 정도에서 적당한 긴장을 유지할 때가 몰입하기 좋은 상황이다. 칙센트미하이 교수는 테니스를 처음 배우는 아이의 예를 들어 설명했다. 처음 라켓을 잡은 아이는 아무런 기술이 없기에 그냥 네트 너머로 공을 쳐 내는 단순한 과제를 하면서도 즐거워하며 몰입을 느낀다. 그러다 단순히 네트 너머로 공을 쳐 내는 일이 너무 쉬워지면 지루함을 느낀다. 이때 아이가 다시 몰입을 경험하기 위해서는 네트 너머의 사람이 넘겨주는 공을 받아서 쳐 내거나 혼자 벽 치기를 하면서 벽에 부딪혀 튀어나오는 공을 되치는 식으로 과제 수준을 높이는 수밖에 없다. 너무 갑자기 수준을 높여서 테니스 구력이 높은 사람과 시합부터 하게 되면 몰입보다는 좌절과 불안을 느끼게 된다. 연습을 통해 실력을 키우고 지루해지기 전에 과제 수준을 높이는 과정을 단계적으로 진행함으로써 몰입을 꾸준하게 경험할 수 있게 되는 것이다.

이처럼 자기 능력과 과제 수준이 상호작용하며 동반 상승하면 낮은 수준에서 느꼈던 몰입이 높은 수준에서 느끼는 몰입으로 발전할 수 있다. 특히 자기 능력이 상당한 수준에 도달한 상태에서는 상급자를 위한 고난도 과제에 도전할 수 있기에 몰입의 행복감은 물론 뛰어난 성취감도 얻을 수 있다.

몰입의 경험은 즐거움뿐 아니라 발전의 동기를 부여한다. 풍부

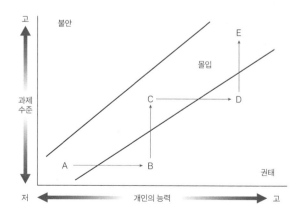

하고 다양한 몰입의 경험은 행복한 삶을 넘어 훌륭한 삶으로 이끈다는 칙센트미하이 교수의 생각에 여러 분야의 고수들이 동의할 것이다. 긍정심리학자들이 말하는 행복한 삶에는 쾌락을 느끼는 즐거운 삶, 타인에게 도움이 되는 의미 있는 삶 외에도 몰입감을 느끼며 외부 세계와 관계를 맺고 성장하는 삶이 포함되어 있다.

은희경 작가의 단편소설 제목으로 쓰이기도 한 "행복한 사람은 시계를 보지 않는다."라는 문장에도 시간의 경과를 잊게 만드는 몰입의 위력과 행복감이 담긴 듯하다. 바둑에 흠뻑 빠졌던 사람들이 공감했을 "신선놀음에 도낏자루 썩는 줄 모른다."라는 속담도 일맥상통한다.

♥

행복하게
나이 들기

17장. 진짜 어른 되기

**삶의 목표를 어디에 두는지에 따라 나이듦은 성숙이 될 수 있다.
진짜 어른의 모습도 그 안에 있다.**

인생 목표의 조정

인생의 목표는 행복에 어떤 영향을 줄까? 경제적 성공, 신체적 매력, 사회적 지위, 명성 및 대중적 인기와 같은 것들은 객관적 비교 대상이 될 수 있는 외적인 목표라고 할 수 있다. 물론 얻을 수도 있고 못 얻을 수도 있으며, 가졌다가 잃을 수도 있다. 이러한 외적인 목표는 행복감에 영향을 주지 않았다. 외적인 목표를 인생 목표로 삼은 사람 중에는 행복한 사람도 있고 불행한 사람도 있어 평균적으로는 영향이 없었다는 뜻이다.

반면 사랑과 우정 등 정서적 친밀감, 누군가에게 진정 '의미 있는 타인'이 되어주는 것과 같은 보람, 자아의 성장, 죽음 앞의 성숙과 평온과 같은 것들은 주관적이고 내적인 목표라고 할 수 있다. 내적인 목표를 인생 목표로 삼은 사람은 그렇지 않은 사람보다 행복감을 더 크게 느끼고 있었다.

사람에 따른 차이는 있지만 젊어서는 주로 외적 목표를 향해 달린다. 그러다 나이가 들면서 내적 목표에 관심이 커진다. 나이 든 사람이 외적 목표 대상이었던 것들을 차츰 잃어가도 반드시 예전보다 불행해지지는 않는 중요한 이유이기도 하다. 외적 목표만 강하게 갖고 내적 목표에는 관심조차 없는 사람은 욕심부리고 상처 주다가 가족과도 절연하는 일이 생기기도 한다.

작가 소노 아야코가 어머니가 돌아가신 날부터 알폰스 데켄 신부와 편지 형식으로 나눈 『죽음이 삶에게』라는 책에도 인생의 외적 목표와 내적 목표의 균형을 잡는 것에 관한 얘기가 나온다.

> 인간적인 성숙이 진행될수록 우리는 가치관을 수정하고 그에 따라 생활에 변화를 줘야 합니다. 과거에는 행복의 약속처럼 생각되던 외면적인 가치들—재산, 지위, 업적 등—은 상대적인 만족일 뿐이며, 노력과 수고도 외부가 아닌 나의 내면으로 기울어 갑니다. 인생의 모든 부분들이 서서히 '내면의 길'을 더듬기 시작합니다.[119]

한국인의 가치관 조사 결과에서도 외적 목표의 추구는 나이가 들수록 줄어든다는 것이 드러난다. 2022년 말에 전국의 18세 이상 남녀 2,000명에게[120] 삶에서 가장 중요하게 생각하는 가치를 묻자, '좋은 인간관계'가 54퍼센트(이 중 '가족 우선'이

41퍼센트, '국가와 사회 우선'이 13퍼센트)로 가장 높았다. '현금·재산'은 37퍼센트, '신념'은 9퍼센트였다. 외적 목표의 대표적인 대상인 '현금·재산'이 내적 목표에 속하는 '좋은 인간관계'보다 국민 전체적으로는 덜 우선시된 것이다. 이 결과는 60대 이상 고령층에서 '현금·재산'이 가장 중요하다고 응답한 비율이 14퍼센트에 불과한 데서 크게 영향을 받은 것이다.

진짜 어른의 모습

나이 들어서도 사회생활을 멈추지 않는 사람이 있다. 노후에도 일하지 않으면 안 되는 사정이거나 후배들도 인정하는 대체 불가능한 존재라서 은퇴를 미루는 것이 아니라, 더 가질 필요도 없고, 후배들에게 기회를 넘겨주어야 할 때인데도 계속 외적 목표를 추구하는 사람은 뒤에서 '노욕'을 부린다는 말을 듣기도 한다.

그런데 사회생활을 계속하려는 목적이 외적 목표보다 내적 목표의 추구에 더 가까워 보이는 사람도 있다. 영화 〈인턴〉(2015)의 주인공 벤 휘태커(로버트 드 니로 분)는 시니어 인턴 면접에서 이렇게 말한다.

"뮤지션에게 은퇴란 없대요. 자기 안에 음악이 더는 흐르지 않을 때 그만둔다죠. 음, 제 안엔 아직 음악이 있어요. 확실해요."

그는 돈이나 자리를 위해서가 아니라, 은퇴에 이은 아내와

의 사별 후 생긴 마음의 구멍을 메우고 싶어 시니어 인턴 프로
그램에 지원했다. 이런 그이기에 젊은 동료 인턴에게 순식간에
호감을 사고 부서 내에서 두루 존경받으며, 그에게 선입견이
있던 상사 줄스 오스틴(앤 해서웨이 분)에게도 신뢰를 얻는다.
남들이 떠받들어 주길 바라지 않고 자신이 기댈 언덕이 되어주
는 '진짜 어른'의 모습을 보여준 것이다.

나는 노년의 롤 모델을 떠올릴 때 미국 유학 시절에 인연
을 맺은 고故 강정렬 박사를 빼놓을 수 없다.[121] 위스콘신주 매
디슨에 살았던 나는 그분의 80대를 5년 가까이 지켜보면서 자
주 뵙는 행운을 누렸다. 강정렬 박사는 남녀노소 빈부귀천을
가리지 않고 누구에게나 열린 마음으로 너그럽게 베푸시고 꾸
준히 자원봉사를 하셨다. 재능기부에 가까운 공부 모임을 지도
하시고 인생 상담을 해주실 땐 늘 진중하셨으며 기품과 유머
감각도 갖춘 분이었다. 함께 해로하며 고락을 함께해 온 부인
이송엽 여사의 온화하고 인간적인 인품도 기억에 선하다.

혹시 영화 〈인턴〉의 주인공처럼 회사 임원 경력을 가졌거
나 강정렬 박사처럼 훌륭한 일을 해온 사람이기에 노년의 모습
도 멋지고 닮고 싶은 건 아닐까 생각할지도 모르겠다. 그런데
사람은 변할 수 있다. 어느 날 TV에서 나와 아내가 모두 물기
어린 눈이 되어 박수를 보낼 만큼 인상적인 노인을 보았다.[122]

부산 감천동에서 신문을 배달하는 82세 오광봉 어르신은
백발에 치아도 거의 없고 오른손도 기계에 다쳐 성하지 않다.
그러나 자신보다 더 불편한 사람에 비하면 아무것도 아니라며

자기 연민이 전혀 없었다. 가파른 골목과 계단을 날다람쥐처럼 달리며 35년 동안 하루도 빠짐없이 10시간을 일해왔다. 과거에 술을 너무 좋아해 아내와 가족한테 저지른 잘못을 뉘우친다는 그는 올바르게 살기 위해 정말 노력하고 있었다. 젊어서는 책을 안 읽었지만 생활비를 제한 월급으로 훌륭한 고전들을 사서 읽으며 좋은 생각을 담고, 폐지를 팔아서 번 돈으로 어려운 이웃을 도왔다. 그는 반달눈에 합죽한 웃음의 하회탈 같은 표정으로 제작진에게 말했다.

"인생은 아름다워요."

자기 주변의 노년 롤 모델

성숙하고 행복한 노년을 위해 참고할 만한 어르신은 주변에서도 찾을 수 있다. 부모님이 그런 분이라면 정말 축복이다. 잠깐 내 가족을 예로 들고자 한다.

나의 막내 고모는 내 어머니와 20년 나이 차이가 있다. 그래서인지 통상의 시누이와 올케언니 사이보다 유대 관계가 각별했다. 본인의 의지와 노력으로 초등교사가 되어 평생을 학생들을 위해 일한 막내 고모는 훌륭한 교육자였다. 그리고 자신의 건강이 좋지 않음에도 힘든 사람 잘 챙기고, 역지사지를 잘하고 매사 긍정적이어서 오랜만에 만나도 늘 살갑고 좀 더 대화하고 싶은 멋진 어른이다. 노년의 롤 모델을 찾아온 내 아내도 닮고 싶은 어른 1순위로 꼽았다.

내 어머니는 의지의 한국인이었다. 내가 초등학교 입학하기 직전에 뇌졸중으로 반신불수가 된 아버지의 수발을 드시고 가족 생계를 책임지셨다. 어머니는 우리 4남매의 교육을 위해 정말 힘든 세월을 살았다. 어머니는 알렉산드르 푸시킨의 〈삶〉이라는 시를 자주 읊으셨다. 그러다 보니 나도 어렸을 적에 자연스레 이 시를 외우게 됐다.

삶이 그대를 속일지라도
슬퍼하거나 노여워하지 말라
힘겨운 날도 참고 견디면
즐거운 날이 오리니

마음은 미래에 살고
현재는 늘 슬픈 것
모든 것은 덧없이 사라지고
지나간 것은 또 그리워지나니[•]

장르를 가리지 않고 음악을 듣고 노래 부르는 것을 좋아하신 어머니는 '현재는 늘 슬픈 것'이라는 시구의 위로를 뛰어넘는 흥겨움을 보여주었다. 젊었을 때 춤에 능한 친구에게 사교춤(댄스 스포츠)을 배워 집에서 스텝 밟는 시늉을 하면서 내게

● 19세기 러시아 문학의 황금기를 연 국민 시인이자 소설가인 알렉산드르 세르게예비치 푸시킨(1779~1837)의 시를 1940년대에 백석이 옮겼다.

도 배우자와 춤을 배워보라고 권했다. 어렸을 적 우리 남매들은 어머니께 디스코의 기본인 허슬을 배워서 집에 놀러 온 사촌들과 함께 온 가족이 군무를 추기도 했다.

어머니는 나이가 들면서 오래 서 있거나 걸으면 발바닥 통증으로 힘들어했다. 그래도 자녀, 손주와 함께 여행하는 걸 정말 좋아해서, 어딜 가자고 하면 "한 가랑이에 두 다리 넣는다." 라고 하시며 들뜬 기분을 표현했다. 여행지에서는 뒤처지거나 힘들다는 불평 없이 앞장서 걸었고, 카메라를 들이대면 모델처럼 자세를 취했다. 덕분에 어머니를 추억할 많은 사진들이 남았다.

우리 남매들에게 안 좋은 일이 생길 때마다 어머니는 늘 이렇게 말했다.

"더 큰 데 비해라."

외할머니가 장녀인 어머니에게 해줬다는 이 간단한 위로의 말이 어머니의 자녀인 우리 남매들을 거쳐 독자에게까지 전해지고 있는 셈이다. 부모가 자녀에게 한 말은 세대를 넘어가는 생명력과 영향력이 있다. 그동안 자기 마음에 소중하게 담아두었던 말, 특히 위로의 말은 기회가 있을 때마다 자녀나 가까운 사람에게 들려주자.

노년의 롤 모델은 대중매체뿐 아니라 가까운 가족이나 주변 사람들에게서도 찾을 수 있다. 물론 모든 면에서 완벽한 사람은 없다. 또 어떤 사람을 완전히 닮으려 하는 건 가능하지도, 바람직하지도 않다. 단지 누군가에게서 좋은 모습을 보았을 때,

그 모습을 머릿속에 깊이 새기고 그런 상황에서 자기도 그렇게 해보려고 노력하기 위해 롤 모델을 찾고 기억하려는 것이다.

노년에는 노화에 따른 어려움이 많이 밀려온다. 성숙하고 행복한 노년을 위해서는 내적 목표를 세우고 다가서려는 지혜가 필요하다. 그리고 직접 경험하게 될 줄 몰랐던 숱한 변화 앞에서 긍정적으로 사고할 수 있는 용기도 필요하다.

어떻게 늙어가야 하는지 아는 것이야말로 가장 으뜸가는 지혜요, 삶이라는 위대한 예술에서 가장 어려운 장章이다. (앙리 아미엘, 스위스 철학자 · 시인)[123]

닫히지 않는 성장판

열일곱 번째 휴게소에는 '중년을 위한 성장 클리닉'이라는 팻말이 붙은 방이 있다. 성장판은 사춘기 이후에 이미 닫혔을 텐데, 중년을 위한 '노화' 클리닉이라면 모를까 '성장' 클리닉이라니. 그러면서 또 호기심에 문을 열고 들어가 본다. 설마 이 나이에 성장 호르몬 주사를 맞으라는 얘기는 안 하겠지 하면서.

클리닉 원장은 흰머리가 눈에 띄게 섞여 있고, 얼굴과 목에도 주름이 제법 보이는 중년이다. 그가 상담에 앞서 문제를 하나 풀어보라고 종이를 내민다.[124]

다음 중 '노화'를 잘 표현한 것은?

① 쇠퇴

② 자연의 흐름에 따른 변화

③ 죽기 직전까지 계속해서 성장하는 것

④ 위의 세 가지 모두

답은 ④번 같다고 하니 원장이 미소를 지으며 고개를 끄덕인다. 사실 '노화'라고 하면 '노쇠'와 같은 말로 생각해 왔다. 그런 점에서 솔직한 답은 ①번이다. ②번처럼 나이 들면서 자연스럽게 찾아오는 변화도 맞는 것이긴 한데, 그게 싫어서 항노화 식품, 약, 화장품, 시술, 수술까지 거대 산업을 이루고 있지 않나! 죽기 직전까지 계속해서 '성장'하는 것이라는 ③번은 고상해 보이기는 하지만 아주 와닿지는 않는다.

원장은 행복에 관한 얘기를 꺼낸다. 오, 이건 지금 공부하고 있는 주제다. 그는 내적 목표를 추구하며 그에 다가서는 일은 전성기가 없으며, 뒤로 갈수록 그 목표에 더 가까워질 수도 있다고 말한다. 마침 이 부분을 공부했기에 어느 정도 이해는 된다. 뒤이어 원장은 죽기 전까지 사람들에게 울림을 주고 세상을 떠난 분들을 예로 들었다. 인터뷰 기사나 유작 저서를 본 적이 있기에 공감이 된다.

그럼 죽기 직전까지 성장하는 게 도대체 뭐냐고 원장에게 물었다. 혹시 머리카락이나 손발톱 같은 것일까 생각했으나 너무 유치해 보일까 봐 입 밖으로 꺼내진 않았다. 뭘 보면 그 사람이 성장했는지 알 수 있냐고 덧붙여 질문했다.

그는 사람마다 추구하는 내적 목표가 다를 수 있기에 하나의 척도로 얘기할 수는 없다면서도 그 사람에게서 배어 나오는 인격을 예로 들었다. 그 인격은 죽기 전까지 쓰던 글, 서랍 속 물건, 누웠던 침대, 자기를 돌봐준 사람에게 했던 말, 표정 등 여러 곳에서 느낄 수 있다고 했다.

원장은 사람들이 보고 싶고 닮고 싶어 하는 진짜 어른에 관해서도 얘기했다. 진짜 어른이란 인격이 완성돼서 더 성장할 필요가 없는 사람이 아니라 계속 더 나은 인간이 되도록 반성하고 노력하여 인생 후배들의 본보기가 되는 사람이라고 설명했다.

원장은 영국 작가 아서 클라크의 말을 자기 좌우명으로 삼고 있었다. 발명가, 탐험가, 미래학자이기도 했던 클라크 경은 스탠리 큐브릭과 함께 영화로 만든 『2001 스페이스 오디세이』의 작가로 유명하다. 그는 자기 묘비명에 무엇이 적히기를 원하냐는 질문에 이렇게 답했다고 한다. "그는 결코 어른이 되지 못했지만, 단연코 성장을 멈추지 않았다(He never grew up, but he never stopped growing)."

다시 원장을 만나고 싶다는 생각이 들었다. 다음 약속을 잡고 나오며 닫히지 않은 성장판이 있다는 데 묘한 기쁨 같은 걸 느꼈다.

18장. 인생이라는 춤

'지금, 여기'를 살았다면,
길이와 무관하게 인생이라는 춤을 멋지게 완성한 것이다.

나이 들어 좋은 점

의지가 강하고 활력과 흥이 넘치던 어머니도 나이가 들면서 온몸이 종합병원 임상 대상인 신세가 돼갔다. 우리 남매들이 어렸을 때엔 일인다역의 막강한 보호자였던 어머니는 자식들에게 의지할 수밖에 없는 피보호자로 바뀌어 갔다. 중년이 된 자식들에게 "너희는 더 늙지 마라. 늙어 좋은 건 하나도 없다."라고 농담처럼 말씀하실 때, 나는 정말 그런 게 없을까 궁금하기도 했다.

사람들이 느끼는 삶의 만족도나 행복감을 나이별로 조사하면 많은 나라에서 대체로 U자형 모습을 나타낸다. 행복도가 청년기에 높고 중년기에 낮고 노년기에 다시 높은 것이다. 같은 시점에서 여러 연령대의 행복도를 비교하는 대신, 개인의 생애 동안 행복도를 측정했을 때도 그랬다. 생애에서 행복이 바닥을 치는 때는 중년, 40대 후반쯤이었다. 중년은 인생의 외적 목표가 여전히 추구되는 가운데 실패한 자에게는 좌절이, 성공한 자에게는 허무가 느껴질 수 있는 시기이고, 성취에 쏠린 삶의 불균형과 여러 가지 과부하로 피폐해져 있기 쉬운 때다. 반면 노년은 일해서 돈 벌고 자기 노부모와 자녀를 돌보는 것과 같은 삶의 숙제를 마치고 인생의 내적 목표로 관심을 돌리는 시기다.

노벨 경제학상 수상자 폴 사무엘슨이 간명하게 정리한 행복의 공식이 있다.

$$\text{행복} = \frac{\text{소유}}{\text{욕망}} \qquad \text{행복} = \frac{\text{실현}}{\text{기대}}$$

이 행복 공식에 의하면 갖기를 원하는 것에 비해 가진 것이 얼마나 되는지, 또는 이루기를 바라는 것에 비해 이룬 것이 얼마나 되는지가 행복을 결정한다. 아무리 소유하거나 실현한 것이 많아도 욕망하거나 기대하는 것이 더 많으면 영원히 채워지지 않는 항아리처럼 행복을 느낄 수 없다. 과거보다 물질적으로 훨씬 풍요해졌음에도 사람들의 행복이 제자리라면 과거보다 욕망과 기대가 커졌기 때문일 것이다.

그런데 이 행복 공식에서 알 수 있듯이, 분자의 소유와 실현을 키우려 애쓰는 대신 분모의 욕망과 기대를 낮추는 것을 통해서도 행복을 높일 수 있다. 노년이 되면 이런 지혜를 갖는 게 젊을 때보다 쉬워진다. 물질적 필요와 생리적 욕구가 줄어들고, 사회에서 자기 역할에 대한 눈높이도 조정되고, 예전에 가봤던 곳이나 해봤던 일이라 별로 아쉬울 게 없다는 태도가 되기도 한다. 물론 이런 게 안 되면 불행한 노년의 감옥에 스스로 갇히게 된다. 충분히 갖고, 원했던 걸 이루고서도 행복하지 않은 노인도 있다.

나이 들면서 좋아지는 점은 또 있다. 1930년대 말 하버드대에 입학한 268명의 일생을 추적한 성인발달연구의 책임자였던 조지 베일런트 교수는 나이에 따라 개인이 고통에 대처하는 무의식적인 생각과 행동, 즉 방어기제가 달라진다는 점을 발견했다.[125]

나이가 든다고 반드시 성숙해지는 건 아니지만 젊었을 때 보였던 미성숙한 방어기제, 예컨대 비난의 화살을 타인에게 돌리는 '투사'나 스스로에게 도발적으로 화를 내는 '수동 공격성' 등은 나이가 들면서 상당히 사라졌다. 그 대신 자기가 받고 싶은 것을 타인에게 베풀면서 즐거움을 느끼는 '이타주의'나 고통을 웃음으로 승화시키는 '유머'와 같은 성숙한 방어기제가 50~75세에 이르러서는 더욱 빛을 발했다.

노년의 긍정적 사고

UCLA 심리학과의 알란 카스텔 교수가 노화 심리학을 다

룬 『나이 듦의 이로움』은 노화에 대한 우리의 고정 관념을 깨
는 데 도움을 준다.[126] 유전자를 바꿀 수는 없지만 사고와 행동
은 긍정적인 방향으로 바꿀 수 있다. 행복에 대한 긍정적 사고
의 중요성은 앞서 설명한 바 있다. 그런데 긍정적 사고는 노화
과정에도 영향을 미친다.

하버드대 심리학과 엘렌 랭어 교수는 시계를 거꾸로 돌
려놓았을 때 노인들에게 나타나는 행동 변화를 실험했다.[127]
1979년에 외딴 시골 마을에 있는 수도원의 내부와 주변 환경
을 20년 전인 1959년과 똑같이 재현해 놓고 75~80세 노인들
을 초대하여 일주일 동안 생활하게 하며, 그들에게 20년 전과
똑같이 젊게 행동하라고 요구했다.

실험 전까지 노인들은 돋보기로도 글이 잘 안 보인다며 책
을 안 읽었고, 걸음이 느려 민망하다며 골프를 안 쳤고, 소화
가 잘 안된다며 식사 메뉴도 부담 없는 것만 선택했다. 그런데
20년 전으로 되돌린 환경에서 일주일을 보낸 후에 노인들의
청력, 기억력, 악력 등이 현저하게 향상되었고 걸음걸이와 자
세부터 키와 몸무게까지도 훨씬 젊어졌다. 그동안 노인들의 발
목을 잡은 건 신체의 상태보다는 신체의 한계에 관한 사고방식
이었다.

한편 미국 노인의 전국 표본을 추적 조사한 종단연구 자
료를 분석한 결과, 노화에 대한 긍정적 사고가 인지능력을 유
지하고 회복하는 데 도움이 된다는 사실이 발견됐다.[128] 예일
대 공공보건대학원 연구진은 65세 이상 1,716명에 대해 노화

에 대한 인식(예: "나이가 들수록 쓸모없다고 느낀다." 등에 동의하는 정도)이 경도인지장애의 발생에 어떤 영향을 미치는지 조사했다. 연구진은 종단연구 시작 당시에 정상적인 인지를 가졌던 노인 중 노화에 대해 긍정적으로 사고했던 집단과 부정적으로 사고했던 집단을 비교해 보았다. 그랬더니 나이나 신체 건강에 상관없이 긍정적 사고 집단이 부정적 사고 집단보다 그 후 12년 동안 경도인지장애의 발생 위험이 낮았다.

또한 긍정적 사고는 경도인지장애를 회복하는 데도 도움이 됐다. 많은 사람이 경도인지장애가 생기면 회복되지 않는다고 생각하지만 실제는 절반 정도가 회복되는데, 그 이유는 그동안 밝혀지지 않았다. 연구 결과, 일반 유형의 경도인지장애 역시 노화에 긍정적인 노인이 노화에 부정적인 노인보다 회복할 가능성이 30퍼센트 높았고, 회복 속도도 2년 빨랐다. 이와 같은 긍정적 사고의 효과는 경도인지장애의 심각도에 상관없이 발견됐다.

이처럼 나이 드는 걸 긍정적으로 생각하면 인지 기능 저하에 대한 스트레스가 줄고 자신감이 커진다. 결국 개인과 사회가 노화를 긍정적으로 받아들일 수 있는 분위기를 형성하는 것도 인지 기능 유지와 노인성 치매 예방에 일조할 수 있다는 점을 암시한다. 노년의 행복뿐 아니라 건강을 위해서도 긍정적 사고가 중요한 역할을 한다.

가족의 치매

나와 아내는 부모님들이 노화와 질병으로 힘들어하시는 걸 보면서 자주 안타깝고 슬펐다. 자녀들이 도움이 될 책 몇 권 읽고, "이렇게 생각해 보세요, 힘내세요!"라고 노부모를 격려하는 것은 아직 노화와 죽음이라는 호랑이를 철창 밖에서 바라보기 때문이리라. 그 호랑이가 철창 밖으로 나오면 어떻게 될까? 철창이 열리기 전에 호랑이를 공부하고 관찰해 놓으면 조금 덜 당황하지 않을까.

나의 어머니는 2020년에 연거푸 일어난 낙상 골절로 수술을 두 번이나 받으셨다. 치명적인 상태는 벗어났지만 거동을 못 하시면서 치매 증상이 심해졌다.

'노망'이라고도 했던 치매를 '인지증'이라는 용어로 개칭하고 진단 도구를 개발하는 등 50년을 치매 의료에 헌신했던 하세가와 가즈오 박사는 88세에 치매에 걸렸다. 그는 치매의 가장 큰 원인이 노화이므로 당연한 결과라고 여기며, 자기 모습을 있는 그대로 보여줌으로써 의사로서의 소명을 다하기로 했다. 그는 NHK 다큐 제작진을 통해 500일에 걸쳐 자기 일상을 보여주고, 주변 사람들이 치매에 걸린 후의 변화를 제대로 이해할 수 있도록 기록으로 남겼다.[129] 이 책은 치매를 앓던 어머니의 관점에서 상황을 이해하는 데 도움이 됐다.

당사자에게는 혼돈의 세계이고, 가족에게는 고통의 시간이다. 위안이 되면서도 슬픈 사실은 주변 사람을 힘들게 하며 폭주하던 치매 환자도 시기가 지나면 인지가 꺼져가며 얌전해지고 자식도 못 알아보는 때가 늘어난다는 것이다.

　　다음은 나이 든 치매 엄마가 자기 심정을 담아 자식들에게 전하는 글이다. 포르투갈 시로 알려진 글을 히구치 료이치가 노래로 만들었다.[130]

　　편지 – 사랑하는 아이들에게

　　나이 든 내가 지금까지의 나와 다르다고 해도
　　부디 있는 그대로의 나를 이해해 주렴
　　내가 옷에 음식을 흘려도
　　신발 끈 묶는 법을 잊어버려도
　　네게 여러 가지를 알려줬듯 지켜봐 주길 바란다
　　너와 말할 때 똑같은 얘기를 여러 번 되풀이해도
　　부디 막지 말고 고개를 끄덕여 줬으면 해
　　네가 졸라서 거듭 읽어줬던 그림책의 따뜻한 결말은
　　늘 똑같아도 내 마음을 평화롭게 해줬어

　　슬픈 일은 아니야,
　　사라져 가는 것처럼 보이는 내 마음에
　　격려의 눈빛을 보내줬으면 해
　　즐거운 한때에 내가 무심코 속옷을 적시거나
　　목욕하기 싫어할 때는 떠올려 줬으면 해
　　너를 쫓아다니며 몇 번이고 옷을 갈아입히거나
　　온갖 이유를 대며 싫어하던 너와 함께

목욕했던 그리운 날을

…

네 인생의 시작에 내가 곁에 있어준 것처럼
내 인생의 마지막에 조금만 곁에 있어줘
네가 태어나 내가 받았던 수많은 기쁨과
너에 대한 변함없는 사랑을 갖고
웃는 얼굴로 대답하고 싶어
내 아이들에게, 사랑하는 아이들에게

나이 들며 갖는 회한

지나온 인생에 대한 회한으로 행복하지 않은 사람도 있다. 진로나 결혼 등에서 달리 선택했더라면 지금보다 행복했을 텐데 하며 한탄하는 것이다.

하지만 다 가질 수는 없다. 가지 않은 길, 살아보지 않은 생에 미련을 갖거나 후회를 한다고 해도, 지금 내게 소중한 것들은 내가 선택한 길, 선택한 삶 덕분에 주어졌다.

"지금 여러분께서 소중하게 여기고 계신 것이 실은 과거에 여러분에게 일어났던 좋지 않은 일 '덕분'에 생겨났다는 점을 잊지 마세요." (위스콘신주 매디슨 성당을 방문한 예수회 신부님의 강론 중에서)

'새옹지마塞翁之馬'를 달리 표현한 이 말에 나는 크게 공감
했다. 과거에 내게 일어났던 불운과 상심이 생각지 않았던 유
학으로 이끌었고 영혼의 짝인 배우자를 만나게 한 것이다.

또한 과거에 대한 회한은 미래에 대한 불안만큼이나 행복
과 동행하기 어렵다. 중년에 들어선 사람들은 불현듯 찾아든
공허함과 후회로 당혹스러워하기도 한다. 이러한 정신적 위기
에 관해 MIT의 철학자 키어런 세티야 교수는 다음과 같이 조
언했다.[131]

> 무엇을 상실했는지, 어떤 대안이 있었는지, 그것들이 어떻게
> 연관되었는지를 알면 알수록 떠나보내기는 더 어려워진다.
> 그러므로 회고에 작별을 고해야 한다. … '그랬을지도 모를
> 일'에 집착해서는 안 된다. 모르는 것이 약이요, 알려는 것이
> 병이다.

자기가 놓친 대박 부동산은 시세를 확인해 봐야 속만 쓰리
다. 떠나보낸 과거의 사람도 잘산다는 소식을 들어 봐야 마음
만 헛헛하다.

> 실력은 알아야 할 것들을 알수록 커진다. 그러나 행복은 굳이
> 알 필요가 없는 것들을 모를수록 커진다.[132]

굳이 알 필요가 없는 것에는 연예인 가십뿐 아니라 내가

하지 않았던 선택의 이모저모도 포함된다. 가지 않은 길, 놓쳐
버린 기회에 대한 미련과 후회는 고난과 불확실성이 빠진 공상
일 뿐이다.

'지금 여기'를 살기

그러면 어떻게 살아야 할까? '지금 여기'를 사는 것이 중요
하다.

휴일이라면 집 정돈부터 말끔하게 해놓고, 제일 좋아하는
잔에 따뜻한 커피나 차를 담아보자. 책을 꺼내 읽고, 음악을 듣
고, 친구에게 안부를 전해도 좋다. 날이 좋으면 밖으로 나가서
걷고, 셀카도 찍어보자. 지금 내 일상을 구성하는 작은 행복들
은 그 어떤 예쁨도 추함도 빠지지 않은 구체적인 100퍼센트의
현실이다. 행복을 '지금 여기NOW HERE'에서 느끼지 못하면 행
복을 느낄 수 있는 곳은 아무 데도 없다NOWHERE.

행복에 관한 각종 조사에서 덴마크는 늘 최상위권을 차지
해 왔다. 그 비결에는 다양한 요인이 있겠지만 덴마크 사람들
이 일상에서 작은 여유를 추구하며 현재의 시간을 즐기는 '휘
게hygge'의 삶을 지향한다는 점도 한 가지 이유일 것이다.

내가 아내와 유럽 여행을 가서 그림 같은 이탈리아 아말피
해변을 눈에 담고 새파란 지중해에서 보트를 탔을 때의 일이
다. 한국인 가이드가 '지금 여기'의 풍경과 분위기에 집중하라
고 권하면서, 일전에 만났던 한 관광객 얘기를 했다. 그 관광객

은 마음이 한국에 있어서 이곳의 아름다운 풍경을 하나도 보지 못하더라는 것이다. 해변 모퉁이에 앉아 전화기만 붙들고, 가이드를 따라 보트를 탔지만 다른 생각만 하고 있는 게 표정에 보여서 너무 안타까웠다고 했다. 투어를 계속하는 걸 보면 그다지 위급한 상황은 아닌 것 같은데도, 그는 몸은 여행을 왔지만 마음은 한국에 있었다. 그 여행이 나중에 그에게 행복한 기억으로 떠오를까? 아마 아닐 것이다.

매튜 킬링워스와 대니얼 길버트는 사람들이 지금 하는 일에 집중할 때와 지금 일과 상관없는 다른 것을 생각할 때의 행복감을 조사했다. 그들은 13개국 18~88세 500명에게 "지금 무엇을 하고 있습니까? 지금 무엇을 생각하고 있습니까? 혹시 지금 하는 일과 상관없는 생각을 하고 있습니까?"라고 질문했다. 스마트폰 앱을 이용해 실시한 이 실험에서 피실험자의 46.9퍼센트가 어떤 일을 할 때 행동과 상관없는 생각을 하고 있었다. 그런데 지금 하는 일과 관련이 없는 생각을 할 때는 그렇지 않을 때보다 덜 행복하다고 느끼는 것으로 조사됐다. 눈앞의 일에 집중하지 못할 때는 행복감을 느끼기 어렵고, 집중할 때는 행복감을 느끼기 쉽다는 것이다.[133]

지금 여기서 느끼는 감각에 집중하면, 특별히 강한 자극이 없어도 충족감을 얻을 수 있다. 눈을 감고 들숨과 날숨에만 집중하며 생각을 비우는 명상은 '번뇌'라고 불리는 생각의 잡음으로 피로해진 마음을 쉬게 한다. 이런 명상은 비단 그 시간 동안 마음의 평화를 얻는 것뿐 아니라 일상에서 지금 여기에 집중하는 능력을 키우는 데도 도움이 된다.

> 보거나 듣거나 만지고 있지만 실제로 머릿속의 메인 메모리
> 는 다른 '잡음'을 처리하느라 바쁘다. … 현실 그 자체에 직결
> 되지 않는 망상에 탐닉한 결과, 현실감이 사라지고 행복감도
> 사라진다. … 인간은 생각하기 때문에 무지하게 된다.[134]

일반인을 위한 좌선을 지도해 온 코이케 류노스케 스님은
인간의 세 가지 기본 번뇌인 탐욕, 분노, 어리석음이 모두 지금
여기에 집중하지 못하고 다른 걸 바라는 욕망에서 나오는 충동
에너지라고 설명한다. 탐욕은 눈과 귀로 얻는 정보에 만족하지
못하고 더 많은 것을 갈망하는 마음의 충동 에너지, 분노는 들
어오는 정보에 반발하는 마음의 충동 에너지, 어리석음은 눈앞
의 것에 싫증을 느끼고 다른 자극을 구하는 마음의 충동 에너
지라는 것이다. 이런 충동 에너지 때문에 마음이 흔들리고 피
곤해진다.

그러고 보면 기본 번뇌가 결국 사무엘슨의 행복 공식에서
분모에 위치한 욕망과 기대에서 비롯된 것이다. 내면의 지나친
욕심이 지금 여기에 집중하지 못하게 하는 번뇌를 만들 뿐만
아니라, 행복을 채워도 채워도 영원히 채워지지 않게 만드는 셈
이다.

죽음의 의미

끝으로 죽음에 관한 얘기다. 어쩌면 그래서 지혜롭고 행복하게 살아야 하는 삶에 관한 얘기다.

우리는 모두 자의로 태어나지 않았고 당연하게도 출생을 스스로 준비할 수 없었다. 그러나 죽음은 스스로 준비할 수 있다. 죽음은 노력하지 않아도 이루어지는 법이니 마지막 날까지 즐겁게 살기 위해 노력하라는 조언도 있지만, 죽음을 준비해두면 인생을 더 충실하게 살 수 있다.

스티브 잡스는 '죽음'이 이 세상 최고의 발명품이라고 했다. 생명체가 죽지 않고 영원히 존재한다는 건 기괴하고 끔찍한 상상이다. 죽음이 있기에 오늘이 가치 있고 빛난다. "내일 죽는다 해도 이대로 살 것인가?"라는 그의 질문이 경건하게 와닿는 것도, 죽음이 있기 때문이다.

그런데 많은 사람이 죽음의 위협이 턱밑까지 차오르기 전까지는 죽음을 무시하거나 회피한다. 일상을 살아가는 사람의 무의식에는 불멸에 대한 믿음이 있는 것처럼 보이기도 한다. 기대여명이 수개월뿐인 말기 암 환자에게조차 죽음에 관한 언급이 금기시되곤 한다. 사실 이 우주의 그 무엇보다 분명한 죽음의 보편성과 확실성 앞에서 우리는 모두 시한부다.

현대 의학은 죽음을 지연시키는 것을 사명으로 삼고, 의료 행위를 마지막 순간까지 멈추지 않는다. 사람들의 한평생 의료비 중 4분의 1이 마지막 1년에 지출되며, 그중 절반 이상은 마지막 3개월에 집중된다.* 이에 연명의료를 받지 않겠다는 사전 의향서를 작성한 사람이 2018년 '존엄사법' 시행 이후 꾸준히 늘고 있다.

1935년생인 이근후 정신건강의학 박사가 요양원 노인들에 대한 설문 결과를 바탕으로 다시 태어나면 이렇게 살고 싶다는 세 가지를 꼽았다. 첫째, 내 마음대로 재미있게 살고 싶다. 둘째, 인간관계에서 맺힌 걸 풀고 싶다. 셋째, 나누며 살고 싶다는 것이었다. 죽음 앞에서 이런 후회를 할 줄 젊은 나이에 미리 알았다면 어땠을까? 죽음을 미리 성찰할 수 있다면 죽음이 당도했을 때의 후회를 줄일 수 있지 않을까?[135]

이웃과 담을 쌓은 수전노였던 스크루지 노인의 인생관을 바꾼 것도 유령이 보여준 자기의 죽음 때문이었다. 옛날 로마에서는 개선장군이 시가행진할 때 '죽음을 기억하라'는 뜻의 '메멘토 모리Memento Mori'를 외치게 했다. 오늘은 개선장군이지만 언젠가 죽을 것이니 겸손하라는 의미였다.

제2대 유엔 사무총장이었던 다그 함마르셸드는 사후에 노벨 평화상을 받을 정도로 평화를 위해 헌신했다. 그는 1961년에 휴전 협상을 위해 밤 비행기를 탔다가 잠비아에서 추락 사고로 사망했다. 그가 남긴 『흔적들Markings』이라는 묵상집에는

● 2018년 65세 이상 사망자에 대한 건강보험연구원의 분석 결과, 사망 전 1년간 지출한 평균 의료비는 같은 나이 생존자의 10배였고, 특히 사망 전 3개월에 50퍼센트 이상 집중됐다. 사망에 가까울수록 의료비가 늘어나 1개월 전의 평균 의료비는 월 350만 원에 육박했다.

이런 글이 담겼다. "죽음을 찾지 말라. 죽음이 당신을 찾을 것이다. 그 대신 죽음을 완성으로 만드는 길을 찾아라."

가까운 타인의 죽음은 슬프고, 나의 죽음은 두렵다. 나는 70대에 들어선 어머니가 갑자기 일깨워진 죽음의 공포 때문에 방에서 혼자 눈물을 흘리고 있는 걸 봤다. 죽음의 두려움은 정도 차이는 있지만 생명이 유한한 인간인 한 누구나 갖고 있을 수밖에 없고, 언젠가는 맞닥뜨릴 것이다. 이 필연적인 두려움을 어떻게 다독일 수 있을까? 누구나 죽는다는 죽음의 보편성 정도가 유일한 위안일까?

어머니는 만 90세 생신을 갓 넘기고 2023년 2월에 현세의 인생을 졸업했다. 어머니를 건너서 알던 사람들은 장례식장에서 친척 조카와 자식의 친구까지 먼 길을 찾아와 엎드려 오열하는 걸 보고 고인이 정말 "잘 사신 것 같다."라고 했다. 나는 발인일 새벽에 문득 스마트폰을 꺼내서 어머니를 생각하며 가족 톡방에 글을 하나 올렸다. 형식과 어법을 갖춰서 쓴 추모사가 아니고, 전혀 수정하지 않고 의식의 흐름대로 입력한 두서없는 글이며, 가족만 아는 내용들도 있다. 그러나 어머니를 보내는 날것의 마음이 담긴 글에 공감의 힘이 있을 것 같아 그대로 옮겨본다.

빛 한 줌 보이지 않았을
캄캄한 어둠 속에서
1인 다역을 하며

푸시킨의 시 '삶'을
말로, 생활로 보여주신
엄마

할머니가 엄마보다
멋쟁이일 수 있다는 걸,
3대 가족의 울타리가
답답한 가두리가 아니라
행복한 둥지라는 걸
느끼게 해주신
모모

남자 이름
철의 여인
천생 여자
예쁨보다 잘생김
은퇴 교장 킬러
과일, 밥, 꽃, 향수 덕후
양재 바느질 금손
우거지 대장금
국어보다 수학
춤신 흥부자
불사조
꺾이지 않는 마음

인자한 말투

맞장구 장인

혜자로운 웃음 리액션

눈을 보고 얘기하는 대화자

드라마보다 토론 프로

몽글리쉬 – 헬로 하바하바, 아이러브유

장금, 춘옥, 미스하, …, 금순이, 재원씨 칭구

우리 가슴에

우리 기억에

영원히 살아

다시 만날 사람

우리의 지주

우리의 사랑•

죽음의 가벼움, 죽음의 숭고함

어머니 빈소를 찾은 내 친구는 "언젠가 내가 무로 돌아간

•   '모모'는 '엄마의 엄마'라는 뜻으로 외손주들이 어머니를 부르던 애칭이었
다. 문화센터에 다니실 때 어머니는 은퇴한 교장 선생님들에게 인기가 있
었다. 어머니는 양재 교사와 양장점도 했던, 그 분야의 능력자였고, 토론
프로그램의 애청자였다. 숱한 건강의 고비를 넘긴 어머니를 가족들은 불
사조라 불렀다.

다는 게 너무 두렵다."라고 했다. 친구도 그로부터 한 달도 채되지 않아 암 투병을 해온 자기 어머니를 여의었다. 그는 이제 고아가 되어 자기 앞에 아무도 없는 느낌이라고 했다. 자기 존재가 사라진다는 두려움이 밀려올 때는 어떤 생각을 하면 좋을까?

출생 이전과 사망 이후는 과거와 미래라는 시점의 차이는 있지만 '나'라는 존재가 없고, 따라서 슬픔이든 뭐든 느낄 수 없다는 점에서는 같다. 장구한 인류의 역사나 광대한 우주의 관점에서 미미한 먼지 같은 한 인간이 태어나고 죽는다 해서 역사와 우주에 어떤 변화나 있겠는가!

이렇게 생각하면 생도 사도 좀 가벼울 수 있다. 물론 그렇게 생각되지 않는 사람도 많을 것이다. 그런데 죽음을 가볍게 느끼면 삶이 허무할 수 있다. 아등바등 열심히 살아봐야 뭐하겠나 하면서….

그러나 사라진 것은 흔적을 남긴다. 예전에 순천만 습지의 갈대밭에 갔을 때 자연생태 해설사에게 누렇게 변한 갈대밭은 어떻게 처리되어 봄에 파릇한 새 갈대밭으로 바뀌는지 질문한 적이 있다. 벼처럼 인위적으로 추수를 하거나 밭 정리가 필요하지 않을까 생각한 것이다. 해설사의 답변은 이랬다.

"갈대는 누렇게 뜬 후에도 다발이 무성하다가 새잎이 올라올 힘이 생겼을 때 스스로 팍 쓰러져 거름이 됩니다. 그렇게 한 해 주기로 다음 세대에게 자리를 내주며 양분까지 남기고 아름답게 퇴장합니다. 갈대는 다음 세대의 갈대 속에 남아 있습니다."

이처럼 불멸이 없는 자연의 순환은 허무하지 않고 숭고하다. 죽고 나면 원래의 무로 돌아간다고 생각하면 허무할 수 있지만, 고인의 유전자와 고인에 관한 기억이 자식의 몸과 마음에 남아 있다는 생각은 죽는 이와 남겨진 이 모두에게 위안이 된다.

그러나 자녀를 남기지 않더라도, 언젠가 세상에서 그를 기억하는 사람이 사라지더라도, 후세대를 위한 공헌과 배려를 실천하고 떠나는 사람의 삶에는 갈대의 숭고함이 있다. 이런 생각으로 눈감을 수 있는 삶은 또 얼마나 행복한가.

마지막 휘게소에는 죽음에 관해 질문할 수 있는 상담소가 있다. 누군가와 죽음에 대해 진지하게 얘기할 기회는 가까운 이의 죽음을 앞두고 병원에서 담당 의사와 이야기할 때 말고는 거의 없다. 용기를 내어 상담소 문을 두드린다.

문: 어떤 청년은 아주 어렸을 때 할아버지의 죽음을 보며 사람이 죽는다는 사실을 처음 알고 충격을 받았대요. 하지만 누구나 죽는다는 건 모두가 알고 있어요. 그런데도 왜 알고 있던 죽음 앞에서 어른들조차 어쩔 줄 몰라 할까요?

답: 평소에는 죽음을 아예 생각하지도 않는 사람도 있고, 죽음에 관한 생각은 많이 하지만 차마 남에게 얘기를 꺼내지 못하는 사람도 있어요. 그러다가 가까운 사람의 죽음을 접하거나 자기에게 죽음이 가까이 왔다는 걸 느끼면 당혹스러워하거나 더욱 겁에 질리는 것이죠. 무의식적으로나 의식

적으로 죽음을 외면하고 안 좋은 것으로만 봐왔기에 죽음
을 직면하기가 더 힘든 거예요.

문: 왜 슬픔과 충격에서 빠져나오기가 특히 어려운 죽음이 있
는 걸까요?

답: 사람들을 흔들어 놓는 건 가까운 사람('너')의 죽음과 임박
한 자기('나')의 죽음이죠. 그 밖의 사람('그들')의 죽음이 그
런 충격을 주지는 않아요. 간혹 '우리'의 죽음처럼 느끼게
하는, 사회적으로 집단적인 상실감을 주는 사건도 있긴 하
지만요.

문: 그래서인지 어머니께서 돌아가시고 나서 세상이 다르게
느껴져요. 어머니께서 계시지 않은 세상을 차근차근 걸어
가라는 조언도 받았는데, 아직 많이 힘드네요. 챗GPT에게
"부모의 죽음을 어떻게 생각해야 슬픔에서 벗어날 수 있을
까?"라고 물어보니, 대략 "① 감정을 받아들이세요. ② 도
움을 구하세요. ③ 자신의 감정을 표현하세요. ④ 부모님과
함께한 추억을 되돌아보세요. ⑤ 시간이 흐르길 기다리세
요."라는 답을 해주더군요. 제가 속해 있던 세상에서 어머
니만 빠져 큰 구멍이 생긴 세상을 전과 같이 살 수 있을까
요?

답: 부모님을 여읜 후의 마음 상태는 사람마다 좀 다를 텐데 챗
GPT의 조언 중에도 도움이 되는 게 있을 수 있겠네요. 어
머니께서 돌아가신 후의 상황을 이렇게 생각해 보세요. 사
람마다 태어난 시점과 살다 가는 시간대가 달라요. 누구는

아주 길고, 누구는 아주 짧죠. 질문자와 어머니는 세대가 다르니 당연히 어머니와 공존했던 시간도 있고, 그렇지 않은 시간도 있겠죠. 어머니도 질문자가 없었던 시절을 살았고, 이제 질문자가 어머니가 없는 시간을 사는 거예요. 즉, 이제 어머니께서 계시지 않은 세상을 살아간다고 생각하기보다 이제 어머니와 겹치지 않은 시간을 살아간다고 생각해 보세요. 만약 어머니가 보고 계신다면 질문자가 당신을 그리워하는 건 고마워하시겠지만, 슬픔에 빠져 사는 건 바라지 않으실 거예요. 질문자도 언젠가 이 세상에서 빠진 구멍이 될 텐데, 예비 구멍이 실현된 구멍을 너무 안타까워하는 건 어쩌면 작은 오만일 수 있어요. 그래서 구멍 뚫린 세상으로 생각하는 대신에 길고 짧은 막대기들이 조금씩 겹치기도 하는 시간의 평면으로 생각해 보세요.

문: 네, 사고의 전환이군요. 그렇게 생각해 볼게요. 그런데 남들보다 훨씬 짧게 살다 간 사람의 죽음은 어떻게 생각해야 하나요? 더 살고 싶었던 사람에게는 너무 억울하고 원통한 일일 거 같아요. 그렇게 짧은 인생은 어떤 의미가 있나요?

답: 우리에겐 평균 수명이라는 개념이 있고 더러 장수한 사람도 보기 때문에 짧았던 인생은 뭔가 완결되지 않았다고 생각하는 거 같아요. 그런데 삶은 어떤 정해진 목적지를 향해 움직여 가는 것으로 보기 어려워요. 아리스토텔레스는 정해진 목적을 향해 가는 운동에는 시점과 종점이 있고, 그 종점까지 가능한 효율적으로 도달하는 게 운동의 목적을

완전히 실현한 거라 했어요. 통학이나 통근 시의 이동처럼요. 이런 걸 키네시스, 즉 목적론적 운동이라고 하는데 목적을 이뤄야 운동의 가치가 부여되죠. 학교나 직장에 도달하기 전에 멈추면 결석이나 결근이 되듯이요. 하지만 우리 인생은 그런 목적을 가진 운동이라기보다 소풍이나 여행에 가까워요. 물론 바라는 목적지가 있을 수도 있지만 거기에 못 갔다고 해서 소풍이나 여행이 아닌 건 아니죠. 이렇게 진행되는 활동의 과정 자체에 가치가 부여되는 걸 에네르기아, 즉 과정 자체를 결과로 보는 운동이라고 해요. 특히 짧은 생을 살았던 사람이 '지금, 여기'에 집중하며 매 순간의 과정을 충만하게 느꼈다면 그는 행복하고 완결된 삶을 산 것입니다. 과거에 집착하고 미래를 걱정하느라 '지금, 여기'를 살지 못하면서 장수만 바라는 건 삶의 과정이 주는 선물을 열어보지도 않는 거죠.

상담소를 나서면서 외삼촌 생각이 났다. 정말 좋은 사람이자 훌륭한 의사였던 외삼촌은 30대의 나이에 암으로 세상을 떠났다. 아빠가 남긴 사진 외에는 생전 모습을 기억하지 못하는 둘째는 지금 의사로 일한다. 전에 책에서 읽었던 문장이 상담소에서 들은 말에 포개어진다. 이제 머리만이 아닌 가슴으로 받아들이려고 해본다. 눈을 감는다.

인생은 '마라톤'이 아니라 '춤'입니다. 춤출 때는 순간순간이

행복하고, 도중에 멈춰도 괜찮습니다. 춤이란 어딘가에 도달하기 위해 추는 게 아니기 때문입니다.[136]

에필로그

일어날 일은 일어난다.

이 책을 쓰는 동안 어머니를 떠나보냈다. 이제 서재 가장 높은 곳에 놓아둔 사진으로 어머니를 만난다. 나와 아내는 뉘른베르크 장난감박물관에서 구한 '장밋빛 인생La Vie en Rose'이 흘러나오는 오르골을 돌려 어머니께 매일 들려드린다. 인생을 멋지게 살라는 말을 남기고 가신 어머니의 당부를 명심하는 증표처럼 이 책도 어머니의 사진 앞에 놓아두려 한다.

돌이켜 보니, 어머니는 역경 속에서도 절망에 빠지지 않았고, 그렇다고 미래의 희망만을 꿈꾸지도 않았다. 어머니는 언제나 현재 발견할 수 있는 가능성들에 집중하고, 즐거운 일은 작은 것이라도 미루지 않고 만끽했다. 어머니의 파랑새는 늘 어깨 위에 있었다.

이 책은 생각의힘 김병준 대표와의 오래된 약속을 이행하는 의미도 있다. 학과 동기였던 그가 출판사를 시작하려고 할 때 내게 저자가 돼 달라고 부탁했다. 그리고 만 10년이 흘러 연구년을 시작하며 그때의 약속을 떠올렸다. 그렇게 이 책이 나왔다. 10년 전에는 쓰지 못했을 책이다.

이 책이 지금의 모습을 갖추는 데는 김서영 편집자의 도움이 컸다. 그의 섬세한 조언은 행복의 조건들을 언급할 때 혹시라도 소외감을 느끼거나 상처받는 이가 없도록 표현을 다듬게 했다. 남아 있는 부족함은 내 책임이다.

원래 이 책의 초고에서는 개인적 차원의 행복뿐 아니라 한국인이 느끼는 행복과 불행의 사회적 요인들, 한국의 웰빙 성적표 분석, 함께 행복한 세상으로 나아가는 방안들, 나눔과 행복의 관계 등을 포함한 사회적 차원의 행복도 다루었다. 그러나 너무 방대한 분량이 독자에게 부담이 될까 하여 사회적 차원의 행복론은 싣지 않기로 했다. 아쉽게 뺀 내용은 언젠가 기회가 되면 더 풍부한 내용으로 다른 책에서 소개하겠다.

이 책만으로도 개인의 행복을 위해 알아두면 쓸모 있을 다양한 지식을 제공하는 종합서 역할을 충분히 할 것이다. 물론 행복에 관한 지식이 행복한 삶을 위한 힘이 되려면 의식적인 실천이 필요하다. 행복이 내게 찾아와 주길 기다리기보다는 내 생각과 행동으로 가져올 수 있는 행복은 놓치지 않고 당겨오는 것이다. 그리고 주변에 이미 존재하는 행복을 발견하는 혜안도 중요하다.

톨스토이의 『인생독본』에는 "삶은 멈추지 않는 기쁨이어야 하고, 그런 기쁨일 수 있다."라는 말이 수집되어 있다. 어찌 삶이 기쁨의 연속일 수 있겠는가? 중요한 것은 자기 인생과 일상에 기쁨을 자주 초대하고 여운을 오래 남길 수 있는 능력이다. 자기 삶의 주인이 되어 "인생은 아름다워."라고 독백할 수 있는 내공에 이른 독자가 많아지면 좋겠다. 그렇게 임무를 다한 이 책이 냄비 받침으로 용도가 바뀌면 무척 행복하겠다.

미주

1   플라톤 지음, 최명관 옮김, 『플라톤의 대화편』(개정판), 창, 2008.

2   아리스토텔레스 지음, 최명관 옮김, 『니코마코스 윤리학』(개정판), 창, 2008.

3   존 스튜어트 밀 지음, 서병훈 옮김, 『공리주의(원제: Utilitarianism, 1863)』, 책세상, 2007: 31.

4   아마르티아 센, 조지프 스티글리츠, 장 폴 피투시 지음, 박형준 옮김, 『GDP는 틀렸다: '국민총행복'을 높이는 새로운 지수를 찾아서(원제: Mismeasuring Our Lives: Why GDP Doesn't Add Up, 2010)』, 동녘, 2011.

5   로버트 스키델스키 지음, 장진영 옮김, 『더 나은 삶을 위한 경제학(원제: What's Wrong with Economics, 2020)』, 안타레스, 2021.

6   이상헌, 『우리는 조금 불편해져야 한다』, 생각의힘, 2015.

7   안광복, 『처음 읽는 서양 철학사』, 어크로스, 2017.

8   노자 지음, 소준섭 옮김, 『도덕경』, 현대지성, 2019.

9   Jeremy Bentham, *A Fragment on Government* (1776) 서문에 근본 공리의 예로 나온다. (https://www.earlymoderntexts.com/assets/pdfs/bentham1776.pdf)

10   Władysław Tatarkiewicz, *Analysis of Happiness* (Melbourne International Philosophy Series, 3), 1976.

11   애덤 스미스 지음, 김수행 옮김, 『국부론(원제: The Wealth of Nations, 1776)』, 두리미디어, 2012.

12   애덤 스미스 지음, 김광수 옮김, 『도덕감정론(원제: The Theory of Moral Sentiments, 1759)』, 한길사, 2016.

13   소냐 류보머스키 지음, 오혜경 옮김, 『How to be happy: 행복도 연습이 필요하다』, 지식노마드, 2008.

14 최인철, 『굿 라이프』, 21세기북스, 2018.

15 최인철, 『아주 보통의 행복』, 21세기북스, 2021.

16 박정원, 『행복경제학』, 한울, 2021.

17 예컨대 서은국, 『행복의 기원』(개정판), 21세기북스, 2021.

18 찰스 M. 슐츠 글 그림, 신소희 옮김 『피너츠 완전판 5: 1959~1960』, 북스토리, 2016.

19 Wang, Shun et al., *Measuring and Explaining Subjective Well-being in Korea*, Korea Development Institute, 2014. 특히 주관적 웰빙의 측정에 관한 1장 참조.

20 Oswald, Andrew J. and Stephen Wu, "Objective Confirmation of Subjective Measures of Human Well-being: Evidence from the U.S.A.," Science, Vol. 327, January 2010: 576-579.

21 Ryff, C. D., & Singer, B. H., "Know Thyself and Become What You Are: A Eudaimonic Approach to Psychological Well-Being," *Journal of Happiness Studies*, 9, 2008: 13-39.

22 Keyes, C. L., Shmotkin, D., & Ryff, C. D., "Optimizing Well-being: The Empirical Encounter of Two Traditions," *Journal of Personality and Social Psychology*, 82(6), 2002: 1007-22.

23 Coles, N.A., March, D.S., Marmolejo-Ramos, F. et al. "A multi-lab test of the facial feedback hypothesis by the Many Smiles Collaboration," *Nature Human Behaviour*, 6, 2022: 1731 -1742.

24 대니얼 카너먼 지음, 이창신 옮김, 『생각에 관한 생각(원제: Thinking, Fast and Slow, 2011)』(2판), 김영사, 2018: 591~592.

25 레프 톨스토이 지음, 이은연 옮김, 『안나 카레니나 1』, 소담출판사, 2022: 13.

26 Lyubomirsky, Sonja, *The How of Happiness: A Scientific Approach to Getting the Life You Want*, Penguin Press, 2007.

27 Brickman: , & Campbell, D. T., "Hedonic Relativism and Planning the Good Society," in M. H. Appley (ed.), *Adaptation-Level Theory*, New York: Academic Press, 1971: 287-305.

28 Gilbert, D. T., & Wilson, T. D., "Miswanting: Some Problems in the Forecasting of Future Affective States," in J. P. Forgas (ed.), *Feeling and Thinking: The Role of Affect in Social Cognition*, Cambridge University Press, 2000: 178-197.

29 Easterlin, R. A., "Building a Better Theory of Well-Being," in L. Bruni & P. L. Porta (eds.), *Economics & Happiness: Framing the Analysis*, Oxford University Press, 2005: 29-64.

30 '마더 테레사 효과'의 발견 배경은 아래 자료를 참고했다. Lupien, Sonia, "COVID-19: The Mother Teresa Effect," *Center for Studies on Human Stress*, 2020. 3. 27. https://humanstress.ca/covid-19-the-mother-teresa-effect/

31 Kiecolt-Glaser, J. K. et al., "Psychosocial Modifiers of Immunocompetence in Medical Students," *Psychosomatic Medicine*, 1984, 46(1): 7-14.

32 Resnick, Stella, *The Pleasure Zone: Why We Resist Good Feelings & How to Let Go and Be Happy*, MJF Books, 1997.

33 Britannica editors, "Britannica on the Treadmill," *Encyclopedia Britannica*, 13th Edition (Retrieved 19 September 2016). Wikipedia의 'Penal treadmill' 문서에서 재인용함(2023. 2. 12.).

34 밀란 쿤데라 지음, 이재룡 옮김, 『참을 수 없는 존재의 가벼움』, 민음사, 2018: 492.

35 https://allthatsinteresting.com/jim-twins 참조.

36 Lykken, D. & Tellegen, A., "Happiness is a Stochastic Phenomenon, *Psychological Science*, 7(3), 1996: 186-189.

37 Lykken, D., *Happiness: The Nature and Nurture of Joy and Contentment*, New York: St. Martin's Griffin, 1999.

38 이 질문의 출처는 조너선 하이트 지음, 권오열 옮김, 『행복의 가설: 고대의 지혜에 긍정심리학이 답하다(원제: The Happiness Hypothesis, 2006)』, 물푸레, 2010.

39 크리스토퍼 피터슨·마틴 셀리그먼 지음, 문용린, 김인자, 원현주 옮김, 『긍정심리학의 입장에서 본 성격 강점과 덕목의 분류』, 한국심리상담연구소, 2009.

40 무료 검사 사이트는 https://www.viacharacter.org/survey/Account/Register

41 EBS 다큐프라임 5부작, 「뇌로 보는 인간 - 1부: 돈」, 2020.

42 Jebb, A. T., Tay, L., Diener, E., & Oishi, S., "Happiness, Income Satiation and Turning Points Around the World," *Nature Human Behaviour*, 2, 2018: 33-38.

43 Easterlin, Richard A., "Does Economic Growth Improve the Human Lot? Some Empirical Evidence," in Paul A. David & Melvin W. Reder (eds.), *Nations and Households in Economic Growth*, New York: Academic Press, 1974: 89-125.

44 Stevenson, Betsey & Justin Wolfers, "Subjective Well-Being and Income: Is There Any Evidence of Satiation?," *American Economic Review*, 103(3), 2013: 598-604.

45 Clark, Andrew E., Paul Frijters, and Michael A. Shields, "Relative Income, Happiness, and Utility: An Explanation for the Easterlin Paradox and Other Puzzles," *Journal of Economic Literature*, 46(1), 2008: 95 – 144.

46 리처드 이스털린 지음, 안세민 옮김, 『지적 행복론(원제: An Economist's Lesson on Happiness: Farewell Dismal Science!, 2021)』, 윌북, 2022.

47 Vohs, K. D., Mead, N. L., & Goode, M. R., "Merely Activating the Concept of Money Changes Personal and Interpersonal Behavior," Current Directions in *Psychological Science*, 17(3), 2008: 208 – 212.

48 Piff, Paul, Daniel Stancato, Stephane Cote, Rodolfo Mendoza-Denton & Dacher Keltner, "Higher Social Class Predicts Increased Unethical Behavior," *Proceedings of the National Academy of Sciences of the United States of America*, 109, 2012: 4086-91.

49 Moxley, Mitch, "Why Being Rich Might Make You a Jerk," *Slate*, May 2014.

50 『연합뉴스』, '로또 1등의 저주'…인생 역전 샴페인 터트린 뒤 비극적 말로, 2019. 10. 14.

51 엘리자베스 던 · 마이클 노튼 지음, 방영호 옮김, 『당신이 지갑을 열기 전에 알아야 할 것들: 적게 써도 행복해지는 소비의 비밀(원제: Happy Money: The Science of Happier Spending)』, 알키, 2013.

52 Dunn, Elizabeth, Lara Aknin, Michael Norton, "Spending Money on Others Promotes Happiness," *Science*, 319, 2008: 1687-8.

53 연구진은 자기보다 남을 위해 돈을 쓰는 것이 행복감을 더 높인다는 사실을 훨씬 더 큰 표본(712명의 학생, 5,199명의 성인)이 사용된 일련의 재실험을 통해 재확인한 후속 연구를 보고했다. Aknin, L. B., Dunn, E. W., Proulx, J., Lok, I., & Norton, M. I., "Does Spending Money On Others Promote Happiness?: A Registered Replication Report," *Journal of Personality and Social Psychology*, 119(2), 2020: e15 – e26.

54 오호영 · 김미숙 · 서유정 · 김나라 · 홍성민, 『2012 학교 진로교육 지표조사』, 한국직업능력개발원, 2012.

55 장현진, 『2017년도 진로교육센터 운영 사업(IV): 초 · 중등 진로교육 현황조사』, 한국직업능력개발원, 2017.

56 한국직업능력연구원, 『2022 초 · 중등 진로교육 현황조사』, 2022.

57 교육인적자원부 · 한국직업능력개발원, 『미래의 직업세계 2007: 직업편』, 2007. (조사 기간: 2006년 4월 26일~6월 26일)

58 한국고용정보원, 『한국직업정보시스템을 위한 재직자 조사 결과』, 2011. (조사 기간: 2011년 5~10월)

59 박천수 · 나현미 · 김성남 · 류지영 · 박동찬 · 장현진, 『맞춤형 취업지원

을 위한 직업지표 연구』, 한국직업능력개발원, 2019.

60 박천수 · 나현미 · 김성남 · 류지영 · 박동찬 · 장현진, 『맞춤형 취업지원
    을 위한 직업지표 연구』, 한국직업능력개발원, 2019.

61 SBS, Bain & Company, 『미래 한국 리포트: 일자리 위기와 노동의 미래』,
    2005.

62 SBS, Bain & Company, 『미래 한국 리포트: 일자리 위기와 노동의 미래』,
    2005.

63 Hsee, Christopher K. & Jiao Zhang, "Distinction Bias: Misprediction
    and Mischoice Due to Joint Evaluation," *Journal of Personality and So-
    cial Psychology*, 86(5), 2004: 680-695.

64 『연합뉴스』, 「학생부 종합 전형 출신 학생, 대학 성적 가장 좋고 만족도 높
    아」, 2023. 2. 17.

65 질문 출처는 탈 벤 샤하르 지음, 노혜숙 옮김, 『해피어(원제: Happier)』,
    2007: 177.

66 탈 벤 샤하르 지음, 노혜숙 옮김, 『해피어(원제: Happier)』, 2007: 179.

67 김희삼, 「4개국 대학생들의 가치관에 대한 조사」, 한국개발연구원. (2017년
    8~9월 한국 · 중국 · 일본 · 미국의 대학생 각 1,000명, 총 4,000명 대상)

68 김훈, 『밥벌이의 지겨움』, 생각의나무, 2010.

69 Mitchell, K. E., Levin, A. S., & Krumboltz, J. D., "Planned Happen-
    stance: Constructing Unexpected Career Opportunities," *Journal of
    Counseling & Development*, 77(2), 1999: 115 - 124.

70 Krumboltz, J. D., "The Happenstance Learning Theory," *Journal of
    Career Assessment*, 17(2), 2009: 135 - 154.

71 칼 필레머 지음, 박여진 옮김, 『내가 알고 있는 걸 당신도 알게 된다면(원
    제: 30 Lessons for Living: Tried and True Advice from the Wisest Americans,
    2011), 토네이도, 2012: 100. (74세 샘 윈스턴의 인터뷰)

72 『에듀프레스』, 「초중고생 28.2퍼센트 "희망직업 없다" … 희망직업 1위 교
    사 · 운동선수」, 2022. 12. 19.

73 김희삼 · 글로벌지식협력단지 연구기획팀, 『4차 산업혁명과 한국 교육의
    대전환』, 기획재정부 · 글로벌지식협력단지 · 한국개발연구원, 2019: 175.
    (자문간담회에서 문완수 교사의 발언 내용)

74 이 내용은 법륜스님의 〈즉문즉설〉 제66회 영상을 참고한 것이다. http://
    www.youtube.com/watch?v=_KhWt9iGfII&feature=player_detailpage
    (11:20~17:49 부분 참조)

75 Sternberg, Robert J., "A Triangular Theory of Love," *Psychological Re-
    view*, 93(2), 1986: 119 - 135.

76 호세 오르테가 이 가세트 지음, 전기순 옮김, 『사랑에 관한 연구: 사랑, 그 특별한 끌림에 대하여(원제: Estudios sobre el amor, 1940)』, 풀빛, 2008.

77 이 실험 결과는 다음 책에서 '불확실한 것에 매력을 느끼는 인간의 본성'이 라는 소제목으로 소개되어 있다. 야마구치 슈 지음, 김윤경 옮김, 『철학은 어떻게 삶의 무기가 되는가』, 다산초당, 2019.

78 Stinson, D. A., Cameron, J. J., & Hoplock, L. B., "The Friends-to-Lovers Pathway to Romance: Prevalent, Preferred, and Overlooked by Science," *Social Psychological and Personality Science*, June 2021.

79 Bleske, April L., & Buss, David M., "Can Men and Women be Just Friends?" *Personal Relationships*, 7(2), 2000: 131 – 151.

80 조지 베일런트 지음, 이덕남 옮김, 『행복의 조건: 하버드대학교 인생성장 보고서(원제: Aging Well, 2002)』, 프런티어, 2010.

81 소노 아야코 지음, 이석봉 옮김, 『행복이라는 이름의 불행』, 성바오로출판 사, 1991.

82 리처드 이스털린 지음, 안세민 옮김, 『지적 행복론(원제: An Economist's Lesson on Happiness: Farewell Dismal Science!, 2021)』, 월북, 2022.

83 Grover, Shawn & John F. Helliwell, "How's Life at Home? New Evidence on Marriage and the Set Point for Happiness," *Journal of Happiness Studies*, 20(2), 2019.

84 조지 베일런트 지음, 이덕남 옮김, 『행복의 조건: 하버드대학교 인생성장 보고서(원제: Aging Well, 2002)』, 프런티어, 2010.

85 Waldinger, Robert, "What Makes a Good Life? Lessons from the Longest Study on Happiness," TEDxBeaconStreet, 2015. 12. 23. 이 메 시지는 다음 책에서도 볼 수 있다. Waldinger, Robert & Marc Schulz, *The Good Life: Lessons from the World's Longest Scientific Study of Happiness*, Simon & Schuster, 2023.

86 윤홍균, 『사랑 수업』, 심플라이프, 2020.

87 배르벨 바르데츠키 지음, 두행숙 옮김, 『너는 나에게 상처를 줄 수 없다』, 걷는나무, 2013.

88 존 브래드쇼 지음, 오제은 옮김, 『상처받은 내면아이 치유』, 학지사, 2004.

89 알프레드 아들러 지음, 김문성 옮김, 『아들러 심리학 입문』, 스타북스, 2015.

90 애덤 그랜트 지음, 윤태준 옮김, 『기브 앤 테이크』, 생각연구소, 2013.

91 김희삼, 「전략적 사고능력과 행복」, 『경제학연구』, 제67권 제2호, 2019.

92 클리포드 나스 지음, 방영호 옮김, 『관계의 본심』, 푸른숲, 2011.

93 Pond, R., S. Richman, D. Chester, & N. DeWall, "Social Pain and the

Brain: How Insights from Neuroimaging Advance the Study of Social Rejection," *Advanced Brain Neuroimaging Topics in Health and Disease - Methods and Applications*, May 2014.

94 프리드리히 니체 지음, 박미정 · 시라토리 하루히코 옮김, 『초역 니체의 말 Ⅱ』, 삼호미디어, 2022.

95 안광복, 『처음 읽는 서양 철학사』, 어크로스, 2017.

96 줄리언 바지니 지음, 오수원 옮김, 『데이비드 흄』, 아르테, 2020: 133.

97 줄리언 바지니 지음, 오수원 옮김, 『데이비드 흄』, 아르테, 2020: 122.

98 홍자성 지음, 조지훈 역주, 『채근담』, 현암사, 1996.

99 Seligman, Martin, "The New Era of Positive Psychology," TED, 2013. 11. 3.

100 임정진, 『행복은 성적순이 아니잖아요』, 고려원, 1989.

101 "교사를 꿈꾸던 1등 엄친아는 왜 분신했을까?" SBS '궁금한 이야기 Y', 2011. 3. 25.

102 김규항, 『아이를 살리는 7가지 약속』, 전자책나무, 2012.

103 사교육의 효과에 대한 객관적인 평가는 『왜 지금 교육경제학인가』(김희삼, EBS BOOKS, 2021)의 제6장(죄수의 딜레마와 생존자 편향 - 사교육의 경제학)을 참고하자. 대치동 사교육을 12년 동안 받은 학생이 쓴 대치동 사교육 보고서도 들어 있다.

104 박재원 · 정유진, 『공부를 공부하다: 사교육 이기는 공교육 효과』, 에듀니티, 2019.

105 『조선일보』, 「'백혈병 수능 만점' 지명이 어머니 "세상에 고마운 분 참 많습니다."」, 2018. 12. 6.

106 로버트 러바인 · 세라 러바인 지음, 안준희 옮김, 『부모는 중요하지 않다: 하버드대 인류학 교수 부부의 부모 역할 뒤집어보기(원제: Do Parents Matter?: American Families Should Just Relax, 2016)』, 눌민, 2022.

107 탈 벤-샤하르 지음, 노혜숙 옮김, 『완벽의 추구』, 위즈덤하우스, 2010.

108 한국방송공사(KBS), 「인생정원, 일혼둘 여백의 뜰」, 『다큐인사이트』, 2022. 12. 29.

109 탈 벤-샤하르 지음, 노혜숙 옮김, 『해피어(Happier)』, 위즈덤하우스, 2007: 62.

110 프리드리히 니체 지음, 박미정 · 시라토리 하루히코 옮김, 『초역 니체의 말 Ⅱ』, 삼호미디어, 2022.

111 Tracy, Brian, *The Power of Self-Confidence: Become Unstoppable, Irresistible, and Unafraid in Every Area of Your Life*, Wiley, 2012.

112 Borkovec, T. D., H. Hazlett-Stevens, & M. L. Diaz, "The Role of Positive Beliefs about Worry in Generalized Anxiety Disorder and Its Treatment," *Clinical Psychology & Psychotherapy*, 6(2), 1999: 126-138.

113 기시미 이치로 지음, 김윤경 옮김, 『불안의 철학』, 타인의사유, 2022.

114 유만찬·김진경 지음, 『갖고 싶은 세계의 인형』, 바다출판사, 2013.

115 소설가 김훈의 서재, 〈지서재, 지금의 나를 만든 서재〉, 네이버 캐스트, 2009. 8. 1.

116 벤저민 하디 지음, 김미정 옮김, 『최고의 변화는 어디서 시작되는가』, 비즈니스북스, 2018.

117 소 알로이시오 지음, 김규한 옮김, 『조용히 다가오는 나의 죽음』, 책으로여는세상, 2012.

118 미하이 칙센트미하이 지음, 최인수 옮김, 『몰입, FLOW: 미치도록 행복한 나를 만나다』, 한울림, 2004.

119 소노 아야코·알폰스 데켄 지음, 김욱 옮김, 『죽음이 삶에게』, 리수, 2012.

120 이 조사는 한국방송공사KBS가 '2023년 KBS 신년 여론조사'라는 이름으로 한국정치학회·한국사회학회와 함께 한국리서치에 의뢰하여 2022년 12월 22~26일에 온라인으로 실시한 것이다.

121 강정렬 박사가 신용협동조합운동의 선구자로 헌신한 생애는 다음 책에 요약되어 있다. 신협중앙회 지음, 『희망을 눈뜨게 하라』, 동아일보사, 2020.

122 SBS, 「'82세 날다람쥐 신문 배달 할아버지' 오광봉 어르신」, 『세상에 이런 일이』, 2014. 8. 7.

123 조지 베일런트 지음, 이덕남 옮김, 『행복의 조건: 하버드대학교 인생성장보고서(원제: Aging Well, 2002)』, 프런티어, 2010: 36에서 재인용.

124 문제 출처는 조지 베일런트 지음, 이덕남 옮김, 『행복의 조건: 하버드대학교 인생성장보고서(원제: Aging Well, 2002)』, 프런티어, 2010: 82.

125 조지 베일런트 지음, 이덕남 옮김, 『행복의 조건: 하버드대학교 인생성장보고서(원제: Aging Well, 2002)』, 프런티어, 2010.

126 알란 카스텔 지음, 최원일 옮김, 『나이 듦의 이로움(원제: Better with Age, 2019)』, GIST PRESS, 2020.

127 엘렌 랭어 지음, 변용란 옮김, 『늙는다는 착각(원제: Counter Clockwise, 2009)』, 유노북스, 2022.

128 Levy, B. R. & Slade, M. D., "Role of Positive Age Beliefs in Recovery From Mild Cognitive Impairment Among Older Persons," *JAMA Network Open*, 6(4), 2023.

129 하세가와 가즈오·이노쿠마 리쓰코 지음, 김윤경 옮김, 『나는 치매 의사입니다 – 치매에 걸린 치매 전문의의 마지막 조언』, 라이팅하우스, 2021.

130 https://www.youtube.com/watch?v=OW1IkgvfUCs

131 키어런 세티야 지음, 김광수 옮김, 『어떡하죠, 마흔입니다(원제: Midlife, 2017)』, 와이즈베리, 2018.

132 최인철, 『아주 보통의 행복』.

133 Killingsworth, Matthew A. & Daniel T. Gilbert, "A Wandering Mind Is an Unhappy Mind," *Science*, 330(6006). 2010.

134 코이케 류노스케 지음, 유윤한 옮김, 『생각 버리기 연습』, 21세기북스, 2020.

135 이근후 박사의 책은 내 어머니도 80대에 열심히 읽고 주변에 빌려주기도 했다. 이근후 지음, 김선경 펴냄, 『나는 죽을 때까지 재미있게 살고 싶다』, 갤리온, 2013.

136 기시미 이치로 지음, 전경아 옮김, 『마흔에게』, 다산초당, 2018.

137 김희삼, 「비교성향의 명암과 시사점」, KDI 포커스, 한국개발연구원, 2014. 더 상세한 연구 내용을 보려면 다음 저서를 참고해도 좋다. Kim, Hisam & Fumio Ohtake, *Status Race and Happiness: What Experimental Surveys Tell Us*, Korea Development Institute, 2014.

138 Chung, Tyson & Paul Mallery, "Social Comparison, Individual-ism-Collectivism, and Self-esteem in China and the United States," *Current Psychology*, 18(4), 1999: 340-352. Gibbons, Frederick X & Bram P. Buunk, "Individual Differences in Social Comparison: Development of a Scale of Social Comparison Orientation," *Journal of Personality and Social Psychology*, 76(1), 1999: 129-142. White, Katherine & Darrin R. Lehman, "Culture and Social Comparison Seeking: The Role of Self-Motives," *Personality and Social Psychology Bulletin*, 31(2), 2005: 232-242.

139 Kang, Pyungwon, Yongsil Lee, Incheol Choi, & Hackjin Kim, "Neural Evidence for Individual and Cultural Variability in the Social Comparison Effect," *Journal of Neuroscience*, 33(41), 2013: 16200-16208.

140 Chung, Tyson & Paul Mallery, "Social Comparison, Individualism-Collectivism, and Self-Esteem in China and the United States," *Current Psychology*, 18(4), 1999: 340-352.

141 이현세, 「해 지기 전에 한 걸음만 더 걷다 보면…」, 『서울신문』, 2005. 2. 23. https://www.seoul.co.kr/news/newsView.php?id=20050223030004

142 조언의 출처는 https://www.wikihow.life/Stop-Keeping-up-With-the-Joneses

참고문헌

- 교육인적자원부 · 한국직업능력개발원, 『미래의 직업세계 2007: 직업편』, 2007.
- 기시미 이치로 지음, 김윤경 옮김, 『불안의 철학』, 타인의사유, 2022.
- 기시미 이치로 지음, 전경아 옮김, 『마흔에게』, 다산초당, 2018.
- 김규항, 『아이를 살리는 7가지 약속』, 전자책나무, 2012.
- 김훈, 『밥벌이의 지겨움』, 생각의나무, 2010.
- 김희삼, 「4개국 대학생들의 가치관에 대한 조사」, 한국개발연구원, 2017.
- 김희삼, 「비교성향의 명암과 시사점」, KDI 포커스, 한국개발연구원, 2014.
- 김희삼, 「전략적 사고능력과 행복」, 『경제학연구』, 제67권 제2호, 2019.
- 김희삼, 『왜 지금 교육경제학인가』, EBS BOOKS, 2021.
- 김희삼 · 글로벌지식협력단지 연구기획팀, 『4차 산업혁명과 한국 교육의 대전환』, 기획재정부 · 글로벌지식협력단지 · 한국개발연구원, 2019.
- 노자 지음, 소준섭 옮김, 『도덕경』, 현대지성, 2019.
- 대니얼 카너먼 지음, 이창신 옮김, 『생각에 관한 생각(원제: Thinking, Fast and Slow, 2011)』(2판), 김영사, 2018.
- 레프 톨스토이 지음, 이은연 옮김, 『안나 카레니나 1』, 소담출판사, 2022.
- 로버트 러바인 · 세라 러바인 지음, 안준희 옮김, 『부모는 중요하지 않다: 하버드대 인류학 교수 부부의 부모 역할 뒤집어보기(원제: Do Parents Matter?: American Families Should Just Relax, 2016)』, 눌민, 2022.
- 로버트 스키델스키 지음, 장진영 옮김, 『더 나은 삶을 위한 경제학(원제: What's Wrong with Economics, 2020)』, 안타레스, 2021.
- 리처드 이스털린 지음, 안세민 옮김, 『지적 행복론(원제: An Economist's Lesson on Happiness: Farewell Dismal Science!, 2021)』, 윌북, 2022.
- 미하이 칙센트미하이 지음, 최인수 옮김, 『몰입, FLOW: 미치도록 행복한 나를 만나다』, 한울림, 2004.
- 밀란 쿤데라 지음, 이재룡 옮김, 『참을 수 없는 존재의 가벼움』, 민음사, 2018.

- 박재원 · 정유진, 『공부를 공부하다: 사교육 이기는 공교육 효과』, 에듀니티, 2019.

- 박정원, 『행복경제학』, 한울, 2021.

- 박천수 · 나현미 · 김성남 · 류지영 · 박동찬 · 장현진, 『맞춤형 취업지원을 위한 직업지표 연구』, 한국직업능력개발원, 2019.

- 베르벨 바르데츠키 지음, 두행숙 옮김, 『너는 나에게 상처를 줄 수 없다』, 걷는나무, 2013.

- 버트런드 러셀 지음, 이순희 옮김, 『행복의 정복(원제: The Conquest of Happiness, 1930)』, 사회평론, 2005.

- 벤저민 하디 지음, 김미정 옮김, 『최고의 변화는 어디서 시작되는가』, 비즈니스북스, 2018.

- 서울방송(SBS), 「'82세 날다람쥐 신문 배달 할아버지' 오광봉 어르신」, 『세상에 이런 일이』, 2014. 8. 7.

- 서울방송(SBS) · Bain & Company, 『미래 한국 리포트: 일자리 위기와 노동의 미래』, 2005.

- 서은국, 『행복의 기원』(개정판), 21세기북스, 2021.

- 소 알로이시오 지음, 김규한 옮김, 『조용히 다가오는 나의 죽음』, 책으로여는세상, 2012.

- 소냐 류보머스키 지음, 오혜경 옮김, 『How to be happy: 행복도 연습이 필요하다』, 지식노마드, 2008.

- 소노 아야코 지음, 오경순 옮김, 『나는 이렇게 나이 들고 싶다(원제: 戒老錄)』, 리수, 2004.

- 소노 아야코 지음, 이석봉 옮김, 『행복이라는 이름의 불행』, 성바오로출판사, 1991.

- 소노 아야코 · 알폰스 데켄 지음, 김옥 옮김, 『죽음이 삶에게』, 리수, 2012.

- 신협중앙회 지음, 『희망을 눈뜨게 하라』, 동아일보사, 2020.

- 아리스토텔레스 지음, 최명관 옮김, 『니코마코스 윤리학』(개정판), 창, 2008.

- 아마르티아 센, 조지프 스티글리츠, 장 폴 피투시 지음, 박형준 옮김, 『GDP는 틀렸다: '국민총행복'을 높이는 새로운 지수를 찾아서(원제: Mismeasuring Our Lives: Why GDP Doesn't Add Up, 2010)』, 동녘, 2011.

- 안광복, 『처음 읽는 서양 철학사』, 어크로스, 2017.

- 알란 카스텔 지음, 최원일 옮김, 『나이 듦의 이로움(원제: Better with Age, 2019)』, GIST PRESS, 2020.

- 알랭 드 보통 지음, 정영목 옮김, 『일의 기쁨과 슬픔』, 은행나무, 2012.

- 알프레드 아들러 지음, 김문성 옮김, 『아들러 심리학 입문』, 스타북스, 2015.

- 애덤 그랜트 지음, 윤태준 옮김, 『기브 앤 테이크』, 생각연구소, 2013.

- 애덤 스미스 지음, 김광수 옮김, 『도덕감정론(원제: The Theory of Moral Sentiments, 1759)』, 한길사, 2016.

- 애덤 스미스 지음, 김수행 옮김, 『국부론(원제: The Wealth of Nations, 1776)』, 두리미디어, 2012.

- 야마구치 슈 지음, 김윤경 옮김, 『철학은 어떻게 삶의 무기가 되는가』, 다산초당, 2019.

- 엘렌 랭어 지음, 변용란 옮김, 『늙는다는 착각(원제: Counter Clockwise, 2009)』, 유노북스, 2022.

- 엘리자베스 던 · 마이클 노튼 지음, 방영호 옮김, 『당신이 지갑을 열기 전에 알아야 할 것들: 적게 써도 행복해지는 소비의 비밀(원제: Happy Money: The Science of Happier Spending)』, 알키, 2013.

- 오호영 · 김미숙 · 서유정 · 김나라 · 홍성민, 『2012 학교 진로교육 지표조사』, 한국직업능력개발원, 2012.

- 유만찬 · 김진경 지음, 『갖고 싶은 세계의 인형』, 바다출판사, 2013.

- 윤홍균, 『사랑 수업』, 심플라이프, 2020.

- 이근후 지음, 김선경 펴냄, 『나는 죽을 때까지 재미있게 살고 싶다』, 갤리온, 2013.

- 이상헌, 『우리는 조금 불편해져야 한다』, 생각의힘, 2015.

- 이헌세, 「해 지기 전에 한 걸음만 더 걷다 보면…」, 『서울신문』, 2005. 2. 23.

- 임정진, 『행복은 성적순이 아니잖아요』, 고려원, 1989.

- 장현진, 『2017년도 진로교육센터 운영 사업(IV): 초 · 중등 진로교육 현황조사』, 한국직업능력개발원, 2017.

- 조너선 하이트 지음, 권오열 옮김, 『행복의 가설: 고대의 지혜에 긍정심리학이 답하다(원제: The Happiness Hypothesis, 2006)』, 물푸레, 2010.

- 조지 베일런트 지음, 이덕남 옮김, 『행복의 조건: 하버드대학교 인생 성장 보고서(원제: Aging Well, 2002)』, 프런티어, 2010.

- 존 브래드쇼 지음, 오제은 옮김, 『상처받은 내면아이 치유』, 학지사, 2004.

- 존 스튜어트 밀 지음, 서병훈 옮김, 『공리주의(원제: Utilitarianism, 1863)』, 책세상, 2007.

- 줄리언 바지니 지음, 오수원 옮김, 『데이비드 흄』, 아르테, 2020.

- 찰스 슐츠 글 그림, 신소희 옮김, 『피너츠 완전판 5: 1959~1960』, 북스토리, 2016.

- 최인철, 『굿 라이프』, 21세기북스, 2018.

- 최인철, 『아주 보통의 행복』, 21세기북스, 2021.

- 칼 필레머 지음, 박여진 옮김, 『내가 알고 있는 걸 당신도 알게 된다면(원제: 30 Lessons for Living: Tried and True Advice from the Wisest Americans, 2011), 토네이도, 2012.

- 코이케 류노스케 지음, 유윤한 옮김, 『생각 버리기 연습』, 21세기북스, 2020.

- 크리스토퍼 피터슨·마틴 셀리그먼 지음, 문용린·김인자·원현주 옮김, 『긍정 심리학의 입장에서 본 성격 강점과 덕목의 분류』, 한국심리상담연구소, 2009.

- 클리포드 나스 지음, 방영호 옮김, 『관계의 본심』, 푸른숲, 2011.

- 키어런 세티야 지음, 김광수 옮김, 『어떡하죠, 마흔입니다(원제: Midlife, 2017)』, 와 이즈베리, 2018.

- 탈 벤 샤하르 지음, 노혜숙 옮김, 『해피어(원제: Happier)』, 2007.

- 탈 벤-샤하르 지음, 노혜숙 옮김, 『완벽의 추구』, 위즈덤하우스, 2010.

- 프리드리히 니체 지음, 박미정·시라토리 하루히코 옮김, 『초역 니체의 말 Ⅱ』, 삼호미디어, 2022.

- 플라톤 지음, 최명관 옮김, 『플라톤의 대화편』(개정판), 창, 2008.

- 하세가와 가즈오·이노쿠마 리쓰코 지음, 김윤경 옮김, 『나는 치매 의사입니다: 치매에 걸린 치매 전문의의 마지막 조언』, 라이팅하우스, 2021.

- 한국고용정보원, 『한국직업정보시스템을 위한 재직자 조사 결과』, 2011.

- 한국교육방송공사(EBS), 다큐프라임 5부작, 「1부: 돈」, 『다큐프라임 5부작: 뇌로 보는 인간』, 2020.

- 한국방송공사(KBS), 「인생정원, 일흔둘 여백의 뜰」, 『다큐인사이트』, 2022. 12. 29.

- 한국직업능력연구원, 『2022 초·중등 진로교육 현황조사』, 2022.

- 호세 오르테가 이 가세트 지음, 전기순 옮김, 『사랑에 관한 연구: 사랑, 그 특별한 끌림에 대하여(원제: Estudios sobre el amor, 1940)』, 풀빛, 2008.

- 홍자성 지음, 조지훈 역주, 『채근담』, 현암사, 1996.

- Aknin, L. B., Dunn, E. W., Proulx, J., Lok, I., & Norton, M. I., "Does Spending Money on Others Promote Happiness?: A Registered Replication Report," *Journal of Personality and Social Psychology*, 119(2), 2020.

- Bleske, April L., & Buss, David M., "Can Men and Women be Just Friends?" *Personal Relationships*, 7(2), 2000.

- Borkovec, T. D., H. Hazlett-Stevens, & M. L. Diaz, "The Role of Positive Beliefs about Worry in Generalized Anxiety Disorder and Its Treatment," *Clinical Psychology & Psychotherapy*, 6(2), 1999.

- Brickman, P., & Campbell, D. T., "Hedonic Relativism and Planning the Good Society," in M. H. Appley (ed.), *Adaptation-Level Theory*, New York: Academic Press, 1971.

- Britannica Editors, "Britannica on the Treadmill," *Encyclopedia Britannica*, 13th Edition (Retrieved 19 September 2016).

- Chung, Tyson & Paul Mallery, "Social Comparison, Individualism-Collectivism, and Self-esteem in China and the United States," *Current*

Psychology, 18(4), 1999.

- Clark, Andrew E., Paul Frijters, & Michael A. Shields, "Relative Income, Happiness, and Utility: An Explanation for the Easterlin Paradox and Other Puzzles," *Journal of Economic Literature*, 46(1), 2008.

- Coles, N. A., March, D. S., Marmolejo-Ramos, F. et al. "A Multi-lab Test of the Facial Feedback Hypothesis by the Many Smiles Collaboration," *Nature Human Behaviour*, 6, 2022.

- Dunn, Elizabeth, Lara Aknin, Michael Norton, "Spending Money on Others Promotes Happiness," *Science*, 319, 2008.

- Easterlin, R. A., "Building a Better Theory of Well-Being," in L. Bruni & P. L. Porta (eds.), *Economics & Happiness: Framing the Analysis*, Oxford University Press, 2005.

- Easterlin, Richard A., "Does Economic Growth Improve the Human Lot? Some Empirical Evidence," in Paul A. David & Melvin W. Reder (eds.), *Nations and Households in Economic Growth*, New York: Academic Press, 1974.

- Gibbons, Frederick X & Bram P. Buunk, "Individual Differences in Social Comparison: Development of a Scale of Social Comparison Orientation," *Journal of Personality and Social Psychology*, 76(1), 1999.

- Gilbert, D. T., & Wilson, T. D., "Miswanting: Some Problems in the Forecasting of Future Affective States," in J. P. Forgas (ed.), *Feeling and Thinking: The Role of Affect in Social Cognition*, Cambridge University Press, 2000.

- Grover, Shawn & John F. Helliwell, "How's Life at Home? New Evidence on Marriage and the Set Point for Happiness," *Journal of Happiness Studies*, 20(2), 2019.

- Hsee, Christopher K. & Jiao Zhang, "Distinction Bias: Misprediction and Mischoice Due to Joint Evaluation," *Journal of Personality and Social Psychology*, 86(5), 2004.

- Jebb, A. T., Tay, L., Diener, E., & Oishi, S., "Happiness, Income Satiation and Turning Points Around the World," *Nature Human Behaviour*, 2, 2018.

- Jeremy Bentham, *A Fragment on Government*, 1776. (https://www.earlymoderntexts.com/assets/pdfs/bentham1776.pdf)

- Kang, Pyungwon, Yongsil Lee, Incheol Choi, & Hackjin Kim, "Neural Evidence for Individual and Cultural Variability in the Social Comparison Effect," *Journal of Neuroscience*, 33(41), 2013.

- Keyes, C. L., Shmotkin, D., & Ryff, C. D., "Optimizing Well-being: The Empirical Encounter of Two Traditions," *Journal of Personality and Social Psychology*, 82(6), 2002.

- Kiecolt-Glaser, J. K. et al., "Psychosocial Modifiers of Immunocom-petence in Medical Students," *Psychosomatic Medicine*, 46(1), 1984.

- Killingsworth, Matthew A. & Daniel T. Gilbert, "A Wandering Mind Is an Unhappy Mind," *Science*, 330(6006), 2010.

- Kim, Hisam & Fumio Ohtake, *Status Race and Happiness: What Experimental Surveys Tell Us*, Korea Development Institute, 2014.

- Krumboltz, J. D., "The Happenstance Learning Theory," *Journal of Career Assessment*, 17(2), 2009.

- Levy, B. R. & Slade, M. D., "Role of Positive Age Beliefs in Recovery From Mild Cognitive Impairment Among Older Persons," *JAMA Network Open*, 6(4), 2023.

- Lupien, Sonia, "COVID-19: The Mother Teresa Effect," Center for Studies on Human Stress, 2020. 3. 27. https://humanstress.ca/covid-19-the-mother-teresa-effect/

- Lykken, D. & Tellegen, A., "Happiness is a Stochastic Phenomenon," *Psychological Science*, 7(3), 1996.

- Lykken, D., *Happiness: The Nature and Nurture of Joy and Contentment*, New York: St. Martin's Griffin, 1999.

- Lyubomirsky, Sonja, *The How of Happiness: A Scientific Approach to Getting the Life You Want*, Penguin Press, 2007.

- Mitchell, K. E., Levin, A. S., & Krumboltz, J. D., "Planned Happenstance: Constructing Unexpected Career Opportunities," *Journal of Counseling & Development*, 77(2), 1999.

- Moxley, Mitch, "Why Being Rich Might Make You a Jerk," *Slate*, May 2014.

- Oswald, Andrew J. and Stephen Wu, "Objective Confirmation of Subjective Measures of Human Well-being: Evidence from the U.S.A.," *Science*, Vol. 327, January 2010.

- Piff, Paul, Daniel Stancato, Stephane Cote, Rodolfo Mendoza-Denton & Dacher Keltner, "Higher Social Class Predicts Increased Unethical Behavior," *Proceedings of the National Academy of Sciences of the United States of America*, 109, 2012.

- Pond, R., S. Richman, D. Chester, & N. DeWall, "Social Pain and the Brain: How Insights from Neuroimaging Advance the Study of Social Rejection," *Advanced Brain Neuroimaging Topics in Health and Disease - Methods and Applications*, May 2014.

- Rath, Tom & James K. Harter, Well-being: *The Five Essential Elements*, Gallup Press, 2010.

- Resnick, Stella, *The Pleasure Zone: Why We Resist Good Feelings & How to Let Go and Be Happy*, MJF Books, 1997.

- Ryff, C. D., & Singer, B. H., "Know Thyself and Become What You Are: A Eudaimonic Approach to Psychological Well-Being," *Journal of Happiness Studies*, 9, 2008.

- Seligman, Martin, "The New Era of Positive Psychology," TED, 2013. 11. 3.

- Sternberg, Robert J., "A Triangular Theory of Love," *Psychological Review*, 93(2), 1986.

- Stevenson, Betsey & Justin Wolfers, "Subjective Well-Being and Income: Is There Any Evidence of Satiation?," *American Economic Review*, 103(3), 2013.

- Stinson, D. A., Cameron, J. J., & Hoplock, L. B., "The Friends-to-Lovers Pathway to Romance: Prevalent, Preferred, and Overlooked by Science," *Social Psychological and Personality Science*, June 2021.

- Tracy, Brian, *The Power of Self-Confidence: Become Unstoppable, Irresistible, and Unafraid in Every Area of Your Life*, Wiley, 2012.

- Vohs, K. D., Mead, N. L., & Goode, M. R., "Merely Activating the Concept of Money Changes Personal and Interpersonal Behavior," *Current Directions in Psychological Science*, 17(3), 2008.

- Waldinger, Robert & Marc Schulz, *The Good Life: Lessons from the World's Longest Scientific Study of Happiness*, Simon & Schuster, 2023.

- Waldinger, Robert, "What Makes a Good Life? Lessons from the Longest Study on Happiness," TEDxBeaconStreet, 2015. 12. 23.

- Wang, Shun et al., *Measuring and Explaining Subjective Well-being in Korea*, Korea Development Institute, 2014.

- White, Katherine & Darrin R. Lehman, "Culture and Social Comparison Seeking: The Role of Self-Motives," *Personality and Social Psychology Bulletin*, 31(2), 2005.

- Władysław Tatarkiewicz, *Analysis of Happiness*, Melbourne International Philosophy Series, Vol. 3, 1976.

- 『에듀프레스』, 「초중고생 28.2퍼센트 "희망직업 없다" ⋯ 희망직업 1위 교사 · 운동선수」, 2022. 12. 19.

- 『연합뉴스』, 「'로또 1등의 저주'⋯인생 역전 샴페인 터트린 뒤 비극적 말로」, 2019. 10. 14.

- 『연합뉴스』, 「학생부 종합 전형 출신 학생, 대학 성적 가장 좋고 만족도 높아」, 2023. 2. 17.

- 『조선일보』, 「'백혈병 수능 만점' 지명이 어머니 "세상에 고마운 분 참 많습니다."」, 2018. 12. 6.

행복 공부

나의 파랑새를 찾아서

1판 1쇄 펴냄 | 2023년 9월 10일
1판 2쇄 펴냄 | 2023년 9월 30일
지은이 | 김희삼
발행인 | 김병준
편 집 | 김서영
디자인 | 권성민
마케팅 | 김유정·차현지
발행처 | 생각의힘

등록 | 2011. 10. 27. 제406-2011-000127호
주소 | 서울시 마포구 독막로6길 11, 우대빌딩 2, 3층
전화 | 02-6925-4185(편집), 02-6925-4188(영업)
팩스 | 02-6925-4182
전자우편 | tpbook1@tpbook.co.kr
홈페이지 | www.tpbook.co.kr

ISBN 979-11-93166-19-2 (03180)